社科文库

社会发展的理论与实践：社会发展工作者读本

韩嘉玲　张兰英　张婷婷　编著

中国社会科学出版社

图书在版编目（CIP）数据

社会发展的理论与实践：社会发展工作者读本／韩嘉玲，张兰英，张婷婷编著.—北京：中国社会科学出版社，2018.7

ISBN 978－7－5203－1455－8

Ⅰ.①社… Ⅱ.①韩…②张…③张… Ⅲ.①扶贫—工作—中国—指南 Ⅳ.①F126－62

中国版本图书馆 CIP 数据核字（2017）第 280166 号

出 版 人　赵剑英
责任编辑　刘　艳
责任校对　陈　晨
责任印制　戴　宽

出　　版　中国社会科学出版社
社　　址　北京鼓楼西大街甲 158 号
邮　　编　100720
网　　址　http://www.csspw.cn
发 行 部　010－84083685
门 市 部　010－84029450
经　　销　新华书店及其他书店

印　　刷　北京明恒达印务有限公司
装　　订　廊坊市广阳区广增装订厂
版　　次　2018 年 7 月第 1 版
印　　次　2018 年 7 月第 1 次印刷

开　　本　710×1000　1/16
印　　张　20.25
插　　页　2
字　　数　302 千字
定　　价　89.00 元

前　　言

——为什么要编写这本书

这本书是我们在过去发展领域工作产出和经验基础上编辑而成的。本来以为是老掉牙的东西，一直放在书堆中，始终没有正式出版。幸得婷婷催动，终于把这些陈旧经验整理定稿，呈现给大家。

我和兰英结识于1993年在青岛崂山的农村教育会议上。当时我们都致力于关注中国贫困地区农村的教育问题。作为90年代初有着海外学习经历、较早一批进入发展领域的年轻人，我们亲历了中国的30年发展历程，也见证了国际发展机构进入中国对参与发展工作者与发展组织、民间组织的影响。

“发展”这个概念自20世纪40年代末至今，人类一直在不断地诠释其含义。在不同的历史时期，对“发展”的界定反映了不同意识形态的影响。但单纯地从我们当年学习国际发展的理念来讲，我们的理解是，最初20世纪50年代的发展概念更多地是指经济增长（economic growth），特指生产，而不是分配，到20世纪60年代认识到贫困问题，也意识到经济和社会的相互依存关系，需要以改善人民的生活质量为目标，强调社会和经济的融合及和谐发展（integrated economic and social dedevelopment）；1974年科科约克宣言（Cocoyoc Declaration）中强调发展的目的不是发展物质而应是发展人类，建立了以人为本的综合发展理念（Human-centered development），强调内生发展（endogenous development），也由此而产生了有别于60年代全球发展战略、更为有效的满足人类基本需要的战略路径（the Basic

Needs Approach)。随着20世纪80年代经济的快速增长，人类开始意识到经济发展带来的环境问题会危及到我们人类的未来，在20世纪90年代提出了为了下一代的可持续发展（sustainable development）。为了实现经济发展、社会公平和环境可持续，我们从不断深化千年发展目标（Millennium Development Goals），进入到可持续发展目标（Sustainable Development Goals）的追求，希望全社会都行动起来，在消除贫困，为所有人创造有尊严的生活和平等的机会的征途中，一个都不掉队。

从以上发展的理论及目标演变的过程可见，不同时期和不同人群对发展的理解和期待是不一样的。有人认为发展就是能够吃好穿好，有更多的钱；有人认为对金钱无限制的追求正是人类发展的悲哀，因为它只会把人类变得更贪婪和自私，从而忘记了一些更加美好的东西，如人与人的信任与互助、人们生活的愉悦、环境的安全、社会的公平，文化的传承、艺术的追求等，到头来极有可能出现“穷得只剩下钱”和“社会中的富人整天惶惶然地捂住自己的钱包，用猜疑和仇视的目光打量着穷人”的双输现象。所以现在逐渐普遍的观点是：让我们回到发展的出发点和归宿即人的需要上来，看看人的需求是什么，以及背后依托的发展理论是什么。因此，本书在接下来要探讨的，即在当下，我们该如何理解社会发展，推动社会发展背后的实践原则和方法体系是什么？

这本册子中所谈的社会发展理念和方法是我们当年学习国际发展理念并运用到中国大陆的见证。在学习国际发展理念并运用到实践的过程中，我们尝试着从发现本土的生态、文化和传统知识中，结合中国的制度和社会环境，包括话语的转换等做法，试图将所谓的舶来品本土化，能够更符合中国的现实。

30年过去了，我们最大的遗憾是，我们除了试图将国际经验本土化，最多是转化成符合中国现实的尝试。由于这三十年中国迅猛的经济发展与社会变迁使得我们一直忙忙碌碌的面临新的挑战，只有庸庸碌碌的行动与实践，而没有好好静下心来，总结与反思社会主义革命与建设时期的发展经验，真正属于中国人自己的发展模式。我们一直希望在书中，补充这个部分，却始终没有完成这个心愿，这也是这本书迟迟被搁置一直没有出版的原因之一。现在只能留下遗憾作为下一本书的宏远目标。

中国的 NGO/民间组织，正如它的名称一样，一开始就是个舶来品。从 80 年代末国际机构（包括官方与民间的国际机构）开始进入中国，到 1995 年世界妇女大会在北京召开，开启了中国 NGO/民间组织的新纪元。在 1995 年前后成立的中国最早一批的 NGO/民间组织，多半都与国际机构有密切合作的经验，同时在资金、工作的技巧、工具与理念等方面，也深受国际发展机构的影响。例如本书中使用的各种方法与理念，反映并记录了当时我们照搬及应用的情况。

2004 年基金会管理条例出台，使得私人资本得以注册为基金会；2008 年的汶川地震开启了中国社会/民间组织大规模参与灾害救助的契机，并从根本上推进了中国公益慈善事业的大发展，公益事业进入公众视野。同时，随着 2008 年奥运会的成功举办，以及金融危机的影响，导致境外组织撤离中国，国内基金会如南都、友成基金会等有了大发展的空间和机缘。短短十余年中国的社会/民间组织产生了巨大的变化，不断成长的各类基金会、公益组织、慈善组织相继如井喷似地涌现，令人兴奋。2011 年以来开展的公益众筹，更使得公益活动逐渐从全民慈善发展到全民参与及全民问责的新趋势。

公益慈善组织大发展时期的到来让人目不暇给，涌现的各式各样的组织，也让我们这些早期的工作者，看到了中国社会的变迁速度。我们欣然见到当前中国年轻的城市中产阶级出于人道主义的热情，从其个人美好的意愿出发，从事自上而下的社会服务，救助包括儿童、老人、留守儿童等社会各类弱势群体。面对公益慈善组织百花齐放的同时，我们也观察到，在全社会主流话语围绕着市场化的大环境下，机构的生存与发展成为第一要务，大家关心的问题是如何将活动搞得轰轰烈烈，“创新”只为了成为媒体的关注，而漫无目的和追求的方向。如何将自己的项目规模化，产品化，如何得到更多资金的投入等问题，成为当前慈善公益会议中的主流话语。早期社会组织/民间组织更强调关注弱势群体，扎根于农村社区，强调发展理念所倡导的公正、平等，现在很少被提及和讨论。

与此同时，商业思维、资本权势也在不断影响着公益思潮和行业话语，过往的发展话语和工作日渐边缘化，NGO 的存在重心和目标似乎已经从服务人群本身，从怎么把事情做好，偏向了机构如何更好地筹款和传播，如何和资源捆绑，做大做强，把大众对贫困人群的猎奇和好奇心作为筹款卖点。作为过来者，我们不是倚老卖老而是冀望年轻的同行，在热闹的活动之余是否应该思考 NGO/民间组织、慈善公益组织存在的意义和价值？需要坚守的价值和底线是什么？

而这里所谓需要坚守的价值和底线，是我们在进入发展领域之时就陪伴着影响我们言行的东西，是推动社会变化、追求公平正义，是要保持独立性和清醒；是敢于问责和不畏权势。无论现在的公益怎么做，但以往发展工作所主张的理念和价值不能丢。尽管国际发展工作也有其自身问题，被不断地反思和重构，但我们相信，当下的公益需要有这些理念来支撑起它华丽外表下的骨血。

幸得有婷婷这样年轻有理想的发展工作者的协助和催动，终于把这些陈旧经验整理定稿，呈现给大家。婷婷在公益领域工作十余年，深受发展理念影响，也在积极地推动本土发展工作经验的重现，协助新一代的公益人能够从以往实践经验的了解学习中获得成长。

因此，我们才敢于拿出过去的旧东西与大家分享，试图去总结过去发展工作的一些重要原则和方法，并以这本册子的方式呈现给大家，希望给一线工作者一些操作指导，亦能给政府官员、学者们一些参考。同时也能丰富行业的话语，呈现多元理念、原则和立场。最重要的目的是重现 80 年代末国际发展机构进入中国以来所主张的参与式发展理念及以人为本的发展观，以回应当下公益行业发展及青年公益人面对的行动困境和理念缺失。

本书既不用作手册指南，也不是教科书，只为现在的实践者提供过去发展实践者的一些经验和思考。全书每章内容相对独立，你可以随意翻阅，挑选与你相关和感兴趣的内容阅读。并在有机会或者有条件的情况下进行实际运用，体会感悟其中蕴含的理念和方法的有效性和作用。我们也鼓励读者们分享你们的思考和实践经验。本书无法面面俱到，还有很多疏漏之处。在阅读过程中，如果您发现更多有实际价值的类似材料，还望赐教参与帮助这本书的后续完善。我们更希望抛砖引玉，冀望年轻的同志，能在对我们走过的弯路中，反思与发展出中国自己的发展理论与方法。我们将基于未来的实践和探讨，不断更新和丰富本书，以确保更多的经验和思考能够充分的呈现和交流。这也是我们在个人行动层面进行反思学习的起点。

本书的编写是一个集体合作的过程，其中凝聚了所有参与者的心血、知识及经验。在编写本书的过程中，编者力图将社会发展理念和实践工具与中国的扶贫、教育和社区发展等领域的工作实践结合起来。为达到这一目的，在查阅、参考大量国内相关文献的同时，写作小组对社会发展手册的构思和写作进行了多次的讨论，成稿后又邀请各领域的国际及国内专家对书稿做了严格而细致的审议和修订。此外，我所在的北京市社会科学院社会发展资源中心在英国国际发展部（DFID）的支持下，先后与发改委、民政部、扶贫办、中国疾控中心等相关部门及基层政府合作举办培训，将之应用于社会发展理念与实践系列培训中，期间与培训参与者就社会发展的相关内容进行了深入而广泛的交流，并根据培训专家和学员的反馈对手册进行了修改和完善。

感谢为此书的出版做出宝贵贡献的朋友们和同道们，他们分别是：王时浩、汤晋苏、苏国霞、胡文斌、张云、孙若梅、普红雁、邱爱军、杜娟、童吉瑜、赵捷、崔晓英、何志雄、郭歆、赛玛丽（Mary Surridge）等等。在此向他们，包括所有对本书进行审议并提出宝贵意见的专家、基层工作者一并表示诚挚的感谢！让我们共同为推动公正、平等的社会助力！

韩嘉玲、张兰英

2018 年 1 月 25 日于北京

目　　录

第一章　社会发展的背景、目标及理论演进

发展是当今世界的主题。发展的拉丁文之词根乃“舒展”“展开”之意。一般意义上讲，发展指生物演变、成长之阶段，没有好坏之分。克拉克（CLARK，1995 年）认为，发展是“一种变化过程，它使人们能够掌握自己的命运并充分实现自己的潜力。发展要求人们树立信心，获得必要的技能、资产和自由去实现其目标”（见赵黎青，1998 年，第 19 页）。到了 18、19 世纪，发展被用来解释社会历史的变化（黄平、罗红光，2003 年 2 月，第 26 页）。沿着这条思路，许多国际机构和学者给发展下了定义。1990 年，联合国开发计划署认为：“发展的基本目的，就是创建一种能够使人长期地享受健康和有创造性的生活。”1993 年，联合国开发计划署进一步明确提出：发展是“人的发展，为了人的发展，由人去从事的发展”。但阿马蒂亚·森（Amartya Sen）则以“自由”为中心来定义发展。认为自由是发展的首要目的，发展是扩展人们享有真实自由的一个过程。它包括免受困苦诸如饥饿、营养不良、疾病以及过早死亡；能够识字算数以及享受政治参与的自由；各种政治权益如失业者有资格得到救济，收入在最低标准线之下者有资格得到补助，每一个孩子都有资格上学受教育等。

国内对发展的定义也很多，比较能够让人接受的是：“以经济增长为基础的社会、政治、经济、文化等结构、体制的演进和变革，特别是指从传统社会向现代社会的转化和变迁。”（庞元正、丁冬红，

2001 年 10 月，第 80 页）目前大概有三种发展观：一是把发展等同于工业化过程中的经济增长；二是把发展看作整个结构的变革过程；三是把发展看作以人为中心的综合演进过程。

而自 20 世纪 50 年代以增长理论为基础的发展推行到今天提倡的以可持续发展理论为基础的发展，发展理论及思想的演变经过了以下几个阶段。

年代	发展思想	说明
五十年代	"增长理论" (Growth)	物质财富在数量上的绝对增长
六十年代至 八十年代初	"现代化理论" (Modernization)	通过更加有效的技术提高物质生产力，要"多、快、好、省"
八十年代	"基本需求战略" (Basic needs strategy)	考虑人在各个方面的需求，包括温饱、卫生保健、基础教育等
八十年代中后期	"以人为中心的发展" (people-centered) • 公平 • 机会均等 • 参与	考虑人在发展过程中的地位和作用；各阶层的人均能公平地参与发展的各类活动，并从中受益
九十年代初	"可持续发展" (Sustainable developmen) • 人力资源开发 • 环境保护	当资源与环境受到威胁时，人们意识到在改造地球的同时也必须采取有效的保护措施
广大人民群众（Grass roots）		

第一节　50—60 年代——经济增长理论与现代化理论

"二战"后，广大的亚非拉国家摆脱传统殖民体系的束缚与奴役，普遍建立了独立的民族国家，开始走上自主发展的道路。相对于欧美等已实现工业化的发达国家，这些国家普遍处于贫困落后状况，被称为发展中国家。为解决发展中国家贫穷落后的状况，国际发展界于20世纪50—60年代提出了经济增长理论与现代化理论。

发展被定义为“经济增长”，具体衡量指标就是一个国家的人均国民生产总值的增长幅度。与此相对应的是，现代化理论将发展视为一个逐步实现“现代化”的过程，认为欧美发达国家已经建立了理想的社会，发达国家的现代化道路也就是发展中国家的现代化道路，沿袭和模仿发达国家的发展模式是发展中国家摆脱贫穷、实现发展的必由之路。

新兴的民族国家将经济发展视为摆脱贫穷落后、实现国家发展和民族振兴的唯一目标。在马歇尔援助计划的主导下，西方主流经济学理论和政府政策均将“经济增长”看作治愈贫困的金钥匙。这一时期，以“经济增长”和“现代化”为发展核心的战略，首先集中在发展中国家城市中心的现代化和工业化上。努力实现工业化成为发展中国家的主要目标。将“经济增长”等同于发展的理论和优先发展城市和工业的“现代化”理论隐含着一个假设，即城市的现代化和工业化可以通过“涓滴”（Trickle Down）效应将经济增长成果渗透农村，从而推动农村的自发增长，逐步缩小城乡差别，改善全体人民的生活。

经过近十年的实践之后，人们发现经济增长并没有自动带来社会进步，许多急于实现工业化的发展中国家都出现了严重的分配不公、社会腐败与政治动荡。从国家来看，这种以“经济增长”为发展核心的战略，使许多国家的经济发展取得了进步，但是现实也表明，经济增长往往只改善一部分人的生活，并不能自动改善、提高所有人的生活条件。从国际社会来看，人们也越来越意识到，经济增长速度或人均国民收入的提高并不能代表真正意义上的发展。因为在全球生产总值迅猛增长的同时，南北差距却在持续扩大、发展中国家内部不平衡现象在日益加剧。

1973年10月世界银行行长在内华达会议上公布，随着全球经济与科技突飞猛进的同时，发展中的世界仍有8亿人民——占全球人数的

40%，正生活在绝对贫困线下。联合国开发总署《1994年人类发展报告》指出，“收入分配的差距正在扩大，20%最富者与最穷者之间的收入差距，已从1960年的30倍扩展到1993年的61倍”。这一严酷的事实说明即使经济高增长，“涓滴效应”并未能自动发生。发达国家与发展中国家的差距不仅没有缩小，反而有所扩大。而且，发展中国家内部城乡之间的差距与社会各阶层之间的不公平现象在不断加剧。

信息框1

对“绿色革命”的反思

二十世纪五六十年代，人们普遍认为只要有足够的资金投入和现代技术就能解决落后国家的发展问题，“绿色革命”就是根据这种思维制定的典型战略。“绿色革命”战略将发展等同于农业产出的提高，认为只要引入新的耕作技术、优良品种、化肥农药、机械化生产、大规模的灌溉系统等，就可以大幅度提高农业产出、实现当地社会经济发展。这一战略显然忽视了诸如土地分配、社会文化、治理结构、宗教民族关系以及国际国内政策环境等方面的因素。

20世纪70年代以后各种事实已经清楚地证明，以引入现代农业技术为核心的“绿色革命”发展战略并没有解决多数穷人、特别是那些缺少资源的贫困农民所面临的问题，发展中国家依然有近8亿人处于缺衣少食、营养不良的窘迫境况。与此同时，“绿色革命”甚至还恶化了当地的社会公平问题，并引发了严重的生态问题。一方面，现代农业技术需要连片平整的土地和充裕的资金投入，贫困农户和普通农户根本不可能具备这样的条件；结果，“绿色革命”为条件优越的地主创造了更大的优势、迫使中小农户在市场竞争中处于更为弱势的地位。另一方面，大量化肥农药的使用，破坏了当地的环境，造成土壤退化、水体污染等严重的生态问题。

第二节　70—80 年代——基本需求的发展战略

20 世纪 70 年代中期，由于逐渐认识到人的生存需要和人们取得这种需要之间的差距越来越大，增长的好处不能“涓滴”到穷人身上，人们提出了满足大多数“人的基本需要”（Basic Human Needs）的发展战略。

所谓“人的基本需要”是指维持人类生存的基本需求。改善营养、健康、衣着、环境卫生、住房和教育状况等人们的基本消费与服务需求。“基本需要”的发展战略强调发展不仅要追求经济增长速度，而且要致力于改善人们的生活条件，尤其要改善处于社会底层和不利地位的人们的生存条件。

第三节　80—90 年代以来的以人为中心的发展和可持续发展理论

20 世纪 80 年代被称为发展中国家现代化“失败十年”，人们普遍对第三世界的现代化感到失望。除了少数地区与国家取得成功，对大多数发展中国家来说，他们普遍面临贫困人口增加，社会两极分化，统治阶级贪污腐败，社会动荡不安，生态环境日趋恶化。全球贫困的持续恶化及随着工业化所带来的全球环境问题迫使人类对工业文明以来所走过的道路做进一步的反思。

对“经济增长”理论的反思，还引发了发展必须是可持续的思想；人们注意到，工业化、城市化及人口膨胀对资源和环境造成了巨大压力，许多国家和地区根本无法长期维持健康稳定的所谓“经济增长”，从而提出了可持续发展的思想。与此同时，国际发展界也对发展的意义进行了深入的反思，提出了以人为本的发展思想。一方面，强调经济增长本身并不是发展的目标，满足人的需求和实现人的发展才是发展的本质；另一方面，国际发展界也已摒弃了自上而下、由少数官员和专家来控制和主导发展过程的做法，提出了参与式发展的观念，认为广大发展中国家的普通民众、特别是贫困人群有权利、也有能力参与发展的全部过程中来。

80—90 年代以来，发展的新趋势包括下列三个方面：从经济发展转移到基本需求到人的全面发展、从一国内部寻求发展的根源转向国际关系、从单纯的经济因素到从经济、社会、自然和人四者的相互关系上，并由此提出了新的发展理论。

一　可持续发展理论

可持续发展（Sustainable Development）是八十年代提出的一个新概念。联合国世界环境和发展委员会 1987 年在《我们共同的未来》一书中正式提出了可持续发展的观点，指出发展必须是“既满足当代人的需求又不危及后代人满足其需求的发展”。可持续发展的概念很快得到了国际社会的广泛认可。以下是可持续发展的三个基本理念：发展不能以牺牲环境为代价；不能以牺牲另一部分人的利益为代价；不能以牺牲后代人的发展为代价。

二　以人为中心的发展理论

1990 年，联合国出版的《人类发展报告》，进一步提出了“可持续的人类发展”，将人放在发展的中心。明确指出“人是一个国家的真正财富。发展的基本目标是为人类创造一个能享受长寿、健康和富有创造性生活的环境”。它不仅把人放在发展的中心，还强调了发展过程的持续性，保护后代人有和这一代人同样的生存机会。这一代人和以后各代的人都必须得到公平的机会。人类发展是一种全面的发展，既要经济发展也要社会发展。

联合国出版的《人类发展报告》这个报告并不是第一个提出人类幸福是发展的最终目标。但这是联合国尝试运用人文发展指数（Human Development Index，HDI）对不同的国家为达到人民幸福所遵循的战略及其总体评价。

HDI（人文发展指数）是反映人类发展最重要的尺度，它包括三个指示值：寿命、知识和生活水平。寿命——通过预期寿命来衡量；

知识——通过成人识字率和受教育的平均数来测量；生活水平——通过购买力、国内生产总值（GDP）来测量。它指出，如果人们具有这三种基本的选择，他将有可能同样得到其他机会的选择。

联合国开发的人文发展指数已被广泛用于评价各国的发展水平和社会进步状况。人文发展指数从长寿、知识和生活水平三个方面进行考察。具体通过出生时预期寿命；成人识字率；小学、中学和大学综合毛入学率；人均国内生产总值（GDP）（购买力 PPP 美元）来测量。

需要指出的是，以人文发展指标（HDI）来衡量地区发展出现了与 GNP 不同步的发展结果，例如，阿拉伯联合酋长国人均国民生产总值为 17000 美元，在世界排名第 10 位，但是 HDI 指标为 0.771，在世界排名第 62 位；中国按人均国民生产总值美元值排在世界第 143 位，但按 HDI 指标排在世界第 94 位。

信息框 2

2012 年部分国家人类发展和经济发展比较

国家	2012 人类发展指数位次	2012 人类发展指数数值	2012 出生时预期寿命（岁）	2010 平均受教育年限（年）	2011 预期受教育年限（年）	2012 人均国民收入（美元）
瑞典	7	0.916	81.6	11.7	16.0	36.143
加拿大	11	0.911	81.1	12.3	15.1	35369
美国	3	0.937	78.7	13.3	16.8	43480
中国香港	13	0.906	83.0	10.0	15.5	45598
阿联酋	41	0.818	76.7	8.9	12.0	42716
古巴	59	0.780	79.3	10.2	16.2	5539
中国	101	0.699	73.7	7.5	11.7	7945

资料来源：联合国发展署，《人类发展报告》，2013 年。

信息框 3

中国人类发展与经济发展的比较

	人类发展指数值（HDI）								HDI 位次变化
年份	1980 年	1990 年	2000 年	2005 年	2007 年	2010 年	2011 年	2012 年	2007—2012 年
中国	0.407	0.495	0.590	0.637	0.662	0.689	0.695	0.699	4

资料来源：联合国发展署，《人类发展报告》，2013 年。

第四节　新时期的发展目标：从联合国千年发展目标到 2015 后发展议程

联合国在 2000 年进入新千年之际，为人类发展制定了八个目标，及一系列具体指标，统称为“千年发展目标”（Millennium Development Goals-MDGs）。涉及经济、社会、环境等领域，多数以 1990 年为基准年，2015 年为完成时限。目前，世界各国在实现多项具体目标方面已取得了重大的实质性进展。联合国秘书长潘基文称“千年发展目标已成为历史上最成功的全球反贫困推动力”。[①] 而中国的快速发展为落实千年发展目标做出了重要贡献。为继续推进全球各个领域的发展工作，联合国从 2010 年开始讨论制定 2015 年之后的发展议程。新的发展议程在继承千年发展目标成果的基础上，提出“消除贫困、不落下任何人一个、创造人人有尊严的世界”，预计在未来的 15 年，通过在 17 个可持续发展目标下的努力，走向一个零饥饿的、更具包容性的、可持续发展的世界。

一　千年发展目标的背景和内容

1989 年冷战结束后，原来分属两大阵营的国家终于可以抛弃意识形态的分歧，在联合国这个多变框架下讨论一些人类发展共同关心

① 联合国：《联合国千年发展目标报告（2015）》，第 3 页，来源：联合国官网 http：//www. un. org/zh/mdg/report2013/.

的问题，比如，环境问题、人口问题、妇女问题，以及人权问题。因此，联合国在20世纪90年代组织召开了一系列重要的发展会议，比如，1992年在里约举行的可持续发展大会，1993年在维也纳召开的世界人权大会，1994年在开罗的国际人口与发展大会，以及1995年的北京世界妇女大会。

为了将这些会议成果整合成一个更为全面系统的发展纲领，2000年9月联合国在纽约总部举行了千年首脑会议，189个会员国与会并通过了《千年宣言》。《宣言》为人类发展制定了一系列目标，统称为"千年发展目标"。千年发展目标包括八个方面的内容，每个方面又有一些具体目标和衡量指标[①]。千年发展目标涉及经济、社会、环境等领域，是目前最全面、最权威、最明确的全球发展目标体系。

表1　**千年发展目标内容列表**

目标	具体目标
目标一：消除极端贫困和饥饿	目标1A：从1990年到2015年，将每日收入不足1.25美元的人口比例减半
	目标1B：让所有人包括妇女和年轻人实现充分的生产性就业，获得体面工作
	目标1C：从1990年到2015年，将饥饿人数减少一半

① 全部的目标和指标详见千年发展目标指标官方一览表（2008年1月15日起执行），来源：联合国千年发展目标指标官方网站 http：//mdgs. un. org/unsd/mdg/Host. aspx？Content = Indicators/OfficialList. zh-CN. htm.

续表

目标	具体目标
目标二：到2015年前普及初等教育	目标2A：到2015年前确保所有儿童，无论男女，都能完成全部初等教育课程
目标三：促进两性平等和赋予妇女权利	目标3A：争取到2005年在中、小学教育中消除两性差距，至迟于2015年在各级教育中消除此种差距
目标四：降低儿童死亡率	目标4A：从1990年到2015年将五岁以下儿童死亡率降低三分之二
目标五：改善孕产妇保健	目标5A：从1990年到2015年将孕产妇死亡率降低四分之三
	目标5B：到2015年实现人人普遍享有生殖保健
目标六：与艾滋病病毒/艾滋病、疟疾和其他疾病做斗争	目标6A：到2015年，遏制并开始扭转艾滋病病毒和艾滋病的蔓延
	目标6B：到2010年，实现所有需要获得艾滋病病毒和艾滋病治疗的普及
	目标6C：到2015年，遏制并开始扭转疟疾和其他主要疾病的发病率
目标七：确保环境的可持续性	目标7A：将可持续发展的原则纳入政策和计划，扭转环境资源损失趋势
	目标7B：降低生物多样性丧失，到2010年显著降低生物多样性丧失的速度
	目标7C：到2015年将无法持续获得安全饮用水和基本环境卫生设施的人口比例降低一半
	目标7D：到2020年前，明显改善至少1亿贫民窟居民的生活有明显改善
目标八：建立全球发展伙伴关系	具体目标8A：进一步发展开放的、有章可循的、可预测的、非歧视性的贸易和金融体制。包括在国家和国际两级致力于善政、发展和减贫的承诺
	具体目标8B：满足最不发达国家的特殊需要。包括：对其出口免征关税、不实行配额；加强重债穷国（HIPC）的减债方案，注销官方双边债务；向致力于减贫的国家提供更为慷慨的官方发展援助
	具体目标8C：满足内陆发展中国家和小岛屿发展中国家的特殊需要（通过《小岛屿发展中国家可持续发展行动纲领》以及联合国大会第二十二次特别会议结果）
	具体目标8D：通过国家和国际措施全面处理发展中国家的债务问题，使债务可以长期持续承受
	具体目标8E：与制药公司合作，在发展中国家提供负担得起的基本药品
	具体目标8F：与私营部门合作，普及新技术、特别是信息和通信技术的好处

二　千年发展目标在全球的实施情况①

2015 年联合国发布《联合国千年发展目标报告（2015）》，评估全球落实千年发展目标的进展。报告显示：全球贫困人口减半的目标已比预定的 2015 年提前完成，全球 10 亿多人摆脱了极端贫困。发展中地区 90% 的儿童正在享受初等教育，男女儿童入学率的差距已减小。90% 的国家议会中女性的数量增加。在与疟疾和肺结核做斗争方面也已取得巨大的成绩，各项健康指标都有所提高，5 岁以下儿童死亡率下降超过一半，孕产妇死亡率下降了 45%，新感染艾滋病病毒的人数下降了约 40%，全球 91% 的人口使用经改善的饮用水源并保护了我们的地球。来自发达国家的官方发展援助实际值增长了 66%，达到 1352 亿美元。新型的创新性伙伴关系正在建立，新的经济合作体和治理体系正在形成，以人为本、人的迫切需求被各国决策制定者纳入优先考虑因素。

然而，在 2015 年期限前全面实现千年发展目标并不乐观，一些目标领域还需要采取更有力的行动。例如，目前全世界每 8 个人中仍有 1 个人处于长期营养不足状态。仍然有很多妇女在分娩时死亡，而大多数死亡都是可以避免的。世界上还有超过 25 亿人无法获得改善的卫生设施，其中 10 亿人仍在露天便溺，这会威胁健康和环境。尽管新增艾滋病病毒感染病例在减少，但为所有需要者提供抗逆转录病毒疗法的具体目标还未实现，而且民众关于艾滋病病毒及如何避免其传播的知识仍严重缺乏。地球上的资源仍在严重减少，森林、物种和鱼类资源不断流失。环境可持续性受到严重威胁，需要更深一层的全球合作。此外，发达国家向发展中国家提供的援助金额总体下降，这一下降对最不发达国家的影响最为严重。

而且全世界千年发展目标的实施情况也呈现出不平等的现象。城乡差距依然显著，2011 年，农村地区由专业医护人员接生的比例为 53%，而城市地区为 84%。无法获取改善饮用水源的人口中有 83%

① 联合国官网：《联合国千年发展目标报告（2015）》，来源：联合国官网 http：//www. un. org/zh/mdg/report2015/.

居住在农村地区。收入差距和性别不平等也在影响儿童的教育。出身最贫穷家庭的儿童和青少年失学的可能性至少是出身最富裕家庭儿童的三倍。无论是在小学还是初中年龄组，女童都比男童更有可能失学，即使是对出身最富裕家庭的女童也是如此。而且决策权方面的性别不平等仍然存在。无论是在公共领域还是私人领域，从政府的高层决策到家庭决策，女性仍缺少与男性同等的参与决策的机会。具体体现在：

（一）全球金融危机的影响使得全球经济至今仍在危机的阴影中运行

无论在发达国家还是发展中国家，占全国人口一半的最贫困人口拥有的财富仅占不到10%的国家财富。而在过去的25年，与普通公民相比，全球收入前1%的人口平均收入增长了20倍（全球议程委员会，2015）。世界最富有的1%人口已拥有约48%的全球总财富。此外，世界上最富有的80人拥有的财富在2009年至2014年增长了2倍（按名义增长率计），而50%最贫困的人口拥有的财富则同期下降。而在过去的几十年里，陷入贫困人口不断增加，调查估计，2008年到2009年，全球约有3.2亿至4.43亿人历经一代甚至几代的贫困（爱迪生 addison T 等，2008）。长期贫困将穷人置于实质性的多方面

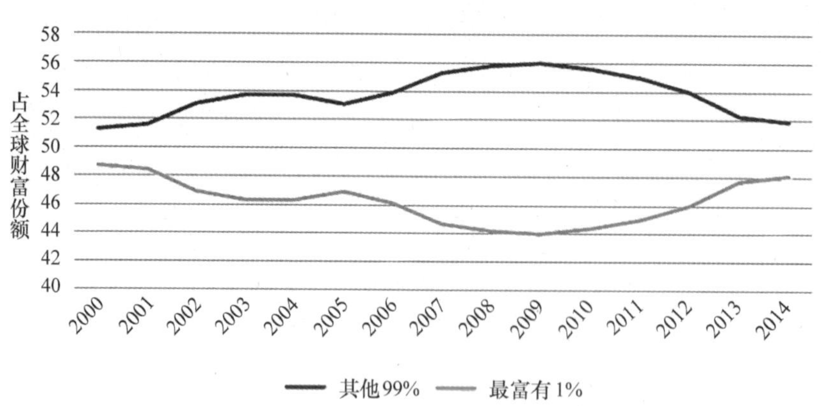

图1　最富有1%的人口和其他99%的人口所占全球财富份额

图片来源：UNDP报告《全球经济治理再平衡——2015后中国与二十国集团的机遇》。

风险中，这意味着穷人除了获得较低的收入以外，还面临缺乏营养或者营养不良，食物匮乏、无法获得清洁水和医疗设施，无法获得教育和其他资源，以及长此以往陷入贫困恶性循环的风险。

（二）从气候变化应对到适应，穷人都面临着更加恶劣的处境

自1990年以来全球二氧化碳排放量增加超过50%。应对不见减缓的温室气体排放以及可能随之产生的气候变化的影响，如生态系统的改变、极端天气和社会风险。联合国发展计划署研究指出，即使是最严格的减排措施也不足以避免气候变化对人类可持续发展造成的危害。气候变化使得自然系统和人类社会的风险都空前加大，脆弱性不断增强，水资源的短缺影响世界上40%的人口。面对这一巨大挑战，在21世纪上半叶人类除了适应气候变化以外别无他法。而穷人的生计与自然资源的联系则更为直接，因为他们更依赖农业和其他气候敏感的资源获得收入和财富，却通常居住在最脆弱的区域，所以受环境恶化的影响也最大。如在中国，贫困地区与环境脆弱地带高度相关，两者在地理空间分布上具有较高的一致性。大约贫困总人口的81%生活在生态最敏感脆弱的地带（乐施会，绿色和平等，2009），以致生活在脆弱地区的贫困人群更难摆脱贫困。

（三）地缘政治引发的冲突依旧是对人类发展最大的威胁

截至2014年年底，冲突已迫使近6000万人放弃他们的家园——自第二次世界大战以来的最高水平。由于冲突，平均每天有4.2万人被迫流离失所，需要寻求保护，这几乎是2010年1.1万人的四倍。而在受冲突影响的国家，儿童难民占到一半以上，失学儿童的比例从1999年的30%上升到了2012年的36%。受冲突影响的国家贫困率通常最高。

世界上还有8亿多人仍生活在极端贫困中，忍受着饥饿的煎熬；1.6亿多5岁以下儿童由于缺少足够的食物而无法达到其年龄该有的身高；5700万小学教育适龄儿童失学；全球近一半的工人仍在脆弱的条件下工作，很少能获取体面工作才有的福利；每天约有1.6万儿童在庆祝其5岁生日之前死亡，大多是死于可预防的原因；发展中地区的孕产妇死亡率比发达地区高14倍；2013年，发展中地区3150万

艾滋病病毒携带者中只有估计36%接受了抗逆转录病毒（Highly Active Anti-Retroviral Therapy，HAART）疗法治疗；2015年，三分之一的人（24亿）仍在使用未经改善的卫生设施，其中9.46亿人仍在露天便溺；在城市约有8.8亿多人居住在类似贫民窟的条件中（UNDP，千年发展目标报告2015年）。

三　千年发展目标在中国的实施情况①

自2000年9月以来，中国政府一直坚定承诺实施千年发展目标，并配以足够的资金和政策支持。截至2013年，中国已经实现了近半数千年发展目标，其中减少贫困人口方面的成绩尤为突出。改革开放以来，农村没有解决温饱问题的绝对贫困人口由2.5亿人减少到3200万人，占农村总人口的比例由30.7%下降到3.5%。根据最新的扶贫标准农民年人均纯收入2300元（2010年不变价），2010年至2012年间中国的贫困人口从16567万减少到9899万。中国的成功减贫也为世界减贫事业做出了积极贡献。从1990年到2005年，中国贫困人口减少的数量占到同期全世界贫困人口减少总数的76.09%，这使全球提前实现贫困人口减半的目标。除了减少贫困人口方面的成绩，中国在普及初等教育、消除中小学教育中的两性差距，以及降低婴幼儿死亡率等方面也进展显著。2012年，小学学龄儿童净入学率达到99.85%，其中男童净入学率99.84%，女童净入学率99.86%，已经提前实现“到2015年前普及初等教育”的目标。婴儿死亡率从1991年的50.2‰降至2012年的10.3‰，5岁以下儿童死亡率从1991年的61.0‰降至2012年的13.2‰，提前实现了千年发展目标的要求。

当然，中国要完全实现千年发展目标仍然面临诸多挑战。中国庞大的非正规就业人口以及日益突出的城市贫困问题为中国减贫工作提出新的挑战。在赋权妇女方面，针对妇女暴力，女性就业歧视以及女性在各级决策和管理层的代表性仍然较低，这些都是阻碍性别平等的突出问题。此外，艾滋病疫情仍呈上升趋势。而政府对社会组织参与

---

①《中国实施千年发展目标进展情况报告（2013）》，来源：中国政府官网 http://www.gov.cn/gzdt/2013-09/22/content_2492602.htm.

艾滋病预防工作的支持力度有待提高。在环境可持续方面，淡水和地下水污染问题明显。中国野生动植物资源过度开发，栖息地遭到严重破坏，环境资源和生物多样性仍在持续流失。在教育和健康方面，一些弱势群体也因地域、城乡、户籍等因素没有平等享有发展成果。比如，留守儿童、流动儿童和残疾儿童的教育问题。对流动人口和性工作者，特别是低收入性工作者的艾滋病防治措施不够等问题。具体表现在：

（一）在全国范围内存在严重的社会发展差距

在过去近三十年的时间里，中国经历了由计划经济体制向市场经济体制的巨大转型。这一重大转型过程不仅成就了中国举世瞩目的经济发展成绩，同时也在全国范围内引发了严重的社会发展不平衡。这种发展不平衡不仅仅表现在不同地区之间，同时也表现在不同人群之间，主要包括东西部地区之间、城市与农村之间、穷人与富人之间、户籍人口与流动人口之间以及不同性别之间。这种不同地区、不同人群之间的社会发展差距不仅存在已久，而且还呈日益扩大的趋势，对中国经济、社会持续健康的发展构成了巨大威胁。

（二）穷人与弱势人群成为社会发展滞后的主要受害者

穷人和弱势人群受社会保障体系的不健全、教育医疗的不公平等社会发展问题的影响最为严重。调查显示，30%—50%的穷人认为疾病和伤残是导致他们贫困的主要原因，而中国的医疗保险体系目前仅仅覆盖全国70%的人口。近年急剧飙升的医疗与教育开支、加之严重的就业不足，在大大增加了普通人群坠入贫困风险的同时，也降低了贫困人群摆脱贫困的能力。

农村居民缺少发展的资源与机会，这是中国农村地区出现大量贫困人口的主要原因。这主要表现在以下几个方面：其一，就获得发展机会的角度而言，城乡分隔的户籍制度及城市地区对农村居民采取的歧视性政策（如工资福利、资本信贷、子女教育等），严重阻碍了他们平等地分享这些地区出现的就业及商业机会；其二，从经济成果分配的角度说，公共财政资源长期以来主要投放于城市和东部发达地区，造成农村地区基础设施、医疗服务、学校教育、社会保障等各方面发展的严重滞后，极大地影响农村居民的人口素质、经济发展能力和抗风险能力；其三，由于中国经济增长主要集中于东部沿海和城市地区，这对地理偏僻、道路通信落后的农村地区来说，既无法直接融入其商业活动之中，也难以平等方便地得到其就业及商业机会；其四，城市地区至今一直通过实际存在的工农业产品价格“剪刀差”和不公正的市场、金融制度汲取农村资源。

（三）社会发展的滞后严重制约着经济发展的可持续性

社会发展与经济发展的公平性及可持续性之间存在着极为紧密的内在联系，就目前中国而言，诸如社会保障体系的不健全、教育医疗的不公平、贫富分化等社会发展问题，已经对社会的和谐稳定与经济的健康发展构成了严重的威胁与制约。

中国经济目前面临的最大问题就是内需不足、过于依赖出口，不利于国民经济在国内需求与生产的良性循环的基础上实现长期、可持续的健康发展。而内需不足是社会发展严重滞后的必然结果之一。首先，社会保障体系的不健全降低了人们应对危机的能力、使之始终处于缺少安全感的心理状态之中；其次，教育医疗的不公平引发教育费用的大幅上升，在这样的情况下，存钱就成为绝大多数人唯一的选择，由此导致国内消费长期萎靡不振。与此同时，不断加剧的贫富分化使大量财富集中于极少数人手中，结果是，有消费能力的缺少消费意愿，有消费意愿的却没有消费能力，这也进一步恶化了我国内需不足的情况。

另外，国内经济发展正在从低技术、粗放型向高科技、集约型转变，这意味着对从业人员的教育程度和技术素质要求越来越高。但令人担忧的是，高昂的教育费用让大量普通家庭、特别是农村家庭和贫困家庭的孩子，难以获得必需的教育和训练，这不仅对他们自身的发展极为不利，而且对国民经济的可持续发展也构成了严重威胁。

（四）2015 年后，为什么需要一个新的全球发展议程？

联合国从 2010 年开始，就与各国政府、民间社会及其他合作伙伴共同努力，在千年发展目标的基础上，制定 2015 年后的发展议程。既然千年发展目标是一个较为全面并发挥重要作用的发展框架，为什么不在原有基础上将各个目标的实现标准提高一些？而是要重新讨论一个新的全球发展议程呢？这主要有以下两方面原因。

首先，千年发展目标自身存在一些不足之处需要改进[①]。千年发展目标被广为质疑的一点是它没有关注最贫困、最弱势的群体。换句话说没有考虑到各国内部的不平等。如前所述，千年发展目标的很多指标只是相关数据减半。比如目标 A1：从 1990 年到 2015 年，将每日收入不足 1.25 美元的人口比例减半。这种减半的策略使各国容易为了实现目标而更倾向于支持那些更加易于脱贫的人口，而不是那些贫困程度更深、更弱势的群体。此外，千年发展目标的制定过程也饱受争议。千年发展目标主要是由发达国家以及联合国专家制定的，其中鲜有发展中国家和公民社会的参与。这种参与的缺失也反映在具体的目标及其监测上。比如，针对发达国家责任的千年发展目标 8，并没有像其他目标有具体的可衡量的检测标准。而且公民社会对整个千年发展目标的监测渠道和机制都十分有限。

其次，新的贫困和发展问题不断涌现，这都呼吁一个变革性的全球发展纲领[②]。在千年发展目标制定之际，贫困人口普遍生活在低收入国家，特别是农村。而目前，大部分贫困人口生活在中等收入国家以及城市。这种新的趋势要求新的减贫策略，尤其是对不平等的措施。而且发达国家的贫困问题也日渐突出。2008 年在欧美爆发的金融危机使得很多发达国家面临失业率上升，贫困人口增加等问题，而且政府削减公共支出也恶化了贫困人口的生存状况。这就需要新的发展纲领也要关注发达国家中的贫困。此外，与 20 世纪末相比，世界权力格局也发生了深刻变化。以金砖国家（BRICS）为代表的新兴经济体在国际事务中发挥越来越重要的作用。这为发展融资、全球治理等注入了新的力量。新的发展框架也势必要体现新兴经济体的作用和责任。再有气候变化、极端天气应对等新的问题，尤其是对弱势群

① 关于千年发展目标的不足，详见：United Nation, Claiming the Millennium Development Goals: A human rights approach, New York and Geneva, 2008, pp. 4 –5.

② 关于新的发展问题和趋势，详见：Action Aid, Righting the MDGs: contexts and opportunities for a post –2015 development framework, 2012, pp. 3 –7.

体，特别是妇女的影响也应被纳入新的发展框架中。

（五）后2015发展议程的制定过程

在2010年9月的千年发展目标联合国首脑会议上，各成员国开始讨论2015年后发展议程。2012年6月的“里约+20”联合国可持续发展大会上，成员国通过了《我们期望的未来》[①]成果文件，为2015年后发展议程所涉及的政府间进程打开了局面，包括可持续发展目标开放工作组、可持续发展融资政府间专家委员会和高级别政治论坛等。

吸取了制定千年发展目标时的经验教训，联合国在制定2015年后发展目标时开展了广泛的讨论，包括在国家层面、全球及各专题领域的咨商。目前专题讨论主要涉及11个主题，包括：不平等、治理、经济增长和就业、粮食安全和营养、人口动态、能源、健康、环境的可持续性、教育、水以及冲突、暴力与灾难[②]。目前，联合国已经支持了超过90个包括各国政府、地方相关部门、公民社会组织以及企业在内的咨商活动。

世界各地民间组织的参与尤为活跃。他们不仅参与联合国组织的活动，还独立开展针对各层面各专题的咨商，帮助受贫困影响的群体发声，并参与这个重要的全球发展议程的制定过程中。例如，全球消除贫困联盟（GCAP）联合超越2015（Beyond2015）等全球NGO网络在30个国家开展民间咨商活动。GCAP－中国作为牵头机构组织了20余家NGO以及300多位边缘/弱势群体代表，通过研讨会、问卷、访谈等方式收集了民间意见，并形成了《就后2015发展框架及治理议题的政策建议》[③]的报告。该报告于2013年3月公开发布，并提交联合国驻华系统以及联合国总部。

在参考前期咨商成果的基础上，联合国秘书长于2013年7月发

---

① http：//www. uncsd2012. org/content/documents/727The%20Future%20We%20Want%2019%20June%201230pm. pdf.

② 可通过“我们期望的世界”（http：//www. worldwewant2015. org/）在线互动平台就了解更多关于各个主题的信息，并参与各项磋商。

③ http：//www. gcap-china. cn/GCAPchina/100/186/html/95016971297. html.

布了《人人过上有尊严的生活》[①] 的报告，在报告中他呼吁为达成千年发展目标制定大胆的举措，并形成全新、负责的可持续发展框架。2013 年 9 月 25 日，在由联合国大会主席主持的千年发展目标特别活动上，联合国秘书长向各成员国进行了报告。在成员国通过的特别活动成果文件[②]中，各国领导人重审其完成千年发展目标的承诺，同意在 2015 年 9 月举行世界首脑会议，为 2015 年后发展议程制定新的目标。

（六）后 2015 年可持续发展目标

2015 年 9 月，各国领导人在联合国召开会议，通过了可持续发展目标。该目标为后 2015 发展议程的目标，旨在为下一个 15 年世界发展提出目标。该目标共含有 17 项[③]。

目标 1：在世界各地消除一切形式的贫穷；

目标 2：消除饥饿，实现粮食安全，改善营养和促进可持续农业；

目标 3：让不同年龄段的所有的人过上健康的生活，促进他们的

① 《人人过上有尊严的生活：加快实现千年发展目标并推进 2015 年后联合国发展议程》，http：//www. un. org/zh/documents/view_ doc. asp？ symbol = A/68/202.

② 《关于继续推进实现千年发展目标努力的特别会议成果文件》，http：//www. un. org/zh/documents/view_ doc. asp？ symbol = A/68/L. 4.

③ 详细指标，可参照联合国相关网站的内容。

安康；

目标4：提供包容和公平的优质教育，让全民终身享有学习机会；

目标5：实现性别平等，增强所有妇女和女孩的权利；

目标6：为所有人提供水和环境卫生并对其进行可持续管理；

目标7：每个人都能获得价廉、可靠和可持续的现代化能源；

目标8：促进持久、包容性和可持续经济增长，促进充分的生产性就业，促进人人有体面工作；

目标9：建造有抵御灾害能力的基础设施、促进具有包容性的可持续工业化，推动创新；

目标10：减少国家内部和国家之间的不平等；

目标11：建设包容、安全、有抵御灾害能力的可持续城市和人类住区；

目标12：采用可持续的消费和生产模式；

目标13：采取紧急行动应对气候变化及其影响；

目标14：养护和可持续利用海洋和海洋资源以促进可持续发展；

目标15：保护、恢复和促进可持续利用陆地生态系统，可持续地管理森林，防治荒漠化，制止和扭转土地退化，阻止生物多样性的丧失；

目标16：创建和平和包容的社会以促进可持续发展，让所有人都能诉诸司法，在各级建立有效、负责和包容的机构；

目标17：加强执行手段，恢复可持续发展全球伙伴关系的活力。

从千年发展目标到2015年后发展议程的可持续发展目标，我们可以看到联合国的全球发展纲领从议题到形式上的积极变化。2015年后发展议程的讨论纳入了不平等、治理等千年发展目标没有关注的重要议题。强调平等意味着新的发展纲领更加关注弱势群体中的弱势，使每个人都可以公平地参与并享有发展成果，这也是践行以人权为基础的发展。此外，包括公开、透明、参与、问责等要素的治理也是解决贫困根源的关键。消除贫困的努力不仅是创造财富和资源，还要依靠较为公平的财富分配和决策机制。

而从以上发展的理论及目标演变的过程可见，不同时期和不同人群对发展的理解和期待是不一样的。有人认为发展就是能够吃好穿好，有更多的钱；有人认为对金钱无限制的追求正是人类发展的悲哀，因为它只会把人类变得更贪婪和自私，从而忘记了一些更加美好的东西，如人与人的信任与互助，人们生活的安全，环境的愉悦，言论的自由，对艺术的追求等，到头来极有可能出现“穷得只剩下钱”和“社会中的富人整天惶惶然地捂住自己的钱包，用猜疑和仇视的目光打量着穷人”的双输现象。所以现在逐步普遍的观点是：让我们回到发展的出发点和归宿即人的需要上来，看看人的需求是什么，以及背后需依托的发展理论是什么。因此，本书在接下来要探讨的，即在当下，我们该如何理解社会发展，推动社会发展背后的实践原则和方法体系是什么？

第二章　社会发展的概念及实践原则

第一节　社会发展的定义与特质

20 世纪 80 年代，国际发展机构从专注发展中国家的经济增长转而向经济发展和社会发展并重。90 年代以后，国际发展界开始提出了社会发展的概念，包括 UNDP、世界银行、亚洲发展银行、英国国际发展部在内的许多重要的国际发展机构，开始运用社会发展理念和工具来指导本机构所开展的发展项目；在国家援助战略中开始引入社会评估，进行社会发展分析；有的甚至成立了专门从事社会发展问题研究的专门机构。不过，这里所说的社会发展已经不是一般意义上的社会发展，而是一种新的发展理论，不同的国际发展机构也提出自己对社会发展的定义。综合不同定义，发现社会发展作为一种新的发展理论具有以下特质：

➢ 社会发展是一门正在成长的新兴学科，是对以往发展理论与实践经验的全面总结。对此英国国际发展部的相关定义说得十分清楚："社会发展是一门正在成长的学科，它汇聚、整合了近年来以下种种有关发展的思考与实践（对性别问题如何全方位地影响发展实践和政策的理解；认识到需要让穷人表达自己的意愿并鼓励他们的参与；意识到社会文化因素将会影响为改善人们生活所做的一切努力；对人们权利的强调）。"

➢ 社会发展坚持公平优先的发展原则，并将实现公平的人类发展视为自己的最高宗旨。许多国际发展机构在阐述自己对社会发展理解时，都以不同的方式提到了这一点，比如社会发展的“宗旨是要完善人类的发展工作以使之更为负责、公平与合理”以及“社会发展方法旨在确保人与人之间——包括家庭成员、社区成员之间以及家庭与社区之间——更为公平的关系”（英国海外发展部）；社会发展“具有公平与社会包容性，因此也具有可持续性”以及“致力于促成社会发生积极而可持续的变化，从而使之更为公平、公正和包容”（世界银行）；“人们必须拥有平等的机会以分享发展所带来的经济及社会利益”（亚洲发展银行）等。

➢社会发展强调必须优先关注弱势人群，认为必须从弱势人群的视角出发来看待发展，并为他们提供必要的支持与保障，以使之能够公平地分享文明进步的成果、跟上人类发展的步伐。比如，“社会发展从贫穷及边缘人群的视角出发，致力于促成社会发生积极而可持续的变化，从而使之更为公平、公正和包容”（世界银行）；“总体来说，最贫穷人群的需求与利益是其（社会发展）关注的焦点”（英国国际发展部）。

➢社会发展倡导权利为本的发展原则，反对以经济增长、满足人的物质需要为中心的发展观。比如，“人们必须拥有平等的机会（权利）以分享发展所带来的经济及社会利益”（亚洲发展银行）；社会发展“对人们权利的强调”（英国国际发展部）；“社会层面的发展包括体面的生活水平，没有歧视与剥削的就业，性别平等，社会和谐，民主及对人权的尊重”（一九九五年社会发展世界峰会）。

➢全体社会成员的参与——特别是弱势人群的参与——被社会发展视作实现社会公平最基本的策略之一。比如，社会发展“赋权贫穷与弱势人群以促使他们有效地参与发展过程中来”（世界银行）；“当地人的需求与积极性则可经由参与式方法而得以吸纳和整合，这将有助于改善穷人及其他弱势群体的生活”（亚洲发展银行）；社会发展“认识到需要让穷人表达自己的意愿并鼓励他们的参与”（英国国际发展部）。

➢社会发展将建立“回应性、包容性和负责任的社会制度（institutions）”作为自己的另外一个主要的发展策略，认为非如此不能实现更为公平的发展。比如，社会发展“倡导、增进地方、国家及全球之具有回应性、包容性和负责任的社会设置”（世界银行）；“社会发展支持在文化、社会结构和社会设置基础上所进行的发展干预”（亚洲发展银行）；社会发展“意识到社会文化因素将会影响为改善人们生活所做的一切努力”（英国国际发展部）。

基于对过去人类发展历程的反思可以清楚地发现，最贫困、最弱势的人群往往很难得到必需的发展资源、也无法享受到经济发展（或发展项目）的好处；当地社会经济的发展常常没有帮助他们摆脱贫困，反而使他们更加贫穷和弱势。社会发展致力于追求发展的公平性，其关注的核心就在于帮助弱势人群全面参与人类发展过程之中，既能公平地获得发展的资源与机会，也能平等地分享发展的成果与利益。因此，社会发展认为，平等是人类文明保持长期、持续与健康发展的根本基础。人类发展不是、也不应该是赢者全得、输者全失的零和游戏（Zero-sum Game）。让穷人更为平等地分享发展的资源与机会、以帮助他们摆脱贫困，并不会相应地减少富人的生活福利，反而有助于建立更为和谐的社会、创造更为繁荣的发展。大量贫困的存在不仅在道义上难以接受、在政治上无法安定，在经济上也是会造成低效、恶质的发展。其本质是在发展过程中追求社会公平，以使每一个社会成员、特别是弱势人群，都有平等的机会参与分享人类发展的成果。社会发展主要通过对弱势人群的赋权和对社会制度、组织及机制进行干预，来实现和谐而可持续的发展。（社会发展资源中心）

第二节　社会发展的基本目标与策略

社会发展的基本目标：推动实现公平的人类发展，以使每一个社会成员、特别是弱势人群，都能公平地获得发展所需的资源与机会、并平等地分享人类文明的进步与成果，它涵盖后 2015 可持续发展议程的所有 17 项目标。

社会发展的基础策略：赋权与社会干预。

赋权——通过参与式的方法赋权弱势人群，使他们能积极、有效地参与发展过程之中。例如，在实施发展项目时，让贫困与弱势人群充分参与从决策的设计与执行到监测与评估的全部过程，确保他们的需求与意愿得到充分的表达与尊重。

社会干预——通过对现行（正规与非正规）制度组织及机制进行积极干预（如新的制度设计和社会改革），清除阻挠弱势人群参与的社会障碍，创造与拓展边缘人群参与的有效路径与机会。例如，改革我国的城乡二元的社会体制，在城市地区和农村地区公平地分配公共资源，消除农村居民进入城市工作和生活的种种制度性限制。

信息框 1

英国国际发展部优先关注的社会发展活动

1. 对穷人和弱势人群提供直接帮助以增强他们的生计安全；

2. 促进男女平等→通过在所有合作之发展活动中实现性别平等主流化以及支持各种促进对妇女赋权的行动；

3. 通过适当的社会保障措施以帮助赤贫与边缘人群；

4. 保护和加强社会资本以催生预期的发展成果；

5. 加强政策改革以解决穷人和弱势人群的需求、利益及权利问题；

6. 促进并保护妇女、儿童、少数民族、弱势人群的权利；

7. 通过对贫困人群实际生计的深入认识、促进其生产能力和环境保护；

8. 促进企业的社会责任和道德意识以及可接受的劳动标准。

资料来源：Wood，G. D. Concepts and themes：landscaping social development. Social Development Department，Department for International Development. 2000.

信息框 2

不同层次的社会发展战略与活动示例

	宏观层次	中间层次	微观层次
间接战略	经济与政治改革（实现良性治理）；促进人权；清除市场准入方面障碍	对人权及劳工权利的宣传与倡导；改进新闻报道质量	支持制定法规以加强对当地环境保护及公共资产管理
直接战略	加强维护权利的法律援助活动；加强国家层次的非政府组织建设	加强公民社会的中介组织建设，包括地方层次的非政府组织、社区组织之间的联合等	基层组织及人群的赋权；目标人群的能力建设
间接活动	改善健康与教育服务	改善健康与教育服务	通过培训加强对当地自然资源的共同管理
直接活动	食品援助；设计保障食品安全的农业政策；向非正规银行注入资本金	为与农业相关的投入与服务提供支持；培训银行职员	小额信贷服务；食物配给

资料来源：Wood, G. D. Concepts and themes: landscaping social development. Social Development Department, Department for International Development. 2000.

第三节　社会发展的理念与实践关系

社会发展的理念与社会发展实践紧密相关。采取社会发展的方式

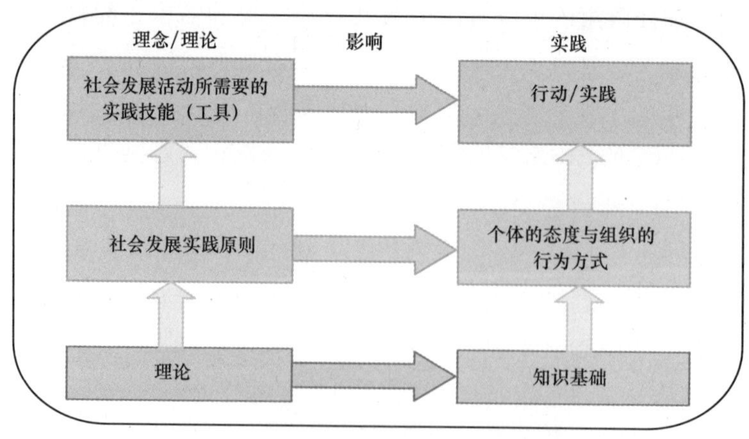

图 1　社会发展理念与实践的关系图

的主要目标就是确保各种实践者能够采取有效的行动，以及确保他们能在自己的工作实践中关注和影响社会议题。本书重点就是介绍能够帮助实践者更好地行动的社会发展实践工具。上图展示了本书（左栏显示的内容）对改进实践的作用（右栏显示的内容）。

第四节　社会发展的实践原则

实践中真正能够围绕社会发展的核心目标采取行动并非易事——在实践活动中，有很多干扰性的因素会让实践者“忘记”或“偏离”原定的社会发展目标。为了帮助实践者更好地在具体工作中追寻社会发展的目标，我们总结出了以下六大实践原则：

一　公平优先的发展原则

社会发展认为人类发展不是单纯的经济增长问题，绝不能将效率优先原则当作最高的人类发展原则。战后人类发展和中国过去二十多年的经验表明，经济总量的增加并不会自动地创造公平而和谐的社会；恰恰相反，由于片面强调效率优先原则、忽视了利益分配的公平问题，中国社会的贫富差距正在急剧拉大——财富向少数人集中常常并非财富创造的结果，而是财富分配的结果。社会发展相信，只有坚持公平优先的发展原则、坚持以公平的方式在所有社会成员中进行利益分配，才是实现长期可持续发展、建立和谐社会的必由之路。

社会发展认为社会和政治过程中存在的不公平现象是导致贫困发生的根本原因。一方面，种种不公正的制度性障碍将阻挠穷人平等参与社会资源和发展机会的分配，如不能平等地享有就业或获得耕地、贷款以及进入市场等从事生产性活动的机会与权利；另一方面，不公平的制度与政策还体现于经济发展成果的分配方面，处于弱势地位的穷人同样也没有机会平等地分享本国经济发展的成果，如不能参与各种社会保障体系、无法享受公共基础设施建设带来的方便与利益等。值得特别提出的是，妇女、少数民族、老人儿童、残疾人群等弱势人群常常是缺少公平与包容的社会制度最大的受害者，由于文化和制度的歧视所导致的弱势地位，他们更加难以平等地参与发展机会及成果分配。

公平优先的原则包括两个层面，社会层面：1）保证每一个社会成员都有平等的权利与机会参与发展活动，并根据自己所做的贡献得到应该得到的回报；2）对弱势人群提供必要的保障和支持，以使其能维持基本的生活水准、并具备寻求进步、缩短发展差距的必要基础。个人层面：每个人都应努力通过创造财富、为社会做出贡献来获取个人幸福，而不是通过剥夺、牺牲他人的权利、机会和利益来满足自己的欲望。

必须强调的是，这里所说的平等并不是“大锅饭”式的绝对平均主义。社会发展接受基于不同程度的努力、才能和贡献之上的收入差距，但坚决反对基于性别、民族、居住地、出生的家庭等身份之上的不平等现象。就是说，一个人绝不能因为她是一个女童就失去接受教育的机会，也不能因为他是一个居住于边远山区的农民就得不到起码的教育和医疗服务；总之，任何人都不能因性别、民族、居住地、出生的家庭之类身份的原因就注定要陷于贫困饥饿、沦为二等公民、被排斥在人类的发展进程之外。

二 权利为本的发展原则

社会发展反对以经济增长、满足人的物质需要为中心的发展观，倡导以实现人的基本权利为核心的发展观。仅仅实现经济增长、满足人的物质需要并不能使人类过上幸福的生活；人的基本权利的实现才是人类发展的目标，只有每个人都能享有人类的基本权利，我们才能建立一个平等、自由、幸福而和谐的社会。同时，每个人都有权利参与和自己有关的发展活动中来，也正是因为其基本权利受到限制和剥夺，弱势人群才丧失了平等地参与人类发展、分享文明发展成果的机会。从这个意义上说，以权利为本的发展并不仅限于帮助弱势人群提高经济收入、改善生活质量，同时更为重视鼓励、支持他们享有、行使他们的权利，并将之作为自己工作的核心。

生存的权利、就业的权利、男女平等的权利、获得教育与医疗服务的权利、参与公共决策的权利等都是人类最基本的权利。最大、也最极端的不平等就是权利的不平等，就是以各种各样的制度剥夺、限制人们获得发展资源与机会的权利，其中特别是剥夺人们表达意愿、参与公共决策的权利——而发展的资源与机会正是通过公共决策来分配的。也正是因为如此，社会发展将通过制度变革以清除阻碍人们参与人类发展的各种制度作为自己的基本策略，以期通过促进人们享有平等的权利来推动更为公平的人类发展。

三 优先关注弱势人群的原则

社会发展优先关注弱势人群，是因为充分意识到弱势人群不仅不能公平地分享人类发展的成果，而且常常是人类发展代价的主要承担者。一方面，弱势人群有权得到政府与社会的支持和帮助；另一方面，由于很难参与到与发展活动相关的决策和实施过程中来，弱势人群单靠自身努力不可能改变其弱势地位、追赶上发展的进程。政府与社会必须为之提供优先的支持和保障，在维持其基本生存条件的前提下，也为他们能有效地参与人类发展活动中来创造条件、扫清障碍。

优先关注弱势人群还不仅仅是一个道德义务的问题，从结果上讲，在社会财富分配和公共资源投入时更多地向弱势人群倾斜，将会产生更大的社会效益和经济效益。道理很简单，同样数量的公共开支，对穷人福利水平产生的影响显然要远远超过对富人产生的影响，比如五元、十元人民币对一个百万富翁毫无意义，但却可以让一个穷苦农民买到一天的口粮；再比如一百块钱，对富家子弟可能缴手机话费都不够，但却可让穷苦农民用以改善自己孩子的营养状况和教育水平。

四 参与的原则

全体社会成员的参与——特别是弱势人群的参与——被社会发展视作实现社会公平最基本的策略之一，社会发展也始终坚持参与不仅仅是一种手段、同时也是一种目的。人类多年的发展实践已经证明，如果没有目标人群的充分参与，以自上而下、自外而内方式开展的发展活动极少能够获得成功。更为本质的是，由于认识到弱势人群的所处之弱势地位（如贫困），常常是因为缺少获取资源的权利与机会，社会发展将促进弱势人群长期、全面地参与本身作为自己最重要的目标之一。只有当弱势人群掌握了足够的知识、技能和经验，并能有效地行使自己的权利、把握可能的机会，他们才能承担实现自身发展的责任，也才能真正为人类文明发展活动做出贡献，并从中得到自己应该得到的利益。

参与的重要性不是一个单纯的表达自身意愿与需求的问题，更为重要的是，没有参与意味着贫困人群没有机会影响与自身利益息息相关的决策过程，无力阻止伤害、甚至剥夺自己利益的法律与政策的出台，当然也就根本不可能平等地参与分享社会资源和发展机会，这不仅是导致贫困的重要原因，同时也是阻碍脱贫的主要障碍。因此，是否有足够的机会和渠道参与直接影响自己生活的决策是衡量贫困状态的关键因素。

弱势人群参与权利的缺失表现在许多不同的层面：其一，没有足够的制度性渠道参与国家和本地的政治决策过程；其二，存在许多阻碍、甚至排斥他们获得发展机会及分享文明成果的政治、法律和社会制度（缺少包容性）；其三，政治、社会机构更为关注强势人群的利益，常常不能对穷人的需求与意愿做出及时有效的回应；其四，贫困人群难以形成共同的力量以表达自己的政治意愿。穷人的参与对扶贫政策具有重要意义，一方面，能帮助决策者准确把握穷人的需求以制定具体有效的政策，另一方面，在政策的执行与监督过程中更容易获得穷人的支持与合作。

五　包容性原则

包容性原则有两个层面的含义，其一，对不同文化、思维、社会、工作方式等的承认与尊重；其二，确保每个人——尤其是弱势人群——不因自身差异或所处之弱势地位而受到歧视和排斥。社会发展倡导不同文化、思维和社会间的相互尊重、相互理解，因为在社会发展看来，社会多元性是人类文明发展最重要的成果之一，为人类未来的发展提供了广阔而深厚的基础。社会发展尤其重视社会制度对弱势人群的包容性问题，通过对弱势人群的赋权及清除种种限制他们的制度及机构障碍，来消除社会对他们的歧视与排斥，以使之能充分地表达自己的意愿并平等地分享社会资源。

六　社会责任原则

社会发展坚持如下的观点：人类是一个共同体，是一群利益相关、休戚与共的人的群体，不管有意无意，我们的任何行为都会对他人造成直接或间接的影响，每一个人都对他人负有不可推卸的责任；一个人或组织获得的信息、知识、财富和权力越多，产生的影响就越大，所负有的责任也就越重。政府作为人类社会最重要、占有资源最多的机构，无疑应该承担最多的责任，包括制定和执行促进平等和谐的社会政策、提供更为公平、方便和高质的公共服务以及对社会大众、特别是弱势人群的需求做出及时有效的回应等；但作为个人，我们并不能因此就有理由拒绝承担任何的义务。个人的责任体现为通过以合乎道义的方式来获得自身幸福，并为他人、尤其是弱势人群提供力所能及的帮助。

在现代经济日益市场化的基本背景下，人类社会的各种资源越来越多地被企业（国有/私营）掌握、生产和分配，也就同时要求这些以盈利为目的的机构相应地承担更多、更大的社会责任。

现代企业应自觉遵守公平交易的原则、坚持合法负责的原则并积极承担其他社会责任。企业应以负责的态度遵守国家和地方的各种法律规定，特别是有关社会发展方面的规定，如劳动标准、最低工资、职工福利、环境要求等。负责任的企业还意味着不仅要对股东负责，还要对员工、消费者、外包商、供货商、企业所在地以及环境负责。与此同时，企业不仅必须被动地遵守相关的法律规定，还应更为主动地承担更多的社会责任，如拒用童工、改善工作条件、消除对妇女、少数民族、残疾人的用工歧视、积极捐助并支持各种社会公益事业等。

实践者提示：

这六大原则并非孤立的关系，而是紧密结合，共同作用的。由于这种互相联系的关系，六个原则之间的含义不可能完全没有重叠。比如，“公平优先原则”就与“优先关注弱势群体”的意思非常类似。因此，在实践活动中，并不是要求实践者对照每一条原则去验证或检查自己的行动；而是应该综合性的使用这些原则，随时检验活动的目标和方向是否仍然符合社会发展的要求。

第三章　社会发展的分析方法概述与应用

基于过往学习与实践经验，我们选择 7 类分析方法，在以下每一节中与大家介绍，其他更多方法工具可见附件。

其中，利益相关者分析，社会排斥分析，可持续生计分析框架及脆弱性分析都是社会发展干预活动①中发展出来的方法，这四类在文中都会按照工具背景、为什么使用这一工具、工具在实践中的运用方法以及工具在使用时的注意事项这几部分予以介绍；社会性别分析、参与式方法与前面几个方法不太一样，它们除了是一类方法，更是一种独特的社会理论视角下的方法运用。因此，我们会先介绍与社会性别和参与式相关的理论概念，然后选择这一理论视角下，在社会发展干预活动中使用较为普遍的工具和方法进行介绍。限于篇幅，我们无法罗列与社会性别或参与式相关的所有方法。最后的贫困与影响力分析并不是对所有社会发展干预活动领域直接适用，但是，作为一种扶贫工作中的工具又非常重要。因此，这一章将专门以扶贫为例，介绍这一独特的工具。

需要说明的是，我们这里介绍的都是“分析方法”。这是因为在讨论和实践社会发展议题时，第一步总是需要从社会发展的视角对现状开展充分的分析。这些分析将能够帮助实践者设计出有效改进社会问题的策略和活动，从而也使得社会发展项目更加有效。

---

① 本书统一用“干预活动”来指社会发展相关的各种项目和活动。“干预”一词在此尤其凸显了社会发展的实践是指向对社会现状的改变。

表 1 **社会发展实践方法小结**

分析方法	为什么使用	什么时候使用
利益相关者分析	能够甄别与项目相关的关键利益相关群体——不同群体是如何受到项目的影响的；不同利益群体是如何影响项目的。这种分析能够帮助项目设计出最有效以及最能确保弱势群体利益的活动来。	在项目的开始使用——可以在项目其他阶段再次使用。这应该是社会发展项目中第一个被使用的实践工具。
社会排斥分析	能够加深对弱势人群境况的原因和结果的分析；能够通过必要的分析来确保受到排斥的群体，如受艾滋病影响的群体的应有权益。	在项目之初，或者在项目进展到更加深入的过程中，需要更深入地分析导致弱势群体不利情景的原因的时候。
可持续生计分析框架	评估弱势群体的生计状况以帮助他们开发出更好的生计策略来。	新项目设计和计划阶段以及干预活动的监测与评估阶段使用。
脆弱性分析	脆弱性分析能够帮助我们突破个人视野，链接宏观制度和政策层面，对多个层面参与行动对于长效机制的建立极具必要性。尤其在危机状态下，能够更好地调动个人、组织乃至整个社会为避免或减轻损失而采取的行动。	在发展项目计划和评估中用于计划各种回应，收集基线以评估变化，以帮助识别需求及评估风险。
性别分析	对性别议题的分析是社会发展项目成功的关键，它不仅针对弱势女性群体，也对弱势男性群体有所帮助。它首先可以分析这些弱势女性（或男性）的特殊脆弱性和困境与利益需求；然后可以在干预活动计划和干预活动评估中更有针对性地为这个群体设计活动，或了解这些群体的境遇改进情况。	在干预活动开始阶段或者中间阶段开展，确保已有的或新出现的性别问题得以关注。
参与式方法	使得利益相关者，尤其是首要/关键利益相关者能够参与干预活动的设计、实施和评估中。同时，也是对研讨会中的参与者能够有效参与活动与学习中的方法。	在干预活动的所有过程中都应该使用——尤其要注意在干预活动的设计和实施阶段使用参与式方法。同时，帮助社区尤其是社区中的弱势群体参与干预活动活动时也需要使用。
贫困和社会影响力分析	帮助干预活动能够找到贫困与其他社会发展议题之间的联系；了解到贫困对弱势群体的社会性影响。这种分析能够使得扶贫干预活动更加深入而且具有针对性，更好地满足弱势群体的需求。	在干预活动之外，或者在干预活动中当需要对贫困群体贫困原因及其影响进行更加深入分析时使用。

第一节　利益相关者分析[①]

一　方法简介

任何一项社会发展领域的干预活动都是一个复杂的过程，涉及不同的社会机构和群体（利益相关者），而这些利益相关者之间的需求与利益是有差异性的。面对这种差异性，干预活动的决策者、管理者和执行者需要清楚谁的利益是最需要得到保护的？谁的利益有可能受损？谁的影响力是可以积极利用的？谁有可能阻碍干预活动目标的实现？回答这些问题就是利益相关者分析的目的——帮助社会干预活动的决策者、管理者和执行者识别和界定出不同的利益相关者及其利益诉求或者实际需求边界，认识到活动可能会遇到来自哪里的阻力，以及活动可以获得哪些有利的支持等。通过运用利益相关者分析，有可能最后发现，最初的设想并不符合真实的需求；在这个基础上，可以根据利益相关者分析了解的事实，重新制定出更加符合目标的活动策略和干预活动。

利益相关者分析是干预活动在设计阶段的关键步骤；不仅如此，在整个活动的其他阶段——启动、实施、监测和评估等，也是非常有用的工具。

二　什么是利益相关者

特定政策或项目会对某些人的利益产生正面或负面的影响，同时也会有人影响政策或项目的决策与实施，这些受到政策影响及对政策有影响的人就是利益相关者；利益相关者可以是个人、群体或组织。

利益相关者分析就是通过系统地收集和分析利益相关者的信息，以明确在制定、实施政策或项目时应该考虑哪些人的利益或影响。利益相关者分析是重要的战略分析工具，是社会发展的基本工具之一。

---

① 本章参考了英国国际发展部《发展工具——为发展活动领域实践者提供的手册》2003 年 3 月 15.1 版本第 2 章。

利益相关者分析的基本内容包括：

（1）准确界定某一政策或项目的利益相关者；

（2）了解利益相关者在政策或项目中各自有什么样的利益、对政策或项目的立场（支持还是反对）以及影响政策或项目的能力；

（3）预测哪些利益相关者可能支持或阻碍特定政策或项目的实施。

利益相关者主要分为三类：

首要/关键利益相关者（primary stakeholders）：特定干预活动的目标人群（target group），或从中直接受益或受损的人群。例如，在社区养老院项目中的首要利益相关者是需要在该社区获得服务的60岁以上的人；在HIV/AIDS关怀相关的项目活动中，主要利益相关者是感染艾滋病病毒的男性和感染艾滋病病毒的女性，艾滋病病毒感染者的配偶、艾滋病病毒感染者的子女、艾滋病病毒感染者的性伴侣，艾滋病病毒感染者所在社区的成员。

次要利益相关者（secondary stakeholders）：就特定干预活动而言，其利益不会受到直接影响，但能对该干预活动的决策与实施产生影响或起到中介作用的人或机构。例如，在社区养老院项目中的次要利益相关者包括：老人家庭成员、社区工作人员、社区委员会、社区老人秧歌队、社区老年活动中心、福利彩票中心、老年人协会、深入该社区的老年问题研究机构及其研究人员、街道办事处和各级民政部门等。在艾滋病关怀项目中，次要利益相关者包括：市疾病防控中心、市政府、市妇幼保健院；市卫生局、市公安局、红十字会、项目捐赠方和管理方等（如世界艾滋联盟、英国救助儿童会、项目办）。

外部利益相关者（external stakeholders）①：与特定政策或干预活动没有直接利益关系，也无法直接对之产生影响，但可能会间接地受到影响或对之产生影响的人或机构。比如社区地域外的某企业扩大生产规模，该社区的待岗人员可能会获得就业机会，他们就是外部利益

① 也有一些国际组织将外部利益相关者称为“关键利益相关者”，即key stakeholders。含义类似，只是语言表达不同。

相关者。在艾滋病关怀项目中，新闻媒体，该市的妇联、市团委、市民宗局、市计生委和市民政局等。

三　为什么需要利益相关者分析

所有的利益相关者都能够表达他们的不同需求，是社会发展项目中参与原则的体现与基础；确保项目中处境不利的利益相关者的声音被听到，则是社会发展项目的公平优先和优先关注弱势群体原则的体现与基础。因此，确保利益相关者的不同需求被尊重是任何社会发展项目的重要基础。而“利益相关者分析”就是实现这一目标的工具。利益相关者分析能够帮助干预活动的决策者或管理人员：

- 准确地确定目标群体，也就是直接受到项目影响的机构和群体，以及他们的利益和需求；这是确保项目方向正确的基础；
- 甄别出对干预活动产生影响以及间接受到项目影响的群体，从中确定可能的推动力量，以及阻碍力量；
- 识别出干预活动潜在的冲突和风险，以及在干预活动的实施中可以注意抓住的机遇；
- 鼓励更多利益相关者的参与，建立有效的合作伙伴和联盟关系，为干预活动争取更多的支持；
- 增加参与人员的归属感，因而使得干预活动具有更好的可持续性；
- 通过对弱势群体利益的关注尽可能地减少或减除对这些群体的负面影响，增加正面影响。

通过准确的利益相关者分析之后，我们就可以实施以下步骤推动项目开展：

（1）寻找合作伙伴，制订行动计划以赢得更广泛的支持；

（2）弄清可能存在的反对力量，并努力通过补偿损失或重新设计决策等手段将其化解，为决策或项目的实施扫清障碍；

（3）建立共识、促进参与——清楚相关各方的立场后，就能有针对性地设计和采取行动以在利益相关者之间建立共识、并促进他们对决策和实施过程的参与，如在各利益相关者中分享信息，并鼓励他们就如何解决反对者提出的问题展开讨论、与反对者进行谈判等。

四　利益相关者分析在实践中的应用

（1）什么时候开展利益相关者分析

一般来说在国内的社会发展干预活动中，主要是在进行干预活动的设计阶段开展利益相关者分析；在国际项目中，还包括评估阶段的参与；但是，利益相关者分析是可以贯穿于干预活动的整个周期的，因为，它在不同的阶段有不同的作用：

- 设计阶段：初步确定主要利益相关者，决定如何使他们参与到项目的设计和评估中；作为设计方案和风险分析的基础；
- 启动阶段：计划使不同利益相关者从开始就参与项目活动中；
- 实施阶段：保证利益相关者的有效参与，监测反对此项目的关键利益相关者；
- 评估阶段：回顾分析，使得不同利益相关者都可以参与对干预活动的回顾与评价。

（2）谁应该参加利益相关者分析？

在可能的情况下，所有的利益相关者都应该参加利益相关者分析；当然不同利益相关者根据重要性，参与的程度有所不同。当利益相关者的地区分布较广时，需要对参与者进行一个选择判断。但是，要避免仅仅因为难于找到某些利益相关者，而忽略他们表达意见的合法权利，最终导致干预活动偏离目标，或者带有偏见。如果遇到类似的难题，应该是尽量扩大活动计划的范畴，而非排除或忽略某些利益相关者。

在选择利益相关者时，需要注意的是：一是要尽可能动员保证弱势群体的参与以及在参与中能够充分表达观点；二是要尽可能使参与者具有代表性，要包括不同层次的利益相关者，包括有不同意见的利益相关者；三是要在确定开展利益相关分析时充分考虑利益相关者的作息时间，尽可能选取利益相关者有空闲的时间举办分析会，使实际参与的利益相关者尽可能多。

（3）如何开展利益相关者分析？

利益相关者分析有多种方法以及开展方式，最重要的是根据干预活动不同阶段的需要来选择利益相关者分析方法。

研讨会、小组座谈以及个别访谈是开展利益相关者分析的三种主要方式。不论哪种方式，利益相关者分析的最主要目的就是甄别所有的关键利益相关者，意识到他们可能对活动产生的影响，以及活动对他们可能产生的影响。

实践证明，研讨会的方式是最为有效的一种。这种方法的条件是：大部分利益相关者及其代表，都可以在某个时间段聚集在一起；同时，所有参与研讨会的利益相关者代表们，都拥有平等的发言机会。这两个条件并不总是成立，对于后面一条，尤其需要组织研讨会的专家确保整个过程中所有成员的平等参与，尤其是当参与者之间社会背景并不平等的时候，如上下级关系，或者城乡差异，性别差异等。不论如何，作为一种最为常用的方式，我们将在这里详细地介绍具体的开展方法。

研讨会的方式一般都需要至少 1 名主持人——他可以是教授，也可以是参与者当中的一名。这名主持人需要在利益相关者分析方面很有经验。最为理想的状态是：1 名主持人对应 25—30 名参与者，如果超过这个数量，则需要增加一名协作者来配合主持人。

步骤 1：形成小组

将所有利益相关者分成小组，4—6 人一组。小组成员之间可以是同质性的（都来自相同或类似的背景），也可以是异质性的（来自不同背景，如政府官员、企业人员等）。所有参会者需要参与决定如何形成工作小组，主持人要确保向所有成员解释不同分组的原因。

步骤 2：向参会者介绍利益相关者分析

主持人需要向参会者解释什么是利益相关者（可以使用前文 1 部分中的定义）。需要注意强调利益相关者不仅指受到正面影响的群体，也包括负面的影响。然后，介绍开展利益相关者分析的原因（可以使用前文 3 中的信息）。在做解释时，主持人需要给出具体的实例。

实践中的例子：

在正面与负面影响方面，可以举例如下：

在流动儿童人口的项目中，帮助流动儿童进入当地公立学校是对流动儿童具有正面的影响；但是，对于公立学校校长和教师而言，有可能会带来他们工作量的增加，工作难度增加，甚至影响学校最终的考评等负面影响。

开展利益相关者需求分析的原因，举例如：

在旨在提高贫困县女校长比例及管理能力的项目中，它牵涉到县政府、县教育局、县财政局、县组织部、学校、女教师及其家庭等多方机构与群体。在利益相关者分析时，是否能够让这些群体都共同参与，提出各自的困难与机遇，将是这个项目是否能够成功并持续的关键。

主持人接着要介绍具体分析利益相关者的步骤和工具：

- 使用利益相关者表（见步骤3）列出识别的主要的利益相关者以及干预活动对其产生的利益影响；
- 甄别每一个利益相关者的影响力和重要程度（见步骤4）；
- 根据分析制定应对的策略（见步骤5）。

步骤3：完成利益相关者表

参会者在最初划分的工作小组中完成初次的利益相关者分析表——找出利益相关者，列出干预活动对他们产生的实际利益影响，用“+”标出可能受到正面的影响，用“-”标出负面的影响。在第一次分析时，不需要对利益相关者进行区分（如是首要利益相关者还是次要利益相关者）。然后在大组内展示和讨论彼此的异同。最终目的是达成一致意见。如果讨论中无法达成一致意见，可以请每个组推选1位代表，然后这些代表在一起最后生成一张利益相关者表（参见表2）。

实践者提示：

在确定利益相关者时，要注意考虑以下几个问题：

是否所有主要和次要利益相关者都已列入利益相关者表中？

是否所有潜在的干预支持者和反对者都已明确？

是否已经采用了性别分析方法？

是否已经确定了弱势人群，特别是困难家庭儿童的利益？

干预的实施是否会产生新的利益相关者？

表2　　**利益相关者表（以社区流浪儿童项目为例）**

序号	利益相关者	干预对其产生的利益	影响
1	流浪男童	受到保护 受教育的可能性 更好的居住条件	+ + +
2	流浪女童	受到保护 受教育的可能性 更好的居住条件 避免侮辱，增强安全	+ + + +
3	流浪儿童背后的人	减少收入，被处罚	-
4	流浪儿童的亲人	找到自己流浪的儿童 受到社会的谴责	+ -
5	市流浪儿童保护站	探索流浪儿童保护的新模式	+
6	街道妇联	改进了儿童保护工作	+
7	社区内学校	收流浪儿童到学校上学	+/-
8	社区研究小组	发现了新的研究问题	+
9	社区居民委员会	改善了社区治安状况	+
10	在校儿童	培养同情心	+

步骤4：重要性和影响力

每项干预都会有许多利益相关者，但是，干预对哪些利益相关者更重要一些呢？应该优先考虑哪些利益相关者的利益呢？重要性是指干预对利益相关者的影响程度，亦即重要程度。一般而言，干预的目标人群以及从干预中受益较多或受损较大的人群，均属于应该优先考虑的对象，干预对他们具有更高的重要性。对城市社区建设项目而言，社区贫困家庭的老人和儿童是最重要的利益相关者。

重要性是从受影响的角度来分析，而影响力则是从施加影响的角度来分析。不同的利益相关者会依托其所拥有的资源、能力，从决策到实施对干预施加影响。这种影响可能是支持、促进干预目标实现的正面的积极的力量，也可能是拖延、阻止的负面力量。要对此做出明确判断，就必须对各利益相关者的利益、立场和影响能力进行分析，其影响力的强弱一般根据其所拥有的资源、组织领导能力、结盟的可能、是否有机会参与决策和实施等来衡量。即影响力是利益相关者对干预目标能否顺利实现的影响能力，即促进或阻碍干预实施的能量。城市社区建设中影响力最大利益相关者往往是资源的拥有者，如社区企业、政府部门；干预活动对社区弱势群体虽然很重要，但他们的影响力却常常是最弱的。

识别和分析出受干预影响较大的主要利益相关者和对干预能够产生较大影响的次要利益相关者，并对其重要性和影响力进行优先序排列是利益相关者分析最重要的产出。前者有助于确定和把握干预的方向，后者有助于识别需要争取合作与支持的对象。在介绍两种用于分析利益相关者重要性和影响力的分析工具：重要性/影响力表和重要性/影响力矩阵。

在完成打分之后，协作者和参会者在主持人的引导下就可以画出重要性和影响力图（见图 1）

主持人需要解释图 1 中的 ABCD 区间的含义：

A 是对活动而言非常重要，但是影响力很小的群体；这一群体的利益尤其需要在项目活动中予以保护。

B 是对活动而言很重要，而且影响力也很大的群体；对这一群体，干预方（如项目管理者以及项目的捐赠方）需要与其建立良好的工作关系，以确保最大限度地发挥他们的作用。

C 是重要性低而且影响力低的群体；在活动的进展过程中，需要对他们进行监测，但是，不是干预活动的重点所在。

D 是影响力高，但是他们的利益与需求的满足并非干预活动的目标；这一群体有可能可以阻碍活动目标的实现，因此，需要予以重视。

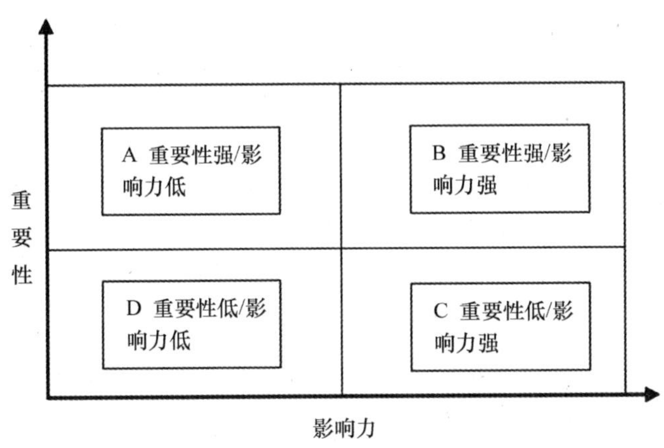

图 1　利益相关者分析的重要性/影响力矩阵

步骤 5：对策制定

对利益相关者的立场及可能采取的行动做出判断是利益相关者分析最基本的成果之一，政策或项目的成功很大程度上依赖这些判断是否准确与合理。一般说来，利益受到损害而又同时拥有较强影响力的利益相关者，常常会是阻碍政策或项目顺利实施最主要的力量，如何处理好与他们的关系是成功的关键；反之，获得利益而又同时拥有较强影响力的利益相关者，常常会是支持政策或项目顺利实施最主要的力量，他们则是项目忠实的支持者。

（4）工具使用时的注意事项

利益相关者分析工具对于以社会发展为目标的干预活动而言非常重要，但是，如果使用不当，也会产生负面效果：

- 一些学术性术语可能会使得很多参与者感到“害怕”；
- 分析是否有用取决于收集信息的质量，以及是否使用；
- 使用矩阵等表格有将复杂情况简单化的可能性；
- 很多判断是主观性的，因此，需要多方征求意见；
- 过分地强调群体之间的差异，而缺乏对共同点的发现，可能损害团体工作的效果；

- 过分地强调某项干预活动的“输家”和“赢家”有可能导致某些重要的力量被排除在活动之外。

第二节　社会排斥分析[①]

一　方法简介

社会排斥分析方法的应用与“社会排斥”概念在社会发展领域的普及紧密相关。自从1992年哥本哈根世界社会高峰论坛以来，“社会排斥”的概念在社会发展领域中得到重视。很多致力于社会发展的多边国际机构，如世界银行和国际劳工组织，开始在工作中大量使用这一概念。“社会排斥”概念的提出能够深化贫困分析，并且能够既关注社会弱势的原因，也关注其结果。在同一个时期，英国国际发展部也开始考虑对这一新概念的使用。1997年英国政府正式使用这一概念，并成立了“社会排斥部门”（Social Exclusion Unit）。[②] 社会排斥分析这一工具也就是随着社会排斥概念的普遍，在实际的社会发展领域中逐渐得以完善的。

在本书的第一章的理论部分，我们提到了社会发展的六大原则；其中之一是“包容性原则”。这一原则与社会排斥紧密相关。包容性是从正面的角度来倡导将被排斥的对象纳入我们的社会资源分配范围内，使得被排斥的对象获得承认与尊重。本章的社会排斥分析则是直接去分析谁被排斥，如何被排斥，以及有什么影响等问题。

大部分的弱势群体都会在某一方面存在被排斥的事实，他们的基本权利因为社会排斥现象而遭到损害；而且，这种排斥在很多时候是

---

① 文本得到“国际发展与培训中心”Centre for International Development and Training-University of Wolverhampton，英国 Wolverhampton 大学 CIDT 中心 Mary Surridge 教授的很多帮助，大部分内容基于她为北京社会科学院社会资源中心所做的培训实际情况和相关培训材料整理与编辑而成。

② 参见“简介”，Jo Beall，Laure-Helene Piron，《实践报告 · 如何进行性别和社会排斥分析英国国际发展部社会排斥评价》，“DFID Social Exclusion Review”，2005年5月，第8页。

隐性的，不经过深入的分析，很难被发现；另外，这些排斥很多时候与一个国家或社会的制度和文化紧密相关，这种制度性或文化性的排斥，更需要特殊的调查与分析。

二 什么是社会排斥（Social Exclusive）

人们可能会受到排斥，是因为遭受到他人对其社会身份——性别、民族、种族、宗教、性取向、社会阶层、血统、年龄、残疾、疾病（如艾滋病病毒）的感染状况、移民身份或居住的地方的歧视。受到多重歧视的人们——如残疾的妇女、来自较低社会阶层的少女——通常是最贫困的。

我们所理解的排斥还包括，某些群体虽然在市场经济，国家政治制度或社会生活中被接纳，但是，处于明显不利的地位并受到歧视；而这种地位和遭受到的歧视则会影响他们参与正式社会活动的机会，并随着时间推移使他们长期处于贫困。例如，劳动力市场上打工妹较低的工资和待遇，以及危险的生活环境；同时，歧视还使来自特定群体或社会阶层的人难以获得具有较高社会地位的工作或公职，如艾滋病病毒感染者因为疾病遭到的歧视而无法获得正常的就业机会等，再如乙肝患者在工作和教育上遭遇的歧视。

人们可能会被排斥在以下活动之外：经济机会（例如，女性和残疾人进入劳动力市场所面临的障碍）、政治参与（例如，某些群体投票、竞选办公室职位或副职的权利受到限制）或者社会地位（例如，年轻人由于未参加工作，而不能获得像成年人那样的地位）。

许多人还因为居住地点受到排斥，如最贫困人口和最受排斥群体中有许多人都居住在环境极其恶劣的地方，如偏远地区和城市贫民窟，从而难以拥有发言权或获得服务、接近政府、获取工作，以及充分参与经济和社会生活。

歧视和排斥通过社会、经济和政治结构和活动表现出来。这包括正式制度——如法律制度，和非正式制度——如影响女性在社会中地位的传统文化和习惯。长期受到歧视的人也容易因此而产生自卑、缺乏自信心。

歧视是对人权的剥夺。歧视会阻止特定人群对社会发展做出贡献并受益，由此限制了减贫工作的进程和经济增长的速度①。

三　为什么要开展社会排斥分析

社会排斥分析（SEA）的总体目标在于提供必要的分析，以确保被排斥的群体——如艾滋病病毒感染者——的需求和权利能够在所有公共活动、政策制定和服务提供中得到重视和保障。

在现实生活中，有些排斥是明显的，如不允许乙肝携带者就学的规定；但是，大部分排斥是潜在的，如劳动市场并没有排斥女性打工者，但是，更低的收入与待遇，潜在的性侵犯等使得这个群体遭遇更多的困难。这种潜在的排斥，是由政治、经济、文化和社会多重因素导致的，因此，处于被排斥境地的群体，本身很难认清被排斥的原因及结果。在这种情况下，就需要利用这一分析工具，帮助这一群体更好地看到自己应该享有的权利，并找到实现自己应有权利的方法。

四　社会排斥分析在实践中的应用

（1）什么时候开展社会排斥分析

一般在社会发展项目中，当我们尤其要针对某一弱势群体设计相关干预活动时，需要开展社会排斥分析。它可以在项目起初，或者项目进程的任何阶段进行。

（2）谁应该参加社会排斥分析

因为社会排斥分析是针对某些弱势群体开展的，因此，他们的参与和理解就显得尤为重要。但是，与利益相关者分析不同，社会排斥分析中的“当事人”（被排斥者），往往无法在更大范围内或更高角度看清自己身处被排斥境遇的原因和结果，这个时候，相应领域的其他成员和专家的介入就很有必要。

（3）如何开展社会排斥分析

社会排斥分析方法分为四个具体的步骤和关注三大领域。一般而

---

①　摘自英国国际发展署：《实践报告·如何进行性别和社会排斥分析》，2009 年 3 月。

言可以利用研讨会的方式将相关成员聚集在一起进行分析。这里与利益相关者分析一样，一定需要被排斥群体的参与。社会排斥分析的四个步骤是：

步骤1：分析谁受到了排斥。这个步骤与利益相关者分析中寻找利益相关者类似。分析者首先要了解哪些群体受到了排斥，而且要尽可能了解这个群体。可以依据一些关键的社会及经济指标通过比较来确定谁受到了排斥，当然还需要关于社会排斥现象的实地调研的描述和记录来检验，协助分析。数据和经验相结合，精准定位。

步骤2：梳理清楚导致并维持不公、歧视和社会排斥的过程是怎样的。对于这个过程，我们按照社会、经济和政治三个方面予以分析。

第一，社会领域（Social Area）：是指各种社会传统中形成的观念、角色、关系网络和态度行为等对这些群体的影响，具体包括：这一群体的脆弱性（参见第五节可持续生机框架中对脆弱性的解释）、家庭内部关系、社会和文化的习俗、民间社团和公共媒体等方面。

第二，经济领域（Economic Area）：指个体与群体的收入和就业情况、拥有资产的情况，以及整体经济增长的趋势等的不同，及其影响。

第三，政治的或制度的领域（Political/Institutional Area）：这个领域关注的是政治政策和制度对某个群体的影响。它不仅指政府明文规定的政策和法规框架，也包括在具体实施中的情况，及其后果。具体分为：公民权利、话语权和责任、正式的政治体制、政治文化以及政府治理的实际情况、政策、具体的公共服务以及法律框架等方面。

在工具中，按照三个领域，提供了较为详细的问题清单，以帮助分析者深入找到这些原因以及产生排斥的过程。（参见后面的问题清单）对于排斥过程的分析，不仅要考虑三个方面存在的结构性或等级性问题，还要从历史发展维度来分析。特别是对中国这种发生过剧烈社会变革的国家，长期处于改革转型期的社会。

步骤3：分析这些群体所遭受的不公和社会排斥对他们的生活带来什么影响，以及这些影响对社会排斥进一步固化的反作用。这是对排斥结果的分析，尤其是站在被排斥者的立场上分析。这个部分也适合按照上面所具体解释的三个领域来对应。（参见问题清单表 3）

步骤 4：通过前面三步的分析，找到解决社会排斥问题的机会、切入点和变化动力。这里是制定出具体的干预活动来，以使得被排斥的群体的需求和利益能够更好地在活动和项目中得到保障。

从分析的角度而言，步骤 2 和步骤 3 是最关键的——寻找到这些群体被排斥的机制以及结果；但是，从分析的目的——能够找到解决问题的关键所在而言，步骤 4 又是重点。一般在时间有限时，建议分为两个环节进行，将步骤 1—3 综合起来，步骤 4 单独进行；这样能够确保在真正进行了深入分析之后，能够将这些分析真正地运用到项目活动的设计中。

在某些情况下，甚至可以开展连续的几次活动来实现步骤 4——通过与不同群体分享前三个步骤的结果，让不同的群体尤其是项目的设计与计划者和管理者们充分有效地讨论如何应用分析结果，形成具体的项目活动。

下面的问题清单是对经济、社会和政治领域内分析角度的细化，可以在分析过程中提供给参与者，帮助他们进一步深入地分析被排斥群体的具体排斥过程。

表 3　**社会排斥分析问题清单**

经济
收入和就业 对于高危人群： ☐ 挣钱的机会和障碍是什么； ☐ 是什么使他们就业但又在不同类别的岗位上（正式、非正式，农业、工业、服务业，私营、国企）； ☐ 他们在劳动力市场上面临的障碍是什么； ☐ 他们的艾滋病病毒感染者身份如何影响他们在正式和非正式岗位上前进； ☐ 他们在当地、国内或国外、抑或暂时和长期流动的机会和障碍是什么； ☐ 他们的艾滋病病毒感染者身份如何影响他们获得如下的金融和其他重要服务： ☐ 获得和利用信贷和储存货物； ☐ 融合并进入金融系统； ☐ 获得商业服务； ☐ 交易和销售产品或服务、税务和商业注册服务——包括贿赂和与贪污腐败的官员打交道的经历——的机会和障碍。

续表

经济
资产 ☐ 该群体的艾滋病病毒感染者身份如何影响他们获得财富、土地、房地产和其他资产？ ☐ 该群体是否可以获得贷款和其他金融服务——如保险？ **总体经济增长** ☐ 哪些方面的歧视，如教育机会、就业或金融服务和生产性资产不平等，有可能对该高危群体产生的影响最大？
社会
脆弱性： • 哪些社会群体属于贫困人口并且/或者受到社会排斥？为什么？ • 多重或重叠身份如何影响排斥？ • 该群体受到特别歧视和羞辱吗？ • 有人认为该群体是“人渣”吗？ • 他们在社会中的身份是什么？ • 该群体集中或过度聚集在特定区域（如边远或偏僻地区、城市贫民窟）吗？
家庭内部关系
☐ 主流社会规范对家庭内部角色、职责和关系的定位是什么？ ☐ 主流社会规范对男女角色和责任的定位是什么？ ☐ 家庭决策过程如何影响人们获得服务和利用资源？ ☐ 谁掌握着家庭决策权？ ☐ 年龄和残疾如何影响家庭内部关系？
社会和文化习俗
如下所列的习俗和制度如何与对高危人群的社会排斥相互联系： ☐ 亲属制 ☐ 继承 ☐ 婚姻习俗 ☐ 向成年人过渡 ☐ 育儿习俗 ☐ 宗教和其他文化习俗 ☐ 赞助系统 ☐ 秘密社团 ☐ 创新做法 ☐ 流动
民间社会和媒体
☐ 社会群体常被触动的问题是什么？其中是否有特别能够触动高危人群的问题？ ☐ 民间社会对该高危人群的利益能代表到多大程度？民间社会是否能够代表住在所有区域、包括偏远地区和城市贫民窟的人们？ ☐ 社会活动和国家及当地社会组织对该高危人群能代表到多大程度？什么人群处于领导地位？ ☐ 是否有非政府组织和协会代表该高危人群？ ☐ 媒体是如何代表该群体的？媒体在挑战或影响社会规范和歧视方面担任的角色是什么？

续表

政治/制度
公民权利 ☐ 该弱势人群对公民权利能享受到多大程度？ ☐ 该群体是否被言语排斥在官方信息和程序之外？ ☐ 该群体享受到法律法规所赋予的平等的公民权了吗？
话语权和责任感 ☐ 民间社会在多大程度上促进了政府和该高危人群的联系，以此来放大该群体的声音？ ☐ 民间社会组织能否使政府负起责任、公正地为该群体提供服务并实现其人权？ ☐ 该群体是否平等地如用户群体和其他机制那样对当地和国内的公共服务产生影响？
正式政治制度 ☐ 该群体参与政治生活和担任各类公职的公平程度如何？各个层面的政治参与的不平等程度如何？ ☐ 该群体是否有人在国家政府部门担任领导、内阁等职务？
政策 ☐ 政府是否制定和执行了意在满足该高危人群的权利、需求和利益的政策？并且是否相应地分配了资源？谁没能获得他们本该获得的利益？有没有什么地域被排除在外？
公共服务 ☐ 所有地区的高危人群（被认为）能享受到基本公共服务（健康、教育、社会保障、基础设施、司法、安全）的程度如何？障碍是什么？ ☐ 公共物品和服务提供的方式能减少歧视、使所有公民都受益吗？ ☐ 这些服务关键的守门员是谁？他们在哪里？他们的服务为满足谁的或者什么利益？ ☐ 官方程序对该群体的歧视程度有多大？ ☐ 不同层面（权威部门、政策制定、一线执行）的重要公职在多大程度上对该群体开放？
法律框架 ☐ 该群体的人权在国家立法中被体现的程度如何？ ☐ 宪法、成文法和习惯法中是否有歧视性条款？法律赋予男性和女性或者特定社会群体成员、不同个体和家庭权利的程度如何？ ☐ 该群体诉诸法律时的公平、安全和可承受性如何？
政治 ☐ 国家和当地政治认可什么形式的歧视？ ☐ 让国内和地区层面的该群体享受公平待遇和社会融合的政治承诺是什么？

在进行社会排斥分析时，对于这一清单的使用应该是有选择性的。应根据现场的时间和人员来挑选出最适合的问题来引导分析的深入，而不是追求面面俱到。

例如在一个艾滋病干预项目中①，利益相关者被积聚在一起分析跨境婚姻（嫁到中国的缅甸妇女）中的妇女在艾滋病干预活动中的社会排斥问题。

从政治领域看：她们由于大都是“非法婚姻”“非法居留”和“非法入境”，因此，她们缺乏基本的法律权利，在受到侵犯时更是难以寻求保障。对于一般性的法律保障而言，她们被排斥在这个过程之外。

另外，她们能说傣族语，但不会说汉语，这些语言障碍导致她们无法外出工作，交往范围受到限制。在遇到相关疾病或威胁时，也很难求助。

非法的地位和语言不通也更是加重了她们被排斥在当地的社会公共事务之外。虽然，她们有一个缅甸籍同乡会；但跨国婚姻的敏感性使得这个同乡会也很难公开发挥很大的作用。

在经济领域中：由于非法的身份，她们没有身份证，户口本，只能从事一些农活或简单的商业活动。这些活动一方面无法帮助她们形成经济独立从而保障自己的权利，另一方面由于商业在当地受到歧视，这又加深了这一群体被歧视的事实。她们无法获得任何金融资助或者保险。

在社会领域中：首先在家庭关系中，她们大都处于从属的地位，就是负责生子和担任劳动力，也没有在家里的决策权和支配权。

公共卫生服务方面，她们也被排斥在外。对于一些与艾滋病治疗相关的信息，比如美沙酮的治疗信息只能在局部地区得到。因为她们没有基本的公民权，所以公共服务很难覆盖到她们。

以上的分析虽然并没有覆盖所有方面，但是却帮助参与者抓住了一个核心问题：对这个群体合法权利的认可。一方面，要从法律层面认同这个婚姻的存在；只要是事实婚姻，就要给结婚证，简化婚姻登记的手续，并保证其具有相应的法律权利。另一方面，在艾滋病治疗的政策方面予以突破，使得相关的权利能够覆盖到这个群体。

参与者认为，面对特殊人群，具体推行某一项措施时要敢于突

① 以下例子引自北京社会科学院社会发展资源中心于2010年9月在云南昆明关于艾滋病防治项目的一次培训记录。

破，制定一个灵活、特殊的政策。在实际的活动中，云南瑞丽就尝试性地针对这个群体制定了帮助这一群体参与艾滋病治疗的突破性政策：如果某妇女存在与中国人的事实婚姻，并能在乡政府拿到长期居住的证明，并符合治疗标准，就可以参与治疗。

（4）工具使用时的注意事项

社会排斥分析在使用时需要注意以下几点：

- 如何确保弱势群体能够真正地表达自己的声音，尤其是在讨论过程中有让他们感到压力的强势群体存在时？
- 社会排斥分析可以做得很深入，也可以做得很浅。我们提倡在资源和时间允许的情况下，尽可能做得深入；如果，我们只能在一个简短的讨论会上提及社会排斥分析，这种做法仍然是有意义的，但是，需要注意在这种情况下，任何得出的结论都要谨慎，并最好能结合其他活动，如其他定性或定量的相关调研，或者行动研究，来得出更加准确的结论。
- 社会排斥问题清单概括了各个领域的问题。在具体的干预活动中，可以根据您的主题和当时实际的时间限制等，选择出最适合的问题。同时，也可以开发出更适合您当下参与群体的问题清单来。

第三节　可持续生计框架[①]方法简介

一　方法简介

有关“生计”（Livelihood）的考虑最早开始于20世纪80年代中期罗伯特·钱伯斯（Robert Chambers）的工作，后来在90年代早期又被钱伯斯和康威（Conway）进一步完善。从那时候开始，很多发展类机构就开始使用“生计”的概念并尝试在实践中予以应用。而“可持续生计方法”（Sustainable Livelihoods Approach，SLA）以及“可持续生计框架”（Sustainable Livelihoods Framework）则是英国国际

① 本文在方法简介部分，以及方法的具体运用部分大量参考了英国国际发展部《可持续生计指南手册》，2000年2月。具体可参见网上的公开资料，http：//www. livelihoods. org/info/info_ guidancesheets. html.

发展部基于多年的扶贫工作的经验，以及对扶贫概念本身的革新而提出的一种新的方法论及工具。

可持续生计方法（SLA）关注日常生活方面中的一个最基本的领域：人们在现在以及将来自我维持生活的能力。它体现了在扶贫相关的社会发展干预活动中的新转向——关注贫困人口拥有什么，而非仅仅失去了什么；认识到贫困不仅仅是收入问题，而是一个多维度的"贫困束"；重视贫困人口自身是如何理解贫困的；同时，重视贫困群体自身的参与等。换句话说，"可持续生计方法"是将"人"置于发展干预活动的中心，也因此加强了干预活动的有效性。

虽然这一方法表面上看来是直接仅与"扶贫"项目相关，但是，实际上，一方面：新的扶贫概念是考虑到多维的发展——教育、健康以及相关权利等都是与人们的生计以及摆脱贫困直接相关的。因此，从某种意义上说，所有的社会发展项目都是与扶贫的目标相关的。另一方面：通过可持续生计方法可以帮助我们更好地理解某群体行为背后的原因。人们对生活方式的选择不是孤立的，而总是取决于他们能否拥有、获得什么资源，可以用来摆脱困境并满足自己的生活需求。如果不能准确而全面理解制约人们生活方式选择的前提，也就不可能真正理解人们的行为，进而实施相关的干预活动。比如，为什么某些人选择去从事性工作，为什么某些儿童选择辍学等。因此，所有的社会发展项目，都可以从使用"可持续生计方法"中获益。

"可持续生计框架"则是为了应用"可持续生计方法"的具体分析工具，目的是为了更好地了解和分析贫困或弱势人群的生计现状；同样，还可以用于对干预活动进行监测与评估，以确保干预的效果是对贫困或弱势群体可持续生计做出贡献而非相反。正如任何分析工具都是对现实的一种简化，因此，在具体的使用中只有根据当地情况，结合定性和定量的方法，带着广泛的视角，才能理解现实的丰富性。

二　什么是生计/可持续生计以及可持续生计框架

"生计"这个词可以被用于不同的场合，下面给出的概念则能体现生计所包括的广泛内涵：

“生计包括用以维生的能力，资本（包括物质资本和社会资本）以及相关活动。可持续的生计是指可以应对或从压力和冲击中恢复，并且能够在现在以及未来增强和维持自身的能力和资本，同时又不以破坏自然资源为代价。”——改编自钱伯斯（Chambers，R.）和康威（G. Conway）（1992）“可持续农村生计：21 世纪实践领域的概念”。

可持续生计框架是具体的分析工具，这个工具帮助人们，尤其是贫困和弱势群体对生计运作方式的理解。如图 2 所示，人们依据所掌握的生计资本（五种生计资本）来设计具体的生计活动，而这就成为他们的生计策略；生计策略的目的是实现自己预期的生计结果；而这一生计结果又会进一步影响人们的生计资本。但是，所有的生计策略活动都是在一个“脆弱性背景”下开展的，它会受到变化趋势的影响，会遭到冲击，并且具有一定的季节性。而外在的政治、制度和文化因素又同时影响着这个脆弱性背景以及人们具体的生计策略。

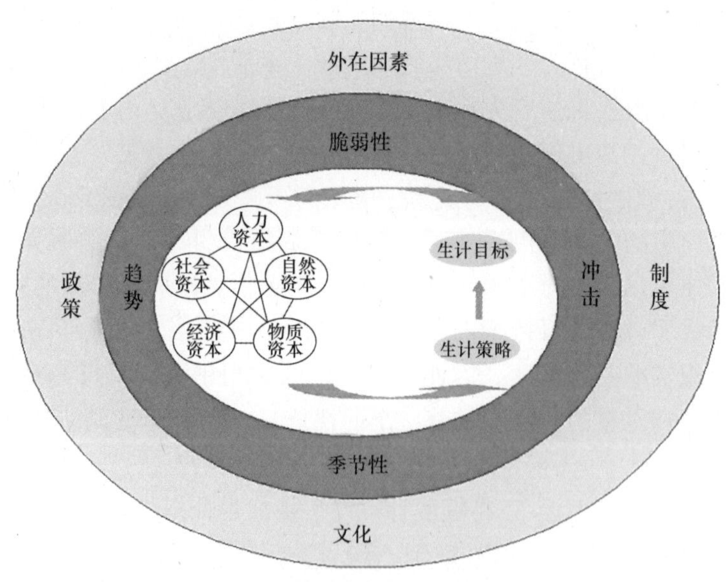

图 2　可持续生计框架图

需要注意的是，这一框架并不企图成为对现实的全面而完整的表达；但是，它提供了一种看待贫困人口生计的新思路，可以启发更多的反思和辩论，因而，可以更好地实现干预活动的目标。

三　为什么用可持续生计框架

可持续生计框架体现了影响人们生计的主要因素，以及各因素之间的关系。具体来看，可持续生计框架在实际的社会发展干预活动中的作用可以分为四个方面：

第一，描绘出弱势群体的整体生计方法、策略、结果以及与周围环境的互动，以此帮助干预者能够充分考虑到弱势群体的社会性背景的复杂性以及其带来的影响，这样既能增强干预措施的有效性，又能避免视野的狭隘性；

第二，由于描绘的过程本身强调利益相关者，尤其是弱势群体的参与性，因此，整个过程也是帮助弱势群体本身更好地反思和理解自己已有的资本，从而帮助他们自发地开发出更具有可持续性的生计策略；

第三，整个框架中的每一个环节，都可以考虑如何改进的问题。由此，框架本身就如同为干预项目列出了一个活动设计框架，使其在设计阶段，就充分考虑到弱势群体的生计改进的问题[①]；

第四，通过利用框架对现有生计状况的分析，为干预活动的设计和监测与评估环节提供很好的支持。

可持续生计框架中的分析将关注点从“结果”转移到“人”和人的需求本身，重视了解弱势群体对事物优先性的态度。这种分析方法可以挑战人们习惯性的“假设”，并将问题放在更加广泛的中观和宏观的角度去思考。这种分析往往带有跨领域和跨机构的视角。

---

① 这里需要注意的是，并不是指所有的干预活动都要为生计框架中的每一个环节设计改进活动；以哪些环节为主，是要根据项目互动本身的特点，以及利益相关者共同讨论的结果决定的。但是，即使不是考虑所有的环节，一个完整的框架图，仍然能够帮助干预活动更加全面地考虑问题和设计方案。

四 可持续生计框架在实践中的应用

（一）什么时候使用可持续生计框架

正如前面所述，可持续生计框架是实施可持续生计方法的具体工具，虽然可持续生计方法最突出的优势体现在摆脱贫困的干预活动中，但是，也广泛地使用在社会发展干预活动的各个领域，比如，艾滋病干预，社区建设以及教育公平和性别公平等项目和活动中。

具体在使用可持续生计框架的时候，一般都是在新干预活动的设计和计划阶段以及干预活动的监测与评估阶段使用。

（二）谁应该参与可持续生计框架的分析

一般而言，应该组建可持续生计框架分析小组，这个小组的成员需要包括多种不同的利益相关者，尤其是本身处于贫困或弱势的群体。这里需要避免“想当然地”将某类群体定位是“同质性”的。比如，在艾滋病项目中，不可以将所有性工作者都视为同质的群体来处理。他们中有性别差异，有地位差异等，因此，很可能具有非常不同的生计策略和结果。再比如，在扶贫项目中，某个家庭可能拥有一辆拖拉机作为运输工具，但是，这里并不意味着家中的所有成员都可以将这一工具作为自己的一种资本；妇女和儿童很可能就无法通过这一工具来扩展自己的生计。因此，一般在分析中，需要考虑群体的阶层、民族、年龄、性别以及地域等因素。而如何确定某个群体是否真正具有同质性，必须通过与当地群体的讨论和协商而达成一致意见。

（三）如何使用可持续生计框架进行分析

在（二）中已经简单介绍了可持续生计框架的逻辑，下面将具体介绍这一框架的不同组成元素，以及这些元素之间的关系；更主要的是，介绍这些不同元素在实践中如何运用。（三）中我们提到了可持续生计框架的四大方面作用，其中第一和第二方面的作用，通过参与式的方式，在理解框架各元素的基础上，以画出可持续框架图来实现；而第三和第四方面的作用，即每一个元素本身如何改进，以及利用这些元素来分析和收集信息，以在干预活动设计/计划和监测评估中使用——是本部分介绍应用中的重点。

另一点需要提醒的是，这个框架本身元素较多，关系复杂，因此，在了解每一个元素时，容易忽略整个框架图的关系。建议初学者可以时刻对照整个框架图来了解每一个元素；另外，在实践当中，目的并非是穷尽每一个元素的改进或分析，而是根据实际的情况（包括干预活动特征，时间和人力资源等）来有所选择。关于这一点，在后面我们也会多次提到。

1. 生计资本及其相互间的关系

可持续生计方法认为，要想达成积极的生计结果，必须使用一系列的资本；没有一种资本可以在单独使用的情况下，实现人们想要达到的多维的以及多样的生计结果。对于贫困和弱势的群体而言，这一点尤其重要，因为各种资本对他们而言都是有限的。因此，这些群体更是需要强化以及结合他们的不同资本，以一种更加具有创新性的策略来实现可持续性的生计结果。

可持续生计框架将人们的各种生计资本（Livelihood Assets）分为五大类，分别是：人力资本；社会资本；自然资本；物质资本；金融资本。图3用五角星的方式展示了五类资本之间互相影响与关联的关系：

（1）五角星的形状体现了人们获得资本方式的差异。五角星的中心，也就是五条线交叉的点代表零资本，而外部的最大半径，代表获得资本最多的状况。基于这一原则，可以与不同的群体画出他们各自的五角星图。在现实中，大部分的五角星的形状都是非正规的，长的角体现的是该群体较为优势的资本，而短的角则代表缺乏的资本。因此，一个群体的资本五角星图可以直观地体现出该群体生计资本的优势和劣势，以便于找到干预的切入点。

（2）五种生计资本可以相互转化和替代，比如，具有养殖经验和技术的农户（人力资本）畜养了大批牲畜（自然资本），可以将牲畜出卖以换取金融资本，也可能因畜养能力和规模而提高社会声望、获得社会资本（如养猪专业户、“养牛大王”、与其他同行结成联盟等）。同样，妻子可以用外出打工的丈夫寄回的钱（金融资本）建造房屋（物质资本），也可以供孩子读书来积累人力资本。生计资本间的转化和替代，意味着生计资本的种类越多、抗拒风险的能力就会越强。

（3）五种生计资本间存在相互影响和制约的关系，如云南边远山区中的自然资源十分丰富（自然资本），但由于远离城市、交通不便（物质资本）而难以开发利用，导致当地农民依然十分贫困，仅能维持基本的温饱水平。

（4）五角星模式的资本图（图3）对于讨论出适当的干预切入点是很有帮助的，但前提是，必须有不同社会群体的参与，并很可能要在他们的不同资本利益之间进行权衡。一般而言，不建议同时提高、丰富所有资本的策略——其实也不太可能这么做；当然，更不可能建立某种共同的标准来比较不同资本的多少与效果。但是，这也不是说，在现实中不可能制定出一些具体的、定量的指标，来衡量资本的丰富性，以及排除这种做法的作用。

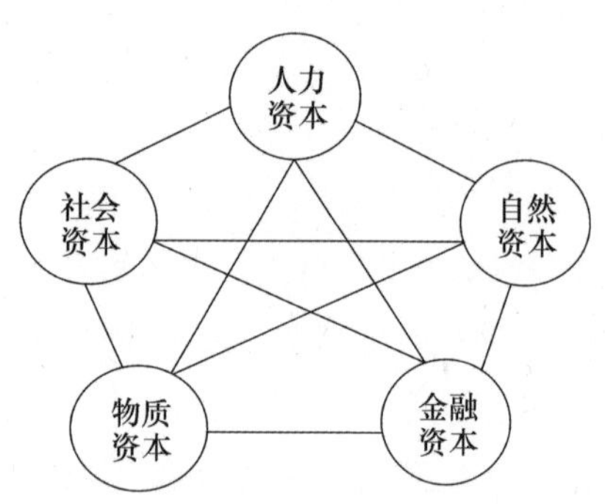

图3　五种资源的五角星关系图

下面将对每一类资本进行具体的介绍，除了解释其含义之外，更主要的是对其在具体分析中，如何收集关于每个资本的信息，以及关于如何分析每个资本所附带的相关提示。这里需要点出的是：我们的提示是尽可能覆盖较为全面的信息与视角，但是，在具体使用时，实践者可以根据自己的情况来进行选择。

人力资本（Human Capital）：

人力资本指人们自身所具有的、可用于谋生的能力资源，大致可分为脑力和体力两个部分；脑力方面的资源主要包括知识、技能、经验、学习能力和创造性等；体力方面的资源则主要包括劳动力及良好的健康状况等。脑力资源必须通过教育、培训和实践来开发和积累，而健康状况则直接决定着体力资源的质量。

不同的弱势群体所拥有的人力资本也是不同的，对于仅仅是因资源上贫困并缺乏教育的群体而言，他们的主要人力资本是自己的体力；而对于有相关疾病和残疾的群体而言，他们很可能既无法使用体力，也难以运用脑力（这类群体往往无法获得公平的教育机会）。不论对于哪一个群体而言，保证他们的健康以及提供更多公平教育机会都是改进人力资本的最关键的途径。

分析人力资本需要收集哪些信息？

● 国内外已经开发出很多与人类健康相关的指数，虽然，其中有些如“人均寿命”有时在地方层面难以获得。在分析时，除了关注相关数据之外，更重要的是通过调研了解到实际情况，如在同一社区，是否不同的群体具有明显的寿命差异？是否某类儿童（如留守儿童，女童，少数民族儿童，孤儿或单亲等）的健康状况尤其令人担忧？地方上的医疗服务是否对所有群体都公平地提供？或者有显著性的差异？

● 教育相关的信息可能更加容易获取。了解当地平均受教育年限，以及女孩的入学比例等较为简单。但是，这一类信息也因为一些政策原因（如计划生育政策可能导致当地儿童的实际数据有疏漏）具有不准确性。不同的机构之间可能对于同一问题，持有不同数据。这个时候就需要调研者了解当地具体情况，并且能够实地调研，而不是仅仅翻阅官方数据。更加复杂的是，了解不同群体所获得的教育质量上的差异，以及教育对其最终的作用的差异。找到学校教育与其真正掌握的知识与技能之间的关联度是不容易的。

● 对于人力资本而言，正式教育不是唯一的增加这一资本的途径。因此，也需要了解当地的其他非正式教育途径或者知识与技能在当地是如何被传承的。还要注意到人力资本的可持续性——有些看似对人力资本有好处，但实际上是缺乏可持续性的技能，如破坏环境等的技能。

以下问题可能对分析人力资本信息有帮助：

• 当地的自然地理状况有多复杂？（自然地理状况越复杂，对知识的依赖性就越强，或者说，知识就越重要）

• 人们从哪里（什么途径或者社会网络）获取对他们生计有用的信息？

• 如果有的话，哪一个群体被排除在这一信息获取途径之外？

• 这一“排斥”是否影响可获取信息的真实性？（如如果妇女被排除在外，那么关于妇女在生产活动方面的信息很可能就不准确，或者具有局限性）

• 知识的掌握者（如教师或者当地的一些重要成员）是否具有某些特定的社会背景，而这些是否会影响当地知识的类型？

• 当地是否有创新的传统？技术是在什么情况下被使用？是内生性技术，还是外部习来的？

• 当地人们是否尤其感到对某类信息的缺乏？

• 人们对自己的权利意识有多强，是否知道这些对他们生计的影响？如果人们的确具有一些意识，那么他们的相关知识是否准确？

社会资本（Social Capital）

在可持续生计框架中，社会资本指的是人们可借以实现自己生计目标的社会资源，主要包括：

• 表达政治意愿的能力和渠道[①]——比如，村民可以利用自己的民主选举、参与决策及监督权利来争取和保护自己的利益；

• 具有共同利益或兴趣的人们结成联盟，共同争取或保护自己的利益——比如，四川某县种植同类水果的农户组成了果农协会，以团体的形式进入市场，克服了个体农户分散经营、单打独斗的弱点，增强了与经销商讨价还价的能力，使每户果农的利益都得到了保障；

① 有人提出了应将“社会资本”（Social Capital）与“政治资本”（Polical Capital）区别开来，本手册则将二者合称为“社会资本”。

• 正式组织的成员资格（Membership）[①]——比如，只要身属某个强势“单位”，自然就会得到很大的利益和资源或者社会影响力；

• 身份——我国的户籍制度将居民分为城镇户口和农村户口，而国家公共资源主要是以此作为分配的依据，诸如养老保险、最低社会保障等到目前为止基本覆盖了所有的城镇户口居民和农村户口的农民。但是，一个有城镇户口的贫民可利用最低社会保障来维持自己的生计，而一个居住于城镇中农村贫民则不可能用同样的方式来维持生存。

• 人际关系网络，通过血缘、亲情、共同的经历等所形成的互信互惠的关系，如家族（宗族）、同学、战友、同乡、邻里、家里有人在外当官等——人际关系网在中国显得特别重要，几乎所有公共资源的分配都会受到人际关系的影响。值得注意的是，研究表明，在困难时期或遇到疾病伤残、家庭成员死亡之类意外打击时，穷人常常是通过向人际关系网络（亲戚、熟人、邻里等）求助来渡过难关。

分析社会资本需要收集哪些信息?

社会资本的相关信息较难收集。可能只有通过长期的调研分析才能真正了解清楚，即使如此，也很难将其量化。比如，知道一个社区有多少名成员，并不能说明这个社区社会资本的多少；社区成员之间形成关系的特点比数量本身更加重要，如社区成员之间是互助性的还是敌对性的，彼此之间是如何联系的等。虽然，量化社会资本比较难，但是，社会资本本身又是非常重要的因素，以下这些方面对社会发展干预活动的成功非常重要：理解社区关系的特点；理解不同群体对社会资源的不同依赖程度和方式，以及是否有些群体被排除在外等问题；观察不同群体成员之间的重叠现象很有帮助，可以发现哪些是被排除在正常社会资源之外的，如某些人在社区中担任多样参与性角色——村事务管理参与者，也同时是代表家庭发言的人；而另外一部分群体，被所有的公共角色排除在外，如很多没有接受教育的妇女，

① 成员资格（Membership）在国外更多是指像工会、农会这样一些组织的成员资格，它们对争取和保护其成员的利益发挥了很大作用；而中国则有着独特的“单位”制度，公共资源常常是以“单位”作为分配的依据。

既无法参与公共资源的管理，也无法代表自己的家庭来表达意见。

观察人们在危机时刻采取的策略，其中可能有很多都是依赖于社会资本而渡过难关：如在自然灾害面前，或家庭经济拮据的情况下，找谁借钱和物资，谁能借到，谁借不到等都能体现社会资本的特点。

自然资本（Natural Capital）

自然资本指人们可加以利用来维持和发展生计的自然资源，如土地、森林、河流、湖泊、环境、风景、牲畜、水产、生物多样性（野生动植物）等。其中土地是最为关键的自然资本，研究一个地区的农村贫困问题首先就必须深入分析当地的土地制度。

自然资本对农村贫困人群意义重大，我国农村贫困人口多数居住于自然条件恶劣、自然资本匮乏的边远地区；另外，自然资本也最容易受到意外灾害的冲击和破坏，如森林火灾、洪水、干旱、泥石流等；季节更替也常常会影响到自然资本的价值或产出。

分析自然资本需要获得哪些信息？

不仅自然资源的种类重要，而且获取它的途径、资源的质量以及不同自然资源之间的组合和随着时间产生的变化（如季节性带来的变化）等都非常重要。例如，贫瘠的土地对于生计而言就不如肥沃优质的土地，而土地使用者如果缺少水资源，那么不论是哪一种土地，它的价值都会大大降低。这种缺少水源可以是另一种自然资本的缺乏，也可以是因为金融资本缺乏而无法构建必要的基础设施来引水等。

对于自然资源而言，调研了解其长期的变化趋势也很重要。相关的调研技能与农村评估实践中的技能类似，如社区地图，社区穿行等。对自然资源进行分析，可能主要包括以下：

- 哪一个群体能够获得哪一种自然资源？
- 获得自然资源的途径的特征是什么（如是私有的，还是租用的，或是集体的，或是建立在激烈竞争基础上的），这些途径是否安全？是否能够有效避免侵犯？
- 是否有证据证明对于获得和使用某些资源存在激烈的冲突？
- 某种资源的生产力如何（如土地肥沃程度，耕地的结构，不同种树木的价值差异等)?经过一段时间后,生产力是否发生变化(如季节不同带来的不同产量)?

- 已有的知识信息是否能够对自然资源的改善和增长提供帮助?
- 资源受到外部什么样的影响?(如养鱼场的价值会因为该渔场的使用者数量,开发的程度,捕鱼的方式等而不同,生物多样性也经常会因农业的过度发展而被破坏等)
- 自然资源的多样性如何?所拥有的自然资源是否可以为多种目标服务?(这一问题尤其对于应对特定的冲击有关键作用)

物质资本(Physical Capital)

人们谋生所需要的基础设施和生产资料,具体可分为社会性基础设施(Social Infrastructure)和经济性基础设施(Economic Infrastructure)两个大类;前者包括医疗卫生、教育、饮用水等,后者包括房屋、道路、桥梁、农田水利、生产工具等。

下列八类物质资本对农村居民的可持续生计十分关键:便捷廉价的交通;安全可靠的住房;充足的饮用水;良好的卫生条件;便宜而优质的学校教育;农业基础设施;便宜而干净的能源;通畅的信息流通(较好的通信联络、生产性信息与市场信息以及社区信息等)。

分析物质资本需要收集哪些信息?

分析物质资本的方式必须利用参与式的方法。群体之间对不同物质资本的重要性很可能持有不同的看法,而这些差异性必须在活动设计中予以充分考虑。比如,人们可能更倾向于去距离较远的水源打水,而不愿意自己凿井。

相应的基础设施是否能够提供应有的服务?如即使非常漂亮的教学楼盖好了,但是如果缺乏基本供学校运行的水和电等,学校也很难正常运营,或者派生很多其他问题。或者学校盖在离一些学生距离太远的地方而对这一个学生群体来说,很有可能导致他们辍学。

基础设施的建设是否恰当?长远来看,物质资本是否符合使用者的需求?这一个问题不仅仅是要看已有的基础设施的状况,还要看今后的维修和升级服务是否能保证其长期的使用。

关于物资资本的使用途径也是非常重要的问题。有时候,花了很多经费建造的设施，对于某些群体，尤其是弱势群体而言，根本没有使用的途径。这有可能是因为设施的使用成本太高，或者是被另外一些较为优势的群体所掌控，再或者是缺乏对实际应用的考虑。比如，很多贫困学校都购买了大量的远程教育的光盘和书籍，但是，这些资源在有的学校长期被放在校长的办公室或者储藏室中被“保护”起来，只有当应付检查的时候，才拿出来展示。(艾滋病的例子?)

金融资本 (Financial Capital)

金融资本指人们可用以达到生计目标的金融资源，主要包括两大类：1) 自有资本，如现金、存款、银行贷款、各种有价证券 (证券、股票) 以及家畜、珠宝之类的可变现资本等；2) 流入资本，如养老金、政府的补助 (税收转移支付)、汇款等。

金融资本是五种资本里功能最为全面、使用也最为方便的资本，它可以转化为其他任何一种资本，也可以直接用于实现生计目标，比如购买食物或衣服。积累金融资本是应对生计风险最为理想的方式，不过，对于农村贫困人群来说，这常常是他们最为缺乏的资本。

分析金融资本需要获得哪些信息?

首先，获得一些直观的了解非常重要：

- 当地有哪些不同类型的提供金融服务的机构 (正式和非正式的)?
- 这些机构提供什么样的服务? 都有什么样的条件? (利率高低，是否需要抵押物，一些限制条件等)?
- 哪一类群体可以获得这些机构的服务? 什么导致其他群体无法获得其服务?
- 地方上储蓄和贷款的现状如何? (信贷资本是否紧缺，本地存款是否大量流出，等等)

理解人们的储蓄行为需要从以下的问题出发：

- 人们一般以哪种方式来保存自己的金融资产 (牲畜，珠宝，现金和银行储蓄等)?
- 每一种方式的风险是什么? 流动性如何? 在不同时期流动是否会影响到这些资本的价值?

过去，外部汇款作为一项重要的金融资本被忽略。为了纠正这一点，以下的问题也需要考虑：

- 有多少家庭以及哪种类型的家庭有成员从外部向其汇款？
- 汇款是如何到达的？
- 汇款作为一种资源有多大的稳定性？是否会随着季节的差异而变化？汇款大概有多大量？
- 当汇款到达时，谁控制这笔汇款？如何使用的？是否会再进行投资？

2. 生计策略与生计结果

生计策略

可持续生计方法的目的在于增加弱势群体的选择性、机遇以及拥有资本的多样性，而这一点最集中地体现在生计策略所提供的改进措施。总的说来，生计策略指人们为达到自己的生计目标，根据现有资源的约束和限制，做出的最合适的选择（包括精耕细作、刀耕火种、外出打工、做生意、投资计划等）。

有什么样的生计资本决定着人们选择什么样的生计策略，比如，有技术或体力壮的人可以外出务工，有资金的人可以开个小商店，风景好的地方可以办旅游，等等。总体说来，生计资本种类越丰富、数量越多，则生计策略的选择越多，也就越有可能实现理想的生计目标。生计资本的多样性和生计策略的灵活性，一方面可大大强化抗拒生计风险的能力，另一方面，则会为可持续生计的实现奠定基础。

如何帮助弱势群体丰富他们的生计策略？

人们往往把农村的人们视为农民、渔民、养林人；而将城市中的人视为靠受雇于某机构和组织，或者某种非正式的机构，拿工资生活的人。因此，在社会发展干预活动中，往往会根据这一特点来将人们分类，并提供相应的支持。但是，在可持续生计框架的方法中，首先是希望理解人们采取某种生计策略背后的原因是什么，然后帮助弱势群体强化正面的行为（可以增加生计策略选择性和灵活性的行为），降低负面的行为。这种方法不会仅仅因为这类群体的“自然资本”（如森林、土地或者职业状态）是如何的而决定提倡哪种生计策略。

这种扩大人们选择性的生计策略非常重要，因为它可以为人们提供自我决策的机会，增强他们的灵活性以应对长期的生计。其中，通过提高人们获得资源的途径来增强他们的生计策略是最有效的方法；同时，改善已有的组织与制度环境，以帮助人们的生计策略产生更好的生计结果也是非常重要的。

生计策略分析中需要收集哪些信息？

这里非常关键的是要消除类似“穷人的生计策略就是什么样的”“感染艾滋病的人一定会怎样”“性工作者只能靠什么策略维生”等先入为主的假设。很多时候我们都容易被这些先入为主的想法所误导，因而，干预活动的针对性和有效性就受到影响。比如，艾滋病病毒感染者项目中例子？

下面这些点对于考虑生计策略是很重要：

- 不同社区群体的生计“档案”是怎样的？（不同资源获得的收入比例，家庭不同成员对于每个活动所投入的资源和时间的差异等）

- 随着时间的变化，这一生计档案为什么以及如何发生变化？（例如，长期来说，因为外部环境的变化而改变；中期来说，因为家庭生活周期的变化而改变；短期而言，为了回应新的机遇或者威胁而变化）

- 人们对长期的生计预期是如何的？他们是否为未来而投资或者储蓄？如果是，哪一类资本是被认为最应优先发展的资本？

- 人们所做出的选择是否是“积极的”？（如高利贷，靠卖血维生而将自身或家庭成员置入感染艾滋病风险的高危人群等）

- 哪些行为结合在一起效果最好？对于那些摆脱弱势处境的群体，他们的行为是否有一些可寻的规律或特点？

- 在现有的生计策略下，哪些生计目标无法实现？

生计目标和生计结果

生计目标指人们计划通过实施某一生计策略期望达到的理想谋生

效果；生计结果是指人们的生计策略实施之后所产生的实际谋生效果。

如一户农民希望种植中药（生计策略）来实现摆脱贫困、发家致富（生计目标），但由于不懂种植技术、市场行情不好等原因，结果实际收益很小，仅仅能维持温饱而已（生计结果）。

不同的人会有不同的生计目标和生计策略，但由此而达到的生计结果不一定积极和具有可持续性（如毁林开荒来增加粮食产量）；可持续生计框架有助于了解是什么在驱使人们采取特定的生计策略，从而有针对性地提供支持，以帮助穷人选择具有可持续性的生计策略。生计目标主要可从以下几个方面来衡量：（1）经济收入增加；（2）衣食无忧；（3）幸福水平改善，如身体健康、受人尊重、有安全感等；（4）脆弱性减少；（5）对自然资源的可持续利用。

同样需要强调的是，在具体的干预活动中使用这一分析框架时，作为外部人员包括调研人员、观察者和倾听者等角色，我们需要避免急于就人们所追求的生计目标及其结果做出价值判断。我们尤其要避免认为所有人的首要生计目标都是收入最大化。我们应该尽可能地理解人们的生计目标和结果的多样性——他们的生计目标是什么样的？他们为什么如此？主要的限制因素在哪儿？

分析生计目标和结果所需要的信息有哪些？

在分析生计目标和结果时，不仅要理解特定群体的目标是什么，也要重视他们实现的真实程度。如果有某一群体不断地在实现生计目标时失败，可能意味着他们的目标与其他更有权力的群体的目标冲突；或者是因为他们没有掌握必要的获取资源的途径。这种区分可以帮助我们更好地帮助到弱势群体。

对无法定量描述的一些结果的判断往往具有较大的主观性和个人性，因而收集相关信息是较有挑战性的，比如，以下的问题可能比较重要：

- 人们在多大程度上意识到他们的权利（政治的，人权类的，社会性的和经济的等）？
- 他们是否有保护自身权利或实现自身权利的途径？

- 人们在维护其生计结果时有多“安全”（针对物质性的破坏，暴力，政府的掠夺，自然或经济的冲击等）？
- 多少信息对人们是公开的？信息质量和准确性如何？
- 在特定的政治程序中，某类群体的利益得到多大体现？
- 对于关键性的服务而言，不同群体满足服务的途径是否有别，质量是否有别？（如教育、卫生和健康等公共服务）

以上所有的问题都需要考察现状，时间进程中所发生的变化，以及变化本身是否是人们优先考虑的方面。

可持续的生计策略

如图 4 所示，生计资本的质量、数量和种类决定着生计策略的选择。同样，人们所选择的生计策略也会对生计资本构成影响。如果人们能合理利用所拥有的生计资本以选择恰当的生计策略，并在实现生计目标的同时维持、甚至加强生计资本，那么，人们的生计活动与生计资本之间可以形成一个可持续的良性循环。同样重要的是，在分析一个人的生计策略时，还要考虑其对他人、后代和环境的影响。

遗憾的是，人类的许多生计策略常常是以消耗、甚至破坏自己赖以为生的生计资本为代价。最为常见的例子是，人们为了扩大种植粮食而毁林开荒，但森林的消失却引起了严重的水土流失，原有土地肥力下降、丧失耕作价值之后又迫使人们去继续砍伐森林来获得新的土地，由此形成恶性循环。而一个依靠欺骗自己的亲戚、朋友、邻里或熟人等来作为生计策略的人，会彻底丧失自己的诚信（社会资本），最终在危急的情况下没有人再愿意为他/她提供帮助。

而有些人却选择了以损害别人或后代的利益为代价来实现自己的生计目标，如一个化工厂为节省治污成本、获得更多利润，偷偷排放废气、废水和废渣，结果对周围环境（空气、森林、河流、农田等）造成严重污染，给当地居民生产、生活带来了巨大损失。有的地方毫无计划地开发本地不可再生的矿产资源，给后代留下的是一座座被掏空的山脉、一条条被污染的河流。

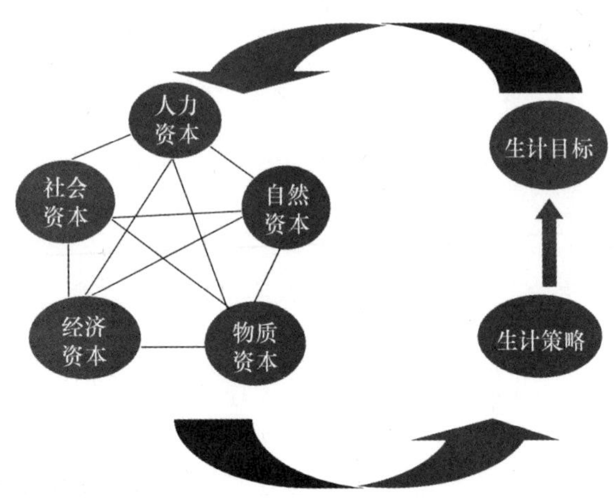

图 4　生计资本与生计策略和生计目标的关系图

每个人都有生存的权利，但绝不能以损害他人和后代的生计资源为代价来谋求自己的福利；为了自己的幸福，也为了他人和后代的幸福，每个人都有义务以可持续的方式来设计并实施自己的谋生策略。以下是可持续生计所应具备的四个特征：（1）生计能力、资本和活动能够应对和处理意外的打击或压力（疾病、自然灾害等），并能迅速从所受到的负面影响中恢复过来；（2）能够维持或增强已有的生计能力和资本；（3）不会损害下一代的生计；（4）不会对他人的生计造成危害。

3. 影响生计的外在因素：脆弱性环境和组织与制度因素

脆弱性环境（Vulnerability Context）

脆弱性环境指人们生存于其中并难以控制的外部环境，主要特征包括趋势（Trends）、冲击/打击（Shocks）和季节性（Seasonality）。脆弱性环境会直接影响人们的生计资本和生计状况。并不是所有的影响都是负面的，这里用脆弱性环境这个词是为了强调不利的环境因素给贫困人群带来的生存困难。表 4 列出了一些主要的脆弱性环境因素。

表 4　**脆弱性环境**

趋势	冲击/打击	季节性
• 人口趋势（如人口增长） • 资源趋势（如资源减少、质量下降） • 国家或国际经济趋势（如经济全球化，国际大豆进入国内后所引发的东北大豆危机） • 政治、治理趋势（如国有企业改革导致企业职工福利降低或工人下岗） • 技术趋势（如新的耕作技术；机械化作业和自动技术会减少就业机会）	• 健康冲击（如疾病、中毒、受伤致残） • 自然冲击（如干旱、洪水、地震） • 经济冲击（如经济危机、东南亚金融危机） • 社会冲突（如社会骚乱、家族冲突） • 植物病虫害、动物疫病（如禽流感、非典/Sars）	• 价格的季节性（如收获季节粮价下降、青黄不接则粮价上涨） • 生产的季节性（如春种秋收） • 健康的季节性（如季节交替时节是流感高发期） • 就业的季节性（如新疆在棉花收获期可以为采棉工提供大量的就业机会；捕鱼工人在禁渔期就很难找到工作）

不同的环境因素对不同人群的影响是不同的，自然灾害对农民的影响显然要大于城镇工人；同样，某种国际商品价格的变化将极大地影响从事此类商品生产、出口的人们，而其他的从业者就不会受到太大影响。季节性通常会更多地影响农业生产活动，不过，对那些大部分收入都是用来养家糊口的城镇贫民来说，粮食、蔬菜等食物价格的季节性变化也会大大加重他们的生活负担。严重的社会冲突则会造成不安全的社会环境，给人们的生命和财产带来直接的威胁和破坏。

表 5　**云南某农村 HIV/AIDS 感染者的脆弱性环境**①

趋势	青少年吸毒者增加；HIV 感染者增加；物价上涨；医疗费用上涨
冲击	HIV 感染者发病死亡；洪灾造成财产损失；家中出现新感染者；丧偶；失业
季节性	因季节变化而感染疾病；农作物季节性价格波动

如何改善脆弱性环境？

脆弱性环境在整个可持续框架中是人们最不可控的因素。从中短

① 资料来源：中英项目社会学与社会发展培训记录（2005/05/10 – 13）；培训协助者：杜娟；童吉渝。

期时间范围以及个体或者较小群体的力量来看，对于此类因素的改善将非常有限（当然，也有例外，如对冲突进行直接干预等）。

对脆弱性环境最能发挥作用的是通过组织与制度的变化来产生影响。如改变一些政策，或者有些关键性机构和组织能够更好地对弱势群体的需求予以回应等；如在教育领域中，中国政府新的“两免一补”政策就大大改善了弱势群体儿童上学的脆弱性环境。另外一种方法是提高某些群体，尤其是弱势群体应对变化的能力，并且能够更好地强化自身的优势资本。这其实是可持续生计方法的核心目的：通过增强人们的资本，从而改善他们抗脆弱性环境的能力。例如，通过针对妇女的小额无息贷款，以增强妇女获得金融资本的途径，从而减少她们因为家庭或其他突变，被迫选择高风险的性工作。

分析脆弱性环境需要收集什么样的信息？

生计分析并不需要穷尽所有信息才能有效。它更多的是帮助我们对脆弱性环境获得一个较为全面的认识，其目的是识别出一些外在趋势、冲击和季节性变化等因素对于某类群体的特殊影响，并减少负面影响。

这种分析需要对当地生计特点有所了解——当地人采取什么样的生计策略，什么样的因素限制他们实现自己的生计目标等。这些信息必须要考虑到不同社会群体之间的差异。

在农村的环境下，以下问题对收集相关信息可能有帮助：

- 哪些群体种/生产什么东西？
- 他们种/生产的产品对这一群体的生计而言有多重要？
- 他们种/生产的产品是否有特殊的目的——如有些妇女生产的产品对儿童的健康和营养尤其重要？
- 多少比例的产品在市场上出售？
- 一年之内不同产品的价格是否有差异？
- 季节性的价格波动在多大程度上可以预计？
- 不同产品之间的价格是否有关联？
- 家庭所需要的食品多大比例上是自给自足的，还是靠外部购买？

• 一年之中，什么时段对于获得收入而言至关重要（如需要缴纳学费的时候）？是否这样的时刻，现金本身就是急需的时刻？

• 人们是否有途径接触到合适的金融机构，然后将现金存入其中以备将来之用？不同群体是否接触金融机构的机会不同？

• “饥饿时期”有多久以及多强烈？

• “饥饿期”以及其他季节性自然事件（如“雨季”）对人们的健康以及劳动能力有什么影响？

• “饥饿期”的现象以及长度是否增加或降低了？

• 一年之内能够赚取收入的机会有什么样的变化？是农业性劳动收入还是非农业的？

• 一年之内，获得汇款的时间段是否有变化或者是否及时（比如，因为涨价最需要钱购买物品的时候，是否恰恰是汇款无法到达的时候？）

组织与制度环境（Transforming Structures & Processes）

组织与制度环境由组织和制度两个方面的因素构成：从国际社会到家庭内部、从公共领域到私人生活，组织与制度环境对生计的影响无处不在，对于其重要性，如何强调也不过分。概括起来，影响主要有三个方面：

（1）决定获得生计资本的途径：获得各种生计资本、参与决策等的权利与机会；

（2）决定不同生计资本间交换的条件；

（3）决定生计策略是否能成功、生计目标是否能实现。

另外，组织与制度环境还决定着一个人在某一社会或社区中是被接纳还是排斥[①]，这对人们生活是否幸福有着直接的影响。

组织环境（Structures）

组织环境由各种社会组织（包括公共和私人组织）构成。这些社会组织各自承担着不同的社会职能（诸如制定并执行政策与法律、提

① 中国的户籍制度将居民划分为城镇居民和农村居民两块，城镇居民可以享受到很多农村居民无法享受的社会福利，农民在城市中很难立足和受到尊重。

供服务、从事生产贸易等)，保证了一个社会的正常运行。

在缺少社会组织的偏远地区，公共服务既少又差（没有学校、缺少医院等)、市场交易也难以正常进行，是导致当地人的生计脆弱与贫困穷苦的重要原因。此外，贫困人群没有机会接近各种公共组织、也不了解自己的权利和政府的运行方式，使得他们无法参与可能会影响到他们生计的公共决策。最为关键的是，分散、孤立的小农经济（低组织化）使农民没有能力保护自己的利益（如在市场上没有讨价还价的能力)。

如何改善组织环境?

对于组织而言，最常见的问题是对弱势群体提供服务的缺乏。这有可能是有意识的结果——因为组织本身是由精英集团控制，因而忽视了弱势群体的合法权利；也有可能是无意识的结果——在组织的建设与改革中，因为缺乏弱势群体的参与而没能充分体现他们的利益诉求。

表6 **组织环境**

公共组织	非官方组织
• 立法机构（如各级人民代表大会） • 行政机构（各级政府） • 司法机构（法院） • 其他准官方的公共机构（如村民委员会、国有企业）	• 私营企业 • 社会组织（如工会、农民协会、经济合作协会） • 非政府组织（国际、国内、地方）

外部的力量可以通过改进组织的结构以更好地适应弱势群体的需求。但是，这里需要注意的是，仅仅改变某个具体组织及其结构是不够的，组织因素必须与制度因素共同作用才能发生实际的效果。

注意到组织与制度之间的这种关联后，以下的干预活动是较为常见的改进组织及其结构的方法：

- 组织中需要有更多弱势群体的代表；
- 组织自身进行改革，以更好地为弱势人群提供服务；
- 扩大私有部门或者支持建立更多的私有组织；
- 支持跨部门和跨机构的讨论。

分析组织时需要收集哪些信息？

对组织的分析是较为直接，但费时较多的分析。这需要调查、观察组织内部的结构及其开展的活动。更为复杂的是了解不同的组织之间是如何互动的，同时它与制度之间的关系，以及组织与制度一起对于弱势群体的影响。

各种组织之间是有差异的，以下方面可能对收集信息有帮助：

- 法律/宪法基础，权力和权限（包括对集权还是分权结构的考察）；
- 成员之间的结构和关系；
- 领导和管理结构；
- 目标和活动；
- 财政基础；
- 地理位置/区域。

制度环境

制度环境指的是各种社会制度，包括法律政策、文化习俗等各种正式或非正式的社会规范和规则（表 7 中举出了一些例子）。研究表明，不公正的社会规范和制度已经构成了穷人摆脱贫困的最大障碍。

各种不公平的社会规范对穷人的生计状况有巨大的影响，如国家常年将更多的资源投入城市地区，进而造成农村地区的基础设施（物质资本）严重落后，而学校、医疗卫生、交通设施等基础设施的落后又会损害农民的教育程度和身体健康（人力资本）。可以想见，在这样的制度环境下，贫困农户想要摆脱贫困会有多么的困难。

表 7 **制度环境**

政策	法律	机制	文化	社会差异
• 国家政策 • 地方政策 • 分配性政策 • 管理性政策	• 国际法 • 国家法律 • 地方法规	• 市场机制 • 利益分配机制 • “游戏规则”（非正式、不成文的潜规则）	• 文化习俗 • 宗教信仰	• 年龄 • 性别 • 身份（城市/农村户口） • 经济收入

改善制度环境的方法

制度对弱势群体生计的影响至关重要，因此在各种干预活动中得到应有的重视。其改进的目的是更好地回应弱势群体，旨在为弱势群体提供更多、更好的机遇和条件。

可以考虑以下这些方面：

- 提供更多的信息以支持向弱势群体倾斜的政策的出台；
- 加深和加强弱势群体与政策制定者之间的联系；
- 在政策制定时，支持更加参与式的过程；
- 提高公共决策的问责机制以及透明性；
- 对有助于弱势群体的重要政策法规的制定和实施予以帮助和支持；
- 改进再分配制度，并对弱势群体建立更好的社会保障机制；
- 提倡扩展公平而具有竞争力的市场；
- 支持地方政府采取向弱势群体倾斜的工作方式；
- 提供更好的制度环境以鼓励个体决策的能力和有效性。（如减少个体决策的风险，提高公正性等）

分析制度时需要收集哪些信息？

为了了解到相关制度对生计的影响，必须探寻这些制度对特定群体的实际影响。有效的制度分析需要知道以下内容：

- 政府相关规章制度文本——写在文本上的内容包括哪些？
- 政策和相关法律预期的效果是什么，以及，
- 政策和相关法律实际产生什么效果？

一些规章制度看起来是抱着良好的预期的，但是，在实际操作中，无法真正落实（如政府的“两免一补”教育政策越是在偏远贫困和需要这一政策支持的地区，越是难以有效落实）；还有些情境下，出发点良好的政策制度却产生了意料之外的负面影响（如为了提高贫困地区教育质量，政府采取了“撤校并点”的学校改革布局，但是，有些地区，因为新合并的学校离儿童家庭太远，因而，反而导致原来可以去教学点上学的儿童失辍学）。只有考察了针对特殊群体的实际效果，才能找到符合弱势群体利益的优先发展的领域，或者才能决定

是否以及如何改进已有的制度。

在制度分析中，对已有政策文本的分析也是非常重要的一方面。针对这一点，在本书的附录中，提供了有关专家对近年来我国在农村扶贫政策分析的案例。

4. 可持续生计框架在使用中的注意事项

可持续生计框架多方面体现了社会发展性活动的特点，它通过关注弱势群体真实的背景和需要，从而真正将他们放在发展的中心。但是，这一框架并不是要准确描绘出现实的方方面面，因此，在使用时不应该被框架本身所困。尤其是框架本身元素较多，关系较为复杂，如果想要穷尽对所有元素的分析，那将有可能超过干预活动本身的期限！所以，使用可持续生计框架时，必须是有选择性的，而且这个工具是一个有生命力的工具——它因为干预活动的不同，干预对象的不同而产生自己的特征。

有选择性，不代表是忽视框架中的某一元素。选择性仍然要建立在整个框架所提供的宽广视野之下，否则，就无法体现这一工具的意义来。这两点看似矛盾但相辅相成的建议必须靠实践者在行动中去掌握和体会。

另外，可持续生计框架的特点是以人为核心，既然如此，不利用参与式的方法，就无法有效地使用可持续生计框架。可持续生计框架是建立在参与式基础上的方法：

- 必须是人们自己的生计框架。在整个框架生成中，不应该有推测和猜想，而是通过当事人的参与而画出事实。

- 必须是当事人参与的讨论才能真正达到增强弱势群体本身了解自己的生计状况，从而有意识地巩固优势资本和弥补薄弱资本。

- 外在脆弱性以及组织和制度环境的影响是指对特定群体的真实影响，因此，没有这些群体的深度参与是无法理解的。

- 整个制定框架的过程本身也是一个“讨价还价”的过程。不同的群体对不同的资本及其获取途径有各自的利益，制定和实施改进的活动必须是在共同参与的情况下，才能达到彼此利益的均衡点。因此，不同社会群体的参与以及意见表达本身是干预活动实现最终结果的前提条件。

第四节　脆弱性分析

一　方法简介

脆弱性分析（vulnerability analysis）是指对危机状态下个人、组织、社区以及全社会抵御危机能力的分析与评估。分析的目的是确定危机状态下，个人、组织乃至整个社会为避免或减轻损失而可能调动的资源与采取的行动，最终评估其可能承受的损失程度。

其设计最初主要是用来对紧急情况进行人道主义干预，旨在帮助外部的机构规划紧急援助，常见于灾害管理过程。目前也广泛应用于生态学、气候变化、经济学、工程学等众多领域。同时它是发展工作中一个有用工具，在发展项目计划和评估中用于计划各种回应，收集基线以评估变化，并涉及不同层面的分析和联系，从社区到国家、区域甚至国际层面。

起源：脆弱性分析的哲学思想和应用来自20世纪60年代和70年代的自然灾害研究，面对灾害，不同人群的经历截然不同，受害程度也有天壤之别，有的经受较少的经济损失，而有的却受到致命打击，于是，当时的救援组织发现脆弱性概念可以解释有的群体蒙难较多的原因，并把脆弱性概念应用于他们的行动中，试图提高援救效率，减少将来的救援需求。脆弱性分析正是在怎样确定人群中那些最脆弱人群以及寻找如何应付和适应灾难的机制以减轻其危险的需求下而产生的。

二　什么是脆弱性

“人类不是在尽力地维持自然界，而是在尽力地维持其自身。自然界的不稳定性是我们的危险、我们的脆弱性。”——阿玛蒂亚·森（Amartya sen）人类的脆弱性不仅源于自然界的不稳定性；政治、经济的波动，社会的动荡，以及人自身生命周期的各个时期生命力的不同等，都是造成人类脆弱性的原因。对脆弱性的充分认识，才能促使人们不断提高自身应对冲击的能力，促使政府不断完善社会保障体系等，从而减轻各种冲击造成的福利损失。

脆弱性（Vulnerability）英文原意是指物体易受攻击、易受伤和被损坏的特性。20 世纪 70 年代，脆弱性被应用在国际扶贫和援助领域。90 年代以后，脆弱性开始涉及社会系统，其内涵也不断充实，普遍认为脆弱性包含暴露、敏感性和适应性三个方面。进入 21 世纪以来，脆弱性的研究内容逐渐趋向于自然系统和社会经济系统的综合。根据世界银行定义：脆弱性是指个人或家庭面临某些风险的可能，并且由于遭遇风险而导致财富损失或生活质量下降到某一社会公认的水平之下的可能。包含两个方面，即受到的冲击和抵御冲击的能力，当受到的冲击相同时，抵御能力强的脆弱性低；当抵御冲击的能力相同时，受到的冲击越大则脆弱性越高。

脆弱性是一个动态的概念：

具有不确定性，即对于各种冲击发生的可能、发生的时间和程度以及冲击的结果等都是推测。

具有前瞻性，它着眼于未来可能出现的各种冲击，结合社区或家庭应对冲击的能力做出预测，是一种防患于未然的思维起点。

具有较强的地域性，所处的地区不同，受到冲击的种类和程度会不相同，而且，同一地区的不同人群中，脆弱性的程度也不同。通常情况下，在同样的危机冲突下，妇女和儿童的脆弱性程度更高。

脆弱性与贫困

人类的脆弱性与人类的贫困相伴生，互为因果。世界银行在 2000/ 2001 年世界发展报告中对人类贫困的解释中指出，贫困包括三个特征，即缺少机会参与经济活动；在一些关系到自己命运的重要决策上没有发言权；容易受到经济以及其他冲击的影响，即脆弱性高。

所有的穷人都是脆弱的，而不是所有的脆弱人群都是穷人。脆弱性会致使人们变得贫穷，处于贫困之中甚至会妨碍人们脱贫。

三 为什么需要脆弱性分析?

导致脆弱性的因素很多，有些完全是在个人或社区控制之外的。脆弱性分析会突破个人的视野，延伸到宏观的制度和政策层面，多个层面参与行动对于长效机制的建立极具必要性。

➢ 在社区层面：参与式脆弱性分析（PVA）让社区扮演双重角色，既作为信息员，同时也是分析员，通过把脆弱性进行分解到他们可以采取行动的程度来降低他们自身的脆弱性。

➢ 在地区层面：分析脆弱性的根源，有的根源可能不在社区内，这就需要地区的官员和人员也参与脆弱性类型的分析中来，并考虑他们应该做什么。

➢ 在国家/国际层面：一个完整的脆弱性分析要求国家层面的人员了解涉及他们针对脆弱性人群制定的政策。风险管理并不是为了简单降低一个人的脆弱性，或应对一种灾害，而是系统增加一个人群或一个地区抵御风险的能力，并特别强调弱势人群的需要和能力。

脆弱性分析不仅包括确立受灾程度的外在方面，还包括对群体面对灾害进行抵制或恢复的内在承受能力分析。围绕不同的目的和性质，脆弱性分析在研究和应用中也衍生出大量的专业术语和研究框架。参与式脆弱性分析是目前发展工作中的主要工具，将在本章重点介绍。

四 脆弱性分析在实践中的应用（以参与式脆弱性分析为例）

参与式脆弱性分析（Participatory Vulnerability Analysis-PVA）是一个把备灾与反应和长远的可持续发展联系起来，对人们进行赋权和动员人们采取恰当措施的持续过程。帮助社区了解所面临的脆弱性，脆弱性存在的原因以及如何采取措施来降低或消除这些脆弱性。通过鼓励社区参与，将社区与其他相关利益人群包括进来，制订应对计划。其特点是：

脆弱性分析和参与式的有机结合，强调不同群体参与及参与者之间信息和经验的分享；

以人为本；相信行动者—边缘贫穷人群能够也必须参与到寻找他们所面临问题的解决方法中来；

认为脆弱性的根源及解决脆弱性的方法需要多层面、多方在过程中的参与和行动；

参与式脆弱性分析并不是目标本身，它促成行动并力图建立不同层面多方参与的长效应对机制。

（一）分析框架

参与式脆弱性分析（PVA）通过循序渐进的分析方法来系统地分析脆弱性的根源。包括：

风险识别：识别和描述出社区存在的危害和问题是什么；

风险分析：追踪危害和脆弱性根源，分析风险程度，原因和后果；

风险控制：分析不同群体的能力和风险控制点，制订行动计划。

具体内容和步骤可见下表8：

表8

步骤	内容	主要的 PRA 工具	需要收集/分析的参考信息
1. 脆弱性状况分析	-脆弱性程度/形势 -不同人群如何应对 -分析目前的威胁/脆弱性	-焦点小组讨论 -历史事件/时间线 -脆弱性地图 -季节历 -生计分析	-对脆弱现状的深入理解 -谁最可能暴露在灾害风险下 -风险灾害发生的频率和可能 -不同群体如性别、民族面临的不同脆弱性
2. 脆弱性原因分析	-脆弱性原因和深层次原因识别 -原因优先序	-问题/目标树 -问题排序	-脆弱性严重度及原因分类 -存在哪些不安全条件 -脆弱性动态的影响因素 -脆弱性原因的根源 -原因优先序
3. 社区行动/应对分析	-已有的降低脆弱性应对策略，资源等 -降低脆弱性的外部的资源	-社区能力矩阵 -维恩图 -问题/目标树	-确定目标 -社区能力 -外部的支持

续表

步骤	内容	主要的 PRA 工具	需要收集/分析的参考信息
4. 制定行动	－干预的优先序 －行动计划	－脆弱性举证 －社区行动计划	－哪些可能的行动能够减低脆弱性 －社区如何恢复 －未来可能发生的灾害、脆弱性及应对措施

（二）分析流程

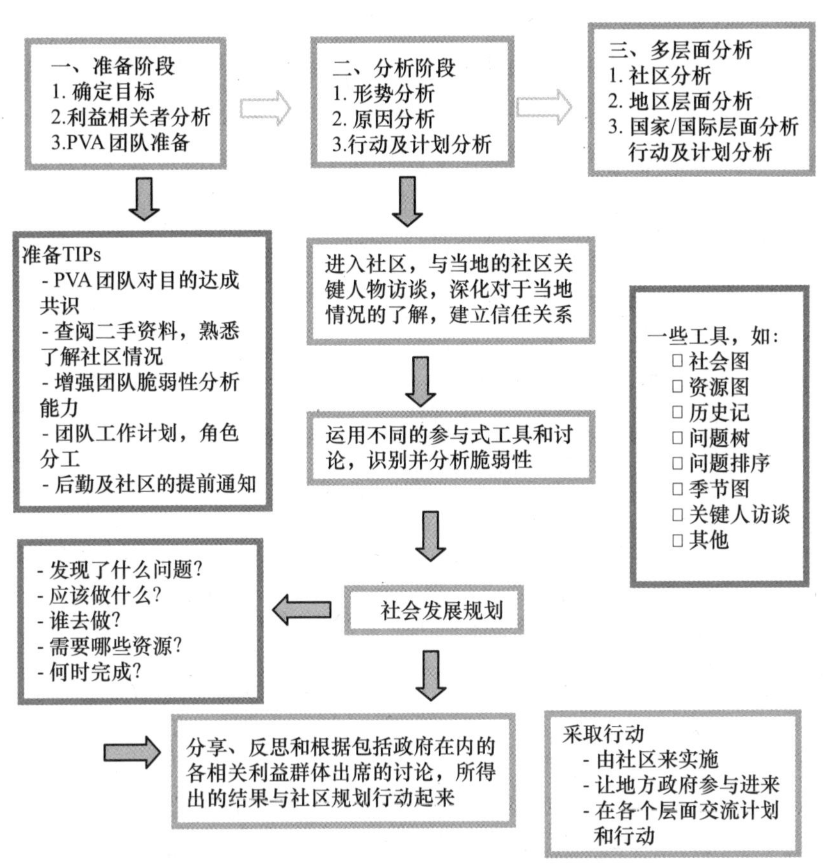

图 5

PVA 在不同层面的脆弱性分析模式：

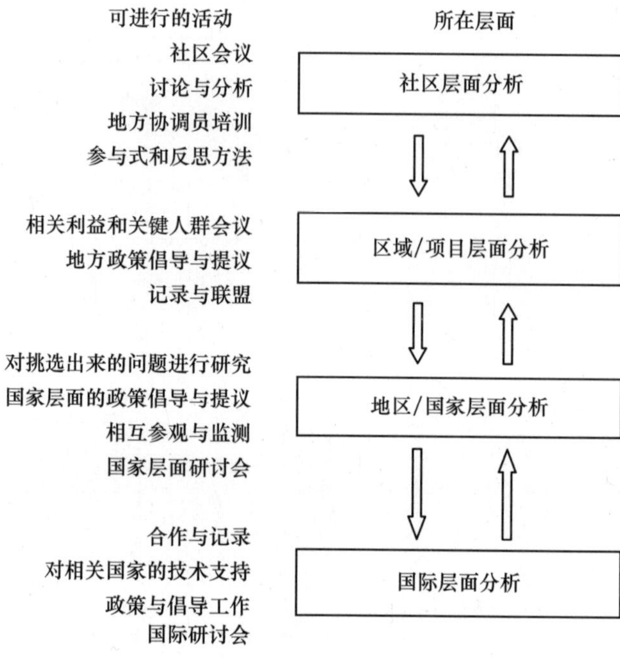

图 6

（三）分析时信息收集的核查清单

第一步：了解过程当中的需求

表 9

a. 了解参与式脆弱性分析（PVA）需要做的工作	• 整个过程是分享和分析信息，而不是数据收集 • 整个分析过程是不是有助于加深对于现在介入工作的了解的目的来操作的？ • 这个分析过程有助于社区问题的解决吗？ • 这个分析过程是不是用来开发在社区工作的机会？ • 这个分析过程是不是回应了社区最脆弱人群的需求？
b. 这个分析过程应该解决什么问题？	• 参与式脆弱性分析（PVA）的问题是不是由社区提出来的？ • 社区选的问题是不是最紧急的问题？ • 社区哪个人群的人提的问题？是不是最脆弱的还是最有影响力的人群？ • 这个分析过程是不是回应了社区中最脆弱人群的需求？

续表

c. 哪些人应该参与?	• 这个分析过程必须把每个人都包括进去，尤其是最脆弱的人群。 • 利益相关者会不会也参与到分析过程中来? • 社区的中最脆弱的人群是否参与了分析过程? • 地方政府中负责相关问题解决的部门有没有参与分析过程?

第二步：准备实地执行

表10

a. 了解在实地需要完成的工作	• 工作清单是不是准备好了? • 是否约了重要的利益相关者? • 你知道分析过程所需要的背景吗? • 进村工作的时间是不是符合社区和利益相关者的习惯? • 你是否为与相关人员/机构交流的内容做了笔记?
b. 与重要的利益相关者建立关系—村长/老人等	• 发现了最重要的人了吗? • 你把要发放的，与项目/工作/组织的相关文件和资料带上了吗? • 与这些人事先约好了吗? • 你对于与他们要讨论的内容是不是心中有数了?
c. 与社区建立关系，就举办会议的时间，日期和地点达成一致	• 是否通知社区这个会了? • 你对于与他们要讨论的内容是不是心中有数了? • 是不是由社区来决定第一天 PVA 分析的时间和日期? • 对于这次的分析过程，社区选的是哪个人群? • 分析的时间和日期对妇女来说是不是方便参与? • 进行分析的地点选择是否能让所有的人都参与——尤其是边缘人群。

第三步：执行分析过程

表11

a. 组织社区并向社区报告	• 谁应该参与这个分析过程 • 在参与的人中，有妇女与最脆弱性人群吗? • 参与的人群是不是知道 这个过程要做什么? • 分析协调员是不是能与参与者很好地沟通分析过程的目的?
b. 根据不同的人群运用不同的工具	• 是不是用了相关的工具来反映不同的问题? • 参与者是不是用了过多的时间来使用大量的工具? • 有没有运用针对如老人或妇女的专门人群的相关工具? • 这些工具是不是能带来或分享相关的信息?

续表

c. 分析这些工具	• 脆弱性的原因是什么？ • 社区经常面临的灾害是哪些？ • 因为灾害而产生的问题中，最重要的是哪些？ • 社区最信任的组织机构是哪些？为什么？ • 为减少不同利益相关者的脆弱性，做了哪些工作？ • 哪个人群最脆弱？为什么？
d. 向更多的社区群众展示工具，让群众认可和接受	• 是不是所有的人都知道这个会？ • 谁出席了这个分析—社区，协调员还是组织？ • 重要的相关利益者和地方政府是否受邀参加了？ • 举行更大规模展示的策略是什么？——一个大型的活动或让政府积极参与？ • 有无让参与者提问和解释的地方？ • 这些变化是如何成为分析过程的一部分的？
e. 完善与分析	• 这些集体讨论做了记录了吗？ • 谁在做集体讨论的会议记录？ • 有什么计划让这些会议记录成为文字档案最后定稿？

步骤4：记录分析过程

表12

a. 文字档案是如何完成的？	• 是在分析过程当中还是结束后进行文字档案整理的？ • 文字档案的目标人群是谁？ • 文字档案的目的是什么？—写 报告还是分享信息/学到的东西？ • 应该用什么样的语言？ • 应该用什么层次的语言？ • 文字档案是有趣还是枯燥？
b. 哪些应该成为文字档案的内容？	• 数字的信息（数据） • 社区分析 • 案例学习 • 社区经验 • 引用的话 • 行动建议 • 图/画/表格 • 参与者名单

（四）实践中的总结思考及注意事项

1. PVA 的实际运用及效果

参与式的方法的确能够调动人们的参与。特别是当在社区中首次使用，大家至少会因新奇和新鲜感而参与进来。PVA强调不同人群的参与，尊重个人的经验知识运用，是一个赋权和互相学习的过程。社区群众通过参与活动，得到倾诉、表达自己思想的机会；学会与人交流；学会总结过去的经验，规划未来的发展方向，有计划、有目标地生活；学会遇到困难时如何寻找解决困难的途径和渠道。

对团队自身，也真切体会到不同群体参与的意义和发挥参与者各自能动性的重要。对于想要了解社区基本情况的外来者而言，PVA提供了一种具有操作性和覆盖面较广的信息收集工具，但实施这样的方法也是一件费时费心力的事，同时面临可能满足形式要求而忽略实效的问题。

2. 社区执行中的困难和反思

要很好地保证实践的效果，有几点很重要：

（1）工具运用的熟练程度。在实际案例中就出现了同一项活动中不同工作人员对工具掌握不同而导致活动中断的情形。这对前期的培训提出了更大的挑战和更高的要求。

（2）将运用工具的场景要求与当地的现实条件尽快调和起来。包括考虑到可能的制约因素以及如何有效利用现有的材料和场地，使参与者得以更好地分享信息和想法、沟通交流，也使工作人员可以更有效地收集和分析信息。

（3）避免先入为主，力争换位思考。工作人员容易带着自己的知识背景和思维模式去看问题和做出判断。是否能耐心倾听，让社区参与者自然地分享信息和充分表达自己的思想，这一点也很重要。

（4）不为表面现象所误导。如对于脆弱人群的识别，要避免表象的误导，以免得不到真实的信息，难以保证收集信息的效度和信度。

（5）信息的有效提炼和利用。在执行过程中如何将收集到的信息有效提炼出来，实现掌握实际情况、发现问题并寻找到解决办法的目标。

3. 对PVA方法局限性的思考

（1）在现实中，如何确保在社区实践基础上提出的行动建议得到采纳和最终实施？

无论是社区层面的还是需要社区以上的地方和更高层级政府制定规划和采取行动的部分。怎样跟踪行动方案的实施情况与效果？怎样避免 PVA 方法的运用最后仅仅流于识别问题分析问题和提出解决方案的建议却不能带来实质性的行动成果？毕竟，PVA 的主要原则之一就是：参与式脆弱性分析并不是目标本身，它应是促成行动并让情况变得更好。在案例中，负责执行项目的 NGO 显然并不具备这样进一步跟进的能力。

（2）PVA 在实践中，一般采用质性研究方法，如直接观察、参与式观察、访谈（关键人物、焦点小组等）、社区会议等。对于时间投入要求很高的这些方法，在现实中遭遇项目时间的限制。案例中真正实践的时间只有 3 天（即便不止 3 天，要满足质性研究方法对时间的要求恐怕也很难），要在如此短的时间内在四个不同人群中开展活动（其中还要花相当多时间向其介绍 PVA 的一些诸如社区资源图，活动图之类的工具），进行个人和小组访谈、观察，希冀从中得到真实有效全面的消息、深入了解当地情况，这不能不让人怀疑实际的效果。如怎样确保在如此短的时间内建立起与参与者的信任关系，使得他们愿意坦诚说出真实的想法？

（3）这一点和（2）有关联。社区内特定的权力架构往往使参与者表达想法的过程不是简单地吐露个人心声的过程，而经常是融合了对自身在社区人际关系、利害关系中所处位置的考量的决策过程。选择是否发声，发出怎样的声音，或者附和谁的声音，外来者看不出端倪的地方实际上往往暗藏着玄机。而在实践 PVA 的时间范围内几乎不可能了解到这些长期在当地社区生活的人才会知道的“玄机”。最后得到的图景是否能真实准确反映问题的现实，值得商榷。这在中国农村这样的“社区”中表现得尤为明显。事实上在案例中绘制收入来源图时出现了同一个村不同组妇女意见分歧，而且有些人不太发言的情况；在做活动图时妇女们也有所保留，没有全面分享信息。这背后的具体原因为何我们不得而知，但却印证了我们对方法这一局限性的看法。进一步来看，即便识别出了这样的“玄机”，又要怎样（用什么样的标准和方法）来校正从参与者那里得到的信息使之成为真正有效的信息呢？这些都不能在 PVA 现有的方法和工具中得到解答。而运用 PVA 毕竟不仅仅是要描述现状，还要提炼有效信息、分析问题并在此基础上提出行动建议和促进行动的发生。

（五）实践具体案例

该实践是在汶川地震灾后重建的大背景下进行的，为把国际组织的救灾经验更好地借鉴融入灾后重建计划工作，2009 年由政府部门牵头，启动了一个邀请民间组织提供技术支持、动员社区参与灾后重建试点项目，试点社区有 4 个，分别是德阳市栢隆镇清和村、德阳市游仙区光明村、绵阳市陡嘴子村、广元市利州区马口村。

社区实践目标：

➢ 运用参与式农村评估工作技能，针对妇女、残疾人、儿童和老人四个社会主要人群的脆弱性进行识别；

➢ 发动鼓励社区参与分析过程，找出所面临的脆弱性及脆弱性带来的问题；

➢ 开发行动计划，这些行动计划能提升人们的能力、增加人们的知识，从而能够减少脆弱性，加强对各层面人员能力建设；

➢ 把政府组织机构和政府的项目与村级层面的需求联系起来，制订可行的、资源优化的计划。

实践过程（以社区妇女群体为例）

（1）计划和准备

流程：团队组建—团队技能提升—制订实践计划—社区实践—总结报告

进入之前对团队成员进行了 9 天的技能培训，作为开展实践工作的重要前提。技能培训侧重于参与式脆弱性评估和参与式农村评估的参与式方法。这些技能包括社区资源图、季节历、问题排序、日常作息图和活动图。这些技能按照参与式的理念，在村级层面综合运用。通过游戏与讨论的方式来讨论贫困、参与、脆弱性，加深对这些事物的理解。

之后参加室内技能培训的参训人员，分成四个小组分赴四个试点村进行实践运用。进入试点村前，行动小组已经收集了一些基本信息。这些信息包括人口、户数、妇女，如残疾人、老人等脆弱人群。

村干部也事先得到了关于此次工作目的和过程的通知，并协助发动社区进行参与。

（2）脆弱人群识别及分析过程

社区老人、儿童、妇女脆弱性分析的三个重要人群，接下来以妇女群体的过程和产出进行分享和分析。四个村参与的妇女情况如下：

表 13

年龄段	马口村	光明村	清和村	陡嘴子村
20—30 岁	2	1	2	2
31—40 岁	6	5	0	4
41—50 岁	5	3	10	4
51—60 岁	1	4	2	3
61—70 岁	3	2	1	3
70 岁以上	1	0	0	4
合计	18	15	15	20

针对妇女，我们在工作中主要采用了：妇女收/支季节历图、妇女生计/健康活动图、问题排序等参与式工具，以及个案访谈收集等；我们与妇女们一起，发现问题，并对问题进行了讨论和分析。

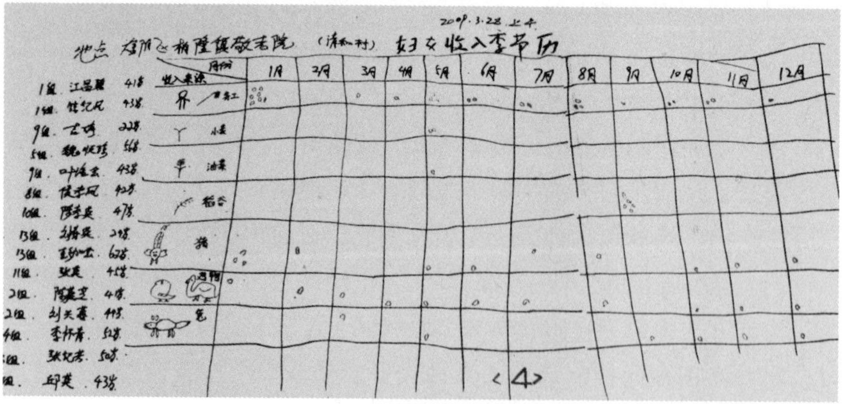

图 7　妇女收入季节历

图 8　行动小组在收集信息

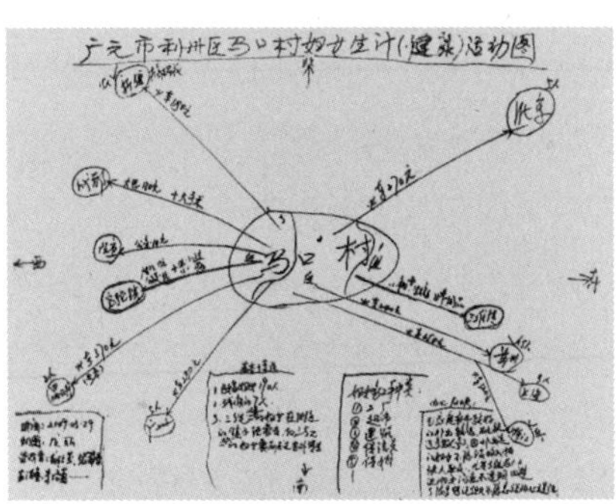

图 9　妇女活动图

（3）实践产出（略）

妇女面临的具体问题识别和分析，分别在灾害影响、生计发展、健康教育、信息服务、性别分工等几个方面体现，如在灾害影响方面（略）

根据所有面临的问题，通过问题排序的方法确定了问题优先顺序及在不同层面的解决方案，如下：

表 14

问　　题	解　决　方　案	
	社区建议	报告建议
1. 缺少人畜饮水	• 修建 3 个集中供水站，解决运水车一辆	· 向国土、水利等部门反映其严重性，进行水资源勘测，制订可行的解决方案
2. 没有基本技能，缺少针对妇女的学习机会和适合妇女文化程度的技术培训	• 举办种养殖科技推广培训，选派妇女代表外出学习参观，回村带动发展	• 向农林牧等相关政府部门建议，联合开展科普培训活动，并进行效果评估
3. 就医难	• 培训村内懂基本医疗知识的骨干 2 人（男女各一人），建立村卫生站一所	• 国家将纳入编制，全脱产配置乡村医生 2 名，其中一名是妇女，治疗妇科疾病
4. 家庭、老人、残疾人或小孩限制妇女外出	• 高龄老人、残疾人实行集中供养，政府支持懂管理，负责任的幼托机构产生	• 建立民政部门建一所农村养老院，教育部门出台扶持政策，鼓励办一所村内幼托机构，并纳入相关部门管理

续表

问　　题	解　决　方　案	
	社区建议	报告建议
5. 体弱多病	• 发展村级公益活动场所，组建农民健身队	• 建一处村级公共活动场所，并纳入重建规划
6. 缺少基本科学文化		• 利用村公共活动场所，促进学习性社区，满足妇女学习、办技术类文化普及

第五节　社会性别分析①

一　方法简介

社会性别（Gender）是相对于生理性别（Sex）而提出的一个概念，最早出现在20世纪70年代初的国际妇女运动中，80年代后逐渐被联合国等国际组织广泛采用，促进了性别平等工作。

与其他社会发展项目中使用的工具不同，社会性别面向的是一个更加广泛的领域，它包含一系列相关的理论和概念，以及可以用于实际分析的工具；其本身更是发展成了专门的学科；另外，社会性别（平等）有的时候本身就是社会发展项目的核心目标。鉴于这种复杂性，本节会对社会性别相关的概念和理论做一定的介绍；然后，集中介绍几个在项目干预活动中运用很多的分析工具。关于什么是与社会性别相关的工具，在实际工作中会有不同的说法——如很多人将社会性别这个概念本身称为一种“工具”，或者其他的相关概念，如社会性别敏感性，社会性别透镜等。如此理解的原因是因为社会性别概念的出现为实际社会工作者、政策制定者和管理人员提供了一种完全不同的视角。只要拥有了这种新的视角，就可以在实际工作中改进原有的工作方式方法，从而推动社会性的变革。在本节中，为了避免不必要的争论或混淆，我们并不把这一类新的概念视为“工具”；而把在实践中可以具体使用与操作或具有明确操作流程的分析类方法称为

① 本章得到英国 Wolverhampton 大学国际发展与培训中心 CIDT Mary Surridge 教授的大力帮助。部分内容来自她为北京社会科学院社会发展资源中心的培训及其材料。

“工具”。

与社会性别概念相关，在实际的工作中又衍生出很多新的概念如：“社会性别角色”“社会性别差异”“社会性别敏感性”“社会性别透镜（gender lens）”以及“社会性别主流化”等。后面我们将对重要的概念予以介绍。

作为在实际干预活动中真正可以使用的分析工具和策略性工具主要分为两种：一是社会性别角色分析；二是社会性别利益需求分析。在这些分析中，最重要的仍然是将分析落实到实际的行动，因此，我们还会介绍将社会性别问题落实在个体行动上的行动计划。

二　什么是社会性别

（一）社会性别与社会性别关系运作模式

社会性别是指因社会、经济和文化影响而后天形成的男女之间的社会差异与权力关系，以及由此而产生的社会对男女群体特征、角色、活动、责任的期待和规范（参见表15）。

表15　　**社会对男/女不同的期待与规范**

女人	男人
温柔、细心、体贴	坚强、大气、勇敢
母亲、照顾家人、相夫教子	户主、决策、养家糊口
爱打扮、爱哭、感性	爱打架、霸道、理性
女人味、贤妻良母	男子汉、光宗耀祖
以家庭为主	以事业为主

社会性别否定了那种认为所有的男女差异均由先天生理差异所决定的观点（生物决定论），认为男女的分工、角色和责任主要是在社会、经济和文化的影响下形成的；这种男女间的社会差异和权力关系既会因社会形态、文化的不同而不同，也会随着时代的改变而改变。如在许多地方，照顾孩子、做家务的责任是由女人承担，但越来越多的男人也开始照顾孩子、承担家务。因此，这种社会差

异与权力关系（社会性别）是可以通过教育灌输被认为理所当然，也可以根据时代的改变而改变，并且在不同的文化中很可能有较大的差异。

与社会性别相关的其他概念还包括：

社会性别角色：是一种文化对女性和男性的角色的描述。这些角色是跟特定文化中对女性与男性能力的假设而确定并固化的。这种固化的角色会变成一种社会期待，一种性别的人只能干什么或不能干什么。而这种固化的期待往往是不自觉的。

社会性别意识：是对女性与男性以及两性关系的社会性的意识；是对这种社会条件所产生的性别差异可能导致的不公平的意识，以及期待采取行动而减少性别不公平的意识。

社会性别差异：与男性相比，女性所获得的权利，社会经济地位和福利上的差异；这一差异反映了某种社会不公平性。收集准确的分性别的数据是针对这种差异而制订干预性计划的基础。

社会性别盲点：指人们没有意识到社会中男性与女性地位的差异，以及在某一项特殊活动或情境中，女性或者男性的某种价值或贡献没有获得认可或者被尊重。

社会性别议题：与性别相关的在机会、权利、价值等方面的不平等议题（或争论点）。当某个个体的潜力的发展受制于社会对性别角色的定位时的问题。

女性主义：女性主义不是某一种运动或者某一种“主义”。广义而言，女性主义是指任何相信每个个体（女性或男性）应该享有发展其潜能和才能的机会，其在社会中的生活不会因为社会对性别的某些偏见而受到限制。有些人将女性主义者视为那些想要与男性竞争并“赢”男人的女性。对另外一些人而言，女性主义者是指意识到在目前社会中存在男女不平等的现实，并且积极采取行动来改变这一现状的女性和男性。

生理性别：男性与女性在生理上的差异

性别偏见：对男性和女性持有某种刻板印象，并通过自己的态度、言行加强这种刻板印象。

性别偏见语言：在任一社会中所使用的强化性别不公平、不公正和权利上的不对等的语言表达。

机会公平/平等：机会平等是指这样一种过程，它认识到并保证任何一个个体都拥有实现其自身技能、能力和潜能的公平机会，并努力减少阻碍公平机会的障碍。

社会性别公平：性别公平是指一方面认识到女性与男性具有不同的利益需求，并且女性与男性都应该拥有平等的完整的人权，能够为国家的、政治的、经济的、社会的和文化的发展做出贡献的公平机会以及从中得益的公平机会。（CIDA，1999，Moser，2005）

社会性别主流化：所谓社会性别主流化是指在各个领域和各个层面上评估所有有计划的行动（包括立法、政策、方案）对男女双方的不同含义。作为一种策略方法，它使男女双方的关注和经验成为设计、实施、监督和评判政治、经济和社会领域所有政策方案的有机组成部分，从而使男女双方受益均等，不再有不平等发生。纳入主流的最终目标是实现男女平等。

积极行动：指采取行动来弥补已有的不公平，以帮助所有的人都能够拥有尽可能公平的机会；通常包括提供额外的帮助等行动。

父权制/父系社会：一种使得男性能够在社会中保持高身份与地位的社会体系和结构。男性支配女性的社会。

母权制/母系社会：与上类似，只是由女性掌握权力。

社会性别敏感性计划：是指这样一种计划，它考虑到性别议题，意识到性别不公平的现实，并采取行动确保两性获得公平的机会。

社会性别敏感性管理：是指这样一种管理方式和风格，它能够考虑到性别议题，在必要的时候采取积极行动减少性别偏见。同时，它也指一种不偏向于任何一种性别的管理结构。

实用性性别利益需求：为了完成已有的社会性别角色而产生的女性（男性）的利益需求。

战略性性别利益需求：为了改变结构和制度性改革的利益需求，以改正目前的性别角色，并带来更加公平的两性获得资源的途径和机会。

社会性别关系运作模式

社会性别不仅仅体现为个人或社会的观念，还渗透于人类行为规范与社会制度的方方面面。成为人类行为规范与社会制度之后的（社会性别体制化、规范化），在文化习俗、教育、宗教、法律、政策的作用下，特定的社会性别观念又会进一步得到巩固和加强，彼此间形成环环相扣、互为因果的性别关系运作模式（见图 10）。

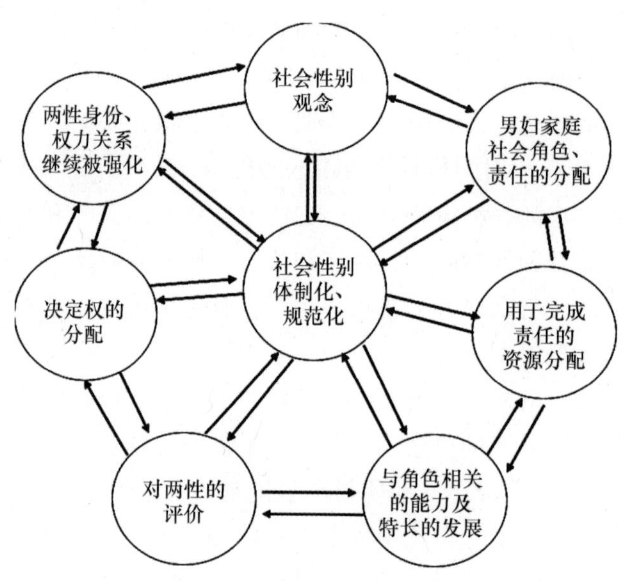

图 10　社会性别关系运作模式

男女在性别角色与社会分工上的不同，使男女在资源的分配上也不同，教育、经济、家庭财产继承等资源更多地向男性倾斜。女性往往被定位于料理家务和照顾孩子，与此相关的能力和特长被培养和发展；由此导致社会对男女不同的评价——男人适合干大事，理性、刚强，女性适合服务性的事务，细腻、柔弱；这又会进而影响男女间职业的选择，女性往往与幼儿园、护士、保姆等服务性行业和岗位相联系，男性则更可能获得高收入、高技术和高地位的职业；结果必然导致男女间在权力地位和经济收入上的巨大差异，这又反过来进一步强化了传统的社会性别观念。

信息框 1　对性别角色的期待与定型

在有的民族地区至今仍流传着这样的风俗：女孩的胎盘埋到灶坑里，男孩的胎盘埋在柱子下面，意味着男孩是家庭的栋梁和支柱，女孩是围锅边转的。

中央电视台春节晚会上流传开的一首歌曲《常回家看看》这样唱："常回家看看，回家看看，生活的烦恼跟妈妈说说，工作的事情和爸爸谈谈"，在习以为常中把"男主外女主内"的角色定型传递、巩固和加强。

三　为什么开展社会性别分析？

社会性别是社会组织中的一个关键因素，因为它决定了劳动、职责、机会以及奖赏的分配。

- 在社会发展政策和计划中需要考虑社会性别问题：因为女性与男性在社会和经济资源中开展活动的方式是不同的。男性和女性很可能对于如农业产品价格，公共服务以及技术变化的反应和获利方式差异很大。因此，社会发展趋势或相关政策将会对男性与女性产生不同的影响。
- 社会发展项目尤其关注女性的发展，这是因为一直以来社会性别的差异被忽略，因此，在为"人"做计划时，往往是在将男性的经验视为"正常"经验的假设下进行的。这就导致了女性被排除在参与一些社会变化以及分享社会变化所带来的利益之外。
- 男性与女性所拥有的社会性资源是不平等的。与男性相比，女性往往获得更少的培训机会、土地使用权、稳定工作、休闲方式以及政治权利。如果不能很好地甄别这些差异，就无法通过社会发展政策和活动来满足女性和男性的不同需求，以及揭示已经存在的不平等现象。

通过在社会发展领域关注和推进性别平等，我们可以促成：

- 更切合实际的政策 —— 由于能够更好地理解社会性别下的劳动分工类型，以及女性参与经济发展的程度，可以为经济计划提供一个更加坚实的基础。
- 更有效的政策—— 因为可以区分不同的任务、机会、条件和激励机制对不同性别的影响，因此可以使得政策能够针对不同的性别具有更好的支持作用，并更加有效地使用资源。
- 更加公平的政策—— 对女性和男性的社会经济地位的差异的关注，能够使得政策导向更加公平的结果。同时也可以甄别出不同群体的女性（和男性）在政策中可能处于的不同地位或者处于弱势地位。

信息框2　性别分析中好的做法

二十世纪五六十年代，人们普遍认为只要有足够的资金投入和现代技术就能解决落后国家的发展问题，“绿色革命”就是根据这种思维制定的典型战略。“绿色革命”战略将发展等同于农业产出的提高，认为只要引入新的耕作技术、优良品种、化肥农药、机械化生产、大规模的灌溉系统等，就可以大幅度提高农业产出、实现当地社会经济发展。这一战略显然忽视了诸如土地分配、社会文化、治理结构、宗教民族关系以及国际国内政策环境等方面的因素。性别分析是项目或计划循环中的一个“机会之窗”，在性别分析过程中，各种资源（时间、精力、资金）的投入会导致性别平等成果。好的性别分析应该是：

- 将人放在首要的核心位置
- 需要有熟练的专业人员
- 需要有在性别公平问题上有坚实经验的当地专家的参与
- 要有相当多的妇女或合作机构中的主要女性成员的参与

“摘自《妇女发展与性别平等执行情况审查：最佳实践研究》
加拿大国际发展署（CIDA），1996”

四　社会性别分析在实践中的应用[①]

（一）什么时候使用

本章介绍了两大类社会性别分析工具，一个是社会角色分析和社会性别利益需求；另一个是项目中的社会性别分析。这些工具可以在社会发展干预活动的任何环节使用。我们建议最好在干预活动设计之初就开始使用，然后在活动实施中可以作为监测工具继续使用，最后在对干预活动的评估中使用。具体的使用时机跟干预活动的整体目标相关。

（二）社会角色分析和社会性别利益需求

1. 社会性别角色分析

社会性别角色分析是对社会所赋予女性与男性角色的深入分析。你需要在群体中开展这一分析，这样可以唤起大家的集体记忆和想象；在做这一活动时，不需要提供太多的背景性信息。具体步骤如下：

（1）甄别一个社区中不同社会性别的角色，如不同群体的女性和男性做什么样的工作？将这些角色按照以下类别分类：

- 生产性：这是指能够带来收入的活动，有工资的雇佣性工作，以及通过生产产品/商品或提供服务能带来收入的活动。
- 再生产性：这是指与照顾和维系家庭以及家庭成员关系相关的活动，如种植和准备家庭所需要的食物，照顾孩子，做家务和其他维护性工作。
- 社区性：这是指为社会做的一些义务性工作：如

社区服务性角色如为社区组织一些活动和提供相关服务，照料社区的成员，尤其是老人和病人等。

社区政治性活动 参与决策社区事务等象征一定社会身份与地位的活动类型。

根据在很多发展中国家的分析显示：男人一般拥有两种角色，生

---

① 部分参考自《英国国际发展部社会发展手册》，2000 年。

产性和社区性角色；女人往往拥有三种角色——生产性、再生产性和社区服务性职责。

（2）请社区成员确认每一种角色的地位水平。同样，您可能在做活动时需要区分不同群体的女性和男性的不同观点——而不是仅仅进行两性的区分。最好能够引入一种评价分值，方便大家比较分析或者用“高、中、低”来表示较高地位、中等地位和较低地位。

如果可以的话，您可以估计出在同一社区中，不同群体的男性和女性的工作量的大小。

可以用下表在大白纸上整理小组的反馈

表 16　**小组反馈表**

角色	男性	女性	生产性	再生产性		
					服务性	政治性

（3）评估获得资源的容易程度和对资源的控制力：

- 甄别哪一个女性和男性群体更可能获得哪些资源（或者称为“资本”，如自然资源、金融资源、物质资源、人力和社会资源）
- 对于同一类资源，确定哪个群体可以控制这些资源（指可以决策如何使用这些资源）

可以用下表在大白纸上整理小组的反馈

表 17　　**小组反馈汇总表**

资源	获得		控制		改进方法
	男性	女性	男性	女性	
自然					
社会					
人力					
物质					
金融					

2. 社会性别利益需求

因为男性和女性扮演不同的社会性别角色，因此他们也具有不同的利益需求。实用性性别利益需求是指女性和男性与他们现存社会角色相关的利益需求；是针对确定对象的短期、具体利益需求，而非泛指整体的变革。因此，关心的是如何使目前的工作和活动更加容易和有效。项目干预活动可以是以满足实用性性别利益需求为目标，这样的项目并不一定会对男性与女性在社会中的地位产生任何影响。

与此相区别，战略性性别利益需求是以改变男性和女性的角色地位为目标的。大部分国家的政府目前都签署了提高女性社会地位的协议，并制定了有关性别公平的政策。但是，现实情况是女性在文化和法律上的地位仍然低于男性。因此，采取相应的行动来提升女性的社会地位仍然是非常需要的。

（1）在小组中讨论性别利益需求（既有女性的，也包括男性的）。

（2）如果需要设计一个有效的旨在满足性别利益需求的项目计划，还需要从家庭和社区层面了解哪些与社会性别角色相关的信息？

可以用下表在大白纸上整理小组的反馈

表 18　　**实用性利益需求和战略性利益需求比较①**

实用性利益需求	战略性利益需求
一般是短期的，急迫的。 每一个女性的需求都具有独特性。 与日常的需求相关：食物，住房，收入，儿童的健康等。 女性可以非常容易地确定这些需求。 可以通过提供额外的支持来获得满足如：增加食物，手动水泵，碾磨机，诊所，村里的接生婆，免疫服务，小额贷款，技能培训和接触市场的机会与途径等。 **满足了实用性利益需求可以：** 增加女性的福利以及可能提高其参与性 能够提高女性的生活水平 一般而言，并不能转变传统的社会性别角色和关系。	一般是长期性的。 几乎所有的女性都是共同的。 与弱势的地位相关：地位较低，缺乏资源和教育，在贫困和暴力中更容易受到伤害等。 弱势的地位和潜在可能的改变一般很难被女性所辨识到。 可以通过以下方式满足利益需求：提升人们的意识，增加女性的自信心，教育，加强女性的组织，政治性运动等。 **满足了战略性利益需求：** 能够使得女性具有能动的力量。 能够提高女性在社会中的地位。 能够赋权于女性并且改变两性之间的关系。

实用性和战略性利益需求不一定是对立关系。任何的社会发展项目活动都应该以同时满足两种利益需求为目标。

信息框 3

男性的社会性别利益

社会性别分析更加关注女性具有很多历史性的合理缘由：最初是因为 1）女性在各种社会与经济发展规划中被忽略在外，由此导致了很多新的机会与机遇都是为男性提供的。2）女性或者是相对于男性处境更差，或者正在经历绝对的生活水平下降的过程——更多的工作而更少对资源的控制能力。“妇女发展”（WID）政策的目的就是纠正这一现状，而能够在计划中纳入女性。很多研究都努力改变女性在很多场合和情景中被“无视”的现象。但是，即使有了“妇女发展”项目，女性和男性仍然在参与性上处

① 改编自加拿大国际发展署（CIDA）的材料：《两个半边天，撑起一片天》，Two halves make a whole，1991 年版。

于不平等的地位。男性仍然被视为“常态”，而女性是“非常态”和“例外”。

因为这一现状，运动从“妇女发展”向“妇女与发展”（GAD）的方式上转变。这一新方向的目的在于揭示被视为“自然”/“天生”的社会性别特征实际上是经过文化建构的。如果社会性别特征是由文化决定的，那么这就意味着它是可以变化的。但是，如果仅仅对女性进行性别分析，那么会造成另一种误解——男性的性别特性是天生的。这就造成了一种男性的特征是某种稳定的和安全的特征的错误印象——男性特征是给定的，不需要进行任何辩护。但是，越来越多的压力体现在男孩和男性身上——他们需要掩盖自己的弱点，表现出强壮的一面，或者其他带有文化特点的对“男人气质”的期待。最重要的是，如果忽略了对男性性别特征的讨论，那么将会使人们误以为男性特征是无法变化的。

从项目的层面看，这种仅关注一种性别分析的方法会导致一些严重的负面结果。尤其是一些以提高经济收入为目的的项目：女性在家庭中的较低地位是由于女性在经济上对男性的依赖导致的。因此，男性是常态，女性为非常态。问题出在女性跟男性不一样。因此，女性应该成为或更像男性——应该有正式的工作从而能增加收入或者有自己的小买卖等。因为男性的性别特征根本不是一个问题，所有的变化都应该是由女性来做出；女性在继续承担再生产性的劳动的同时，还需要担负起带来经济收入的职责，而后一种职责过去被视为是男性的职责。

男性的性别特征是一种文化建构而非自然的产物，最典型的体现在社会对“男性气质/男人味”的焦虑和关注程度上。其中，男性的着装是一个典型的小例子：在很多社会，女性都可以穿男性的服装，并不会带来太多的异议；但是，如果男性穿着如同女性，那么将会导致很多尴尬与嘲笑。同样地，如果一位女性被称为“像男人一样”或者“不够有女人味”；她同时有可能因为行为像男人而得到一些赞赏。但是，如果一位男性像女人，那么他将会遭到各种蔑视和嘲弄：他是“娘娘腔”，他像女人一样“婆婆妈妈”等。这些都体现了社会性别特征是包含着社会价值观的。女性有时候会因为“做事太女人了”而遭受批评，而男性很少会因为“太男人了”而受到批评。

为什么男性的性别利益重要？

仅仅关注女性的性别分析是不充分的。如果社会性别是关于男性与女性的关系问题，那么男性的利益也需要得到考虑。如果女性的性别特征可以改变，那么男性的也必须一同改变。

忽视考虑男性的性别利益需求将减弱变革的力量。对女性地位做出结构性改变所面临的挑战和排斥至少部分是来自与男性的利益冲突。女性对男性的附属性地位不仅是“在那儿”：它因为直接与人们的利益相关，因此，每天都在被生产和复制中。

与女性一样，男性的性别利益需求也具有实用性和战略性的两种形式。在很多社会中，男性被视为家庭的主要支柱和保护者。他们能否具有这种男性特征依赖于他们能否满足这样的角色要求，这既是他们评判自己的方式，也是周围社会评判他们的标准。因此，男性的实用性性别利益需求是能够满足这些角色期待。男性的战略性利益需求的概念要比女性更加复杂些。例如，男性的利益不仅在于维持现有的体系，而且希望能够向着增加自己权力的方向发展。

如果我们将男性的性别利益需求视为与女性的利益互相对抗或冲突的，那么两性利益能够结合在一起的希望就很渺茫。如果对于在一个男性为主的社会中，男性是既得利益者，那么，他们为什么要改变呢？但是，并非所有的男性都从现在的体系中获利，一些男性在地位上也依附于另外一些男性。男性为主的社会不仅包括男性对女性的一种控制，也包括某类男性对另一群男性的控制。这一事实为男性与女性的结盟提供了更大的可能性。这种结盟不是基于性别的划分，而是基于各自都处于“弱势”的境地而导致结盟。例如，在印度的早期男性改革家中，大部分都很关注提升妇女的地位问题。

结论

不论两性是互补的还是互相矛盾的，很显然，女性的性别利益需求与男性的利益在本质上是相关的。在一个以男性为主的社会中去试图为女性开创出更多空间的同时，也在为男性提供更多空间。以战略性的视角看，如果要做出结构性的调整，男性和女性都需要成为变革的力量。因此，带有性别敏感性的项目不仅要努力与女性一起工作，也需要与男性共同努力。

（三）社会发展项目中的社会性别分析

如果社会发展项目是以提升女性的地位和提倡性别平等为目的，那么非常重要的一点是在进行项目计划时，以及在项目后期的评估时，需要考虑不同群体的女性和男性的需求与利益差异所在。社会性别分析就是一种有力的调研工具，可以为以下目的服务：以男性为参照，评估项目预期对女性产生的影响；也可以评估项目对特殊群体的女性的利益和需求的回应与满足情况。

开展社会性别分析的作用包括：

- 能够洞见项目领域中的性别关系问题以及女性对项目干预所持有的看法与观点；
- 能够判断出项目所涉及的机构与组织是否在项目计划和实施阶段，有处理性别议题的能力；
- 能够从社会性别的视角来评估项目对不同群体女性的影响，以及女性和男性在项目的不同阶段的参与性；
- 能够在项目进一步的计划与监测阶段，提出如何加强与巩固女性地位的建议。

具体来说，社会性别分析就是从社会性别视角出发，识别和理解社会性别不平等的原因。通过分析了解男女在特定的社会环境、特定的时间和空间里，从事特定活动时的角色、责任，分析他/她们之间的社会性别关系，提出并回答“谁做什么？谁拥有什么？谁来做决定？怎样做决定？谁可以获益？谁受到损失？”等问题。社会性别分析通常包括以下几个方面的工作：

• 分性别的数据/资料收集和分析：针对的是有关男女之间的差距和不平等的数据信息。如在扶贫领域，它可以使我们认识男女的生存状况、致贫原因以及受贫困影响的方式与程度；在艾滋病防治领域，可以了解 HIV/AIDS 流行和发展趋势及后果中的性别差异，以及男女在艾滋病防治中的状况与差距；在教育领域可以了解男孩与女孩不同的入学或辍学情况，教师对她/他们的不同态度及其影响，以及她/他们在学业成就上的不同表现等。这些数据可以为决策和项目干预提供依据。

• 对性别分工、获取和控制资源以及决策方面的社会差异进行分析：如在扶贫领域，可以分析在贫困家庭中，性别分工怎样，男/女分别做什么？工作的环境、条件、时间怎样？男女分别是怎么做的？他/她们使用资源的机会怎样？包括经济、政治、社会、信息和教育、时间以及人力资源（自信与能力）等。谁可以做决定和支配资源？男女之间谁受益？谁受损了？如何受益？如何受损？在教育领域中，女孩和男孩上学机会的差异，谁在家里决定（母亲或父亲）哪个孩子上学，男教师与女教师在学校中所获取资源的差异，学校的中高等管理者中的性别差异，哪个性别对学校管理的决策影响更大等。

• 了解男女对相关问题的不同看法和理解。如在艾滋病防治领域，男女对 HIV/AIDS 及相关问题有着不同的看法和理解，对预防的认知和技能、治疗方式的选择也有所不同；HIV/AIDS 对男人/女人健康造成的影响也是不同的；同时，处于不同境遇的男女对艾滋病防治项目会有不同的需求，对项目活动的优先性也有不同的看法。在扶贫项目中，男女对贫困问题有着不同的看法和理解，对解决贫困问题的选择和优先次序也有所不同；贫困问题对男人/女人生活造成的影响也是不同的。在教育领域中，男孩与女孩对教育的期待是不同的，对教师和学校管理的需求也是不同的。

以上是对社会性别分析方法的一般性描述。性别分析还可以在更加具体的不同层面开展：如在宏观、微观、机构和项目中都可以开展性别分析。下面将介绍在不同层面开展社会性别分析的具体方法：

1. 宏观层面的分析

宏观层面是指社会文化、经济、人口、政治、宗教、宏观经济政策、农业政策、法律体系、生计和工作类型等对性别（两性）关系产生具体影响的宏观因素。在进行微观的社会性别分析和计划之前，找到以下问题的答案将会为其提供一个宏观视角和参照框架，这也就是我们说的针对社会性别的宏观层面的分析：

- 有关保护女性（或男性）的已有国家法律或者与性别关系之间或间接相关的法律条文；
- 影响到性别角色和性别关系的政策；
- 规定了女性与男性行为标准以及相互关系的社会文化习俗；
- 影响到性别角色和性别关系的宗教信仰和实践；
- 影响到性别角色和性别关系的经济因素；
- 继承法或习俗以及对土地的相关规定：尤其是决定谁是继承者/所有者，以及谁继承/拥有什么的习俗与法律规定；
- 政治上重要权力掌握者的性别比；
- 女童与男童入学的比例；
- 女性与男性接受高等教育的比例。

同时，能够发现性别关系变化的趋势，以及所发生的变化也是非常重要的。这些都对下面所描述的社会性别微观分析提供了一个宏观的框架。

2. 微观层面的分析：

这种社会性别分析能以深入的视角来分析各种社会发展项目的影响力和作用。具体分析内容包括：

- 根据社会性别对劳动内容和劳动量的分工；
- 在家庭和社区中对角色和关系的界定；
- 女性实用的和战略性的利益需求；
- 不同性别对资源的获取和控制力的差异，以及从中所获得利益的差异；

- 女性有效参与决策以及本地组织的情况；
- 女性的社会形象以及女性的自我形象（包括女性的自信心）；
- 女性（和男性）对项目或干预活动的看法与期待；
- 项目活动对不同群体的女性和男性的作用与影响。

3. 机构层面的分析

关于宏观和微观层面的社会性别分析为对项目中的关键利益机构的分析提供了一个基础，尤其是对项目或干预活动进行实施的机构。这类机构层面的分析包括系统的检验和确认以下议题信息：

- 实施机构中的人员对女性所持有的观点和态度；
- 他们对性别议题的了解程度，以及
- 他们在实施具有性别敏感性政策时的技能；
- 在机构中的各个层级中女性与男性职员的比例；
- 女性与男性职员的关系；
- 机构的管理和沟通风格对女性和男性所产生的影响；
- 正式和非正式的沟通网络；
- 在同一个机构中，招聘过程和晋升机会对女性与男性的不同影响；
- 哪些女性以及/男性拥有获取信息的途径；
- 哪些女性以及/男性参与组织的决策；
- 谁（哪些男性和/或者女性）控制着机构中的资源；
- 实施女性敏感性项目时，在机构层面的优势与劣势是什么。

4. 项目层面的分析

宏观层面、微观层面以及机构层面的分析都为项目分析提供了框架。项目层面的分析关注项目文本、项目活动以及项目过程本身，具体分析问题如下：

- 以社会性别的视角审阅项目文本；
- 在项目决策过程中，确保项目目标群体，尤其是女性参与的程序和方法是什么；
- 项目采取了哪些积极的措施以提高边缘化群体的参与；

• 项目针对做什么、谁做、什么时候做之类的问题是如何做决策的，以及谁是决策人。

（四）项目管理各个环节纳入性别分析可以考虑的点

表 19

以下几组问题适用于项目周期中四个主要阶段：立项、设计、实施、评估。
立项中有关妇女的考虑 评估妇女的需求 1. 要达到提高妇女生产力获胜产量的目的，有哪些需求和机会？ 2. 为促进妇女对资源的使用及支配，有哪些需求和机会？ 3. 为促进妇女对受益的使用和支配，存在哪些需求和机会？ 4. 这些需求和机会如何与国家其他总体及部分的发展需要和机会相关联？ 5. 在确认这些需求和机会时，是否已直接同妇女商讨？ 界定项目总体目标 1. 项目目标是否明确地与妇女的需求相关？ 2. 这些目标是否充分反映妇女的需求？ 3. 妇女是否参与设定了这些目标？ 4. 过去是否有类似的项目？ 5. 目前的提议是如何建立在较早时的活动之上的？ 识别可能的负面效果 1. 项目有可能会减少妇女对资源和收益的使用和支配吗？ 2. 它可能会从其他方面对妇女的处境有不利的影响吗？ 3. 从长、短期来看，对妇女的影响是什么？
项目设计中有关妇女的考虑 项目对妇女活动的影响 1. 项目影响到哪些活动：生产、再生产和生计的维持以及社会政治？ 2. 所计划部分是否与目前该活动对社会性别问题的理解一致？ 3. 如果计划改变妇女如何从事该项活动（即活动地点、报酬方式、技术、活动方式），这是否可行，以及对妇女的正负面影响是什么？ 4. 如果该项目不改变上述事情，这会不会是妇女的角色在发展的过程中失去一次机会？ 5. 如何对项目设计进行调整以增进以上所述正面影响，减少或消除负面影响？ 项目对妇女使用权与支配权的影响 1. 项目的每个部分如何影响妇女使用及支配用于商品和服务生产的资源以及这些生产中所获得的收益？ 2. 项目的每个部分如何影响妇女使用及支配用于个人资源的再生产与维持的资源以及从中所获得的收益？ 3. 项目的每个部分如何影响妇女使用及支配用于社会政治目的的资源以及从中所获得的收益？ 4. 哪些力量被推动去进一步探讨现存的限制和可能的改善？ 5. 如何调整项目的设计以增进妇女对资源和收益的使用以及支配？

续表

以下几组问题适用于项目周期中四个主要阶段：立项、设计、实施、评估。
项目实施中有关妇女的考虑 人事 1. 项目人员是否意识到并认同妇女的需求？ 2. 妇女习惯于为女性受益者提供商品及服务吗？ 3. 工作人员是否有必需的技能，向妇女提供它们所需的特殊资源？ 4. 为改进供应系统需用到哪些培训技术？ 5. 妇女是否有合适的机会参与项目管理？ 组织结构 1. 这种组织形式是否能增进妇女对资源的使用？ 2. 这个组织是否有足够的力量从其他组织中获得妇女所需要的资源？ 3. 这个组织是否有制度上的能力去支持并保护变化进程中的妇女？ 运作与后勤 1. 从人员、地点、时间方面来看，妇女是否可以接触到此组织的供应渠道？ 2. 是否有控制程序确保商品及服务的可靠供给？ 3. 受否有机制确保项目的资源与收益不被男人侵占？ 财政 1. 受否有确保能继续获得基金的机制来保证活动的连贯性？ 2. 现有的基金水平相对于所提议的工作是否充分？ 3. 受否避免了男人优先使用资源的情形？ 4. 有没有可能较为精确地追踪为妇女提供的基金从拨款到分发的去向？ 灵活性 1. 项目是否有管理信息系统可以监测活动对妇女的影响？ 2. 此组织是否有足够的灵活度能为应付妇女变化中或新出现的情况而改变其结构和运作？
项目评估中有关妇女的考虑 对资料的要求 1. 项目的监测和评估系统是否明确地衡量项目对妇女的影响？ 2. 它是否也收集资料来更新“活动分析”与“妇女使用权与支配权分析”？ 3. 妇女是否参与制定决定需要收集什么？ 资料的收集与分析 1. 资料收集的频率程度是否足以让项目在有必要时做出调整？ 2. 资料是否可以理解的形式和在及时的基础上被反馈给项目人员及受益者，以便对项目做出调整？ 3. 妇女是否参与资料的收集与解释？ 4. 资料是否经过分析以便为其他项目的设计提供知道？ 5. 是否可以识别妇女参与发展/社会性别与发展（WID/GAD）研究的重点领域？

（五）针对社会性别议题的个人行动计划

在各类社会发展干预项目中，往往还从个体的层面去寻求推进性别平等工作的机会。另外，将实际的行动落实在个体层面，也有助于干预项目能够落在实处。项目干预人员在社会性别培训的研讨会上，可以将下面的问题表格在最后发给每个参与者，引导大家将社会性别问题与自己的日常工作紧密结合起来。

个人行动计划

您在工作方式上想要做出哪些改变？

表 20

短期
中期
长期
您需要得到哪些支持

姓名＿＿＿＿＿＿＿＿＿

单位＿＿＿＿＿＿＿＿＿

第六节　参与式方法

一　方法简介

“参与式方法”是在农村发展项目中，在研究人员、社会发展领域的实践者、政府机构以及当地群众的长期互动中产生的一类方法，最早缘于20世纪70年代晚期“农村快速评估（Rapid Rural Appraisal）方法”的引入。这种方法一经使用就获得了好评，并开始在农村发展之外的其他领域得到发展，形成了多种多样的“参与式方法”。在各种社会发展项目中使用较多的包括：参与式规划、参与式监测与评估、参与式行动研究、参与式培训和参与式项目管理等。在一个章节中想要覆盖以上所有的各种参与式方法比较困难，因此，我们选择了在各种社会发展项目中都普遍使用的两种重要的参与式方法——参与式规划和参与式监测与评估——进行详细介绍。

另外需要提及的是，在本书的理论篇部分，提到了社会发展的六大原则之一即是“参与”。这一方面体现了“参与”这一概念对于社会发展活动而言的重要性——各种参与式方法与社会发展项目具有一种天然的内在联系；另一方面，也说明，“参与”与“参与式方法”是两个有差异的概念。“参与”更代表了一种理念与态度，而“参与式方法”指的是体现这一理念与态度，在实际工作中的操作性方法和工具。为了方便读者的理解，本节会先介绍“参与”的相关理念；然后再具体解释两种参与式方法。

二　什么是“参与”与“参与式方法”

（一）什么是“参与”

参与意指人们对与自己生活有关的事件与活动的有效介入，是一种自下而上的决策过程和管理方式，包括对发展活动的决策、实施、监督、利益分配和成效评估的不同程度的介入。作为一种重要的发展理论与工具，它有以下几个主要方面的含义：

1. 自下而上的决策方式：参与是一个由所有利益相关者共同参加、自下而上地做出决策的过程，其实质就是要改变由少数人控制决策权力的情况。这是因为人们认识到，（1）每个人都有权平等地参与到人类发展过程之中并分享文明进步的成果；（2）平等地分享控制资源和决策的权力是实现社会公平的基础；（3）广泛参与可以显著提高决策的质量和发展工作的效率。

2. 所有利益相关者都有参与的权利，这里有三层意思：（1）任何一个可能受到特定发展活动影响的人，都有权参与与此有关的决策、实施、监督与评估等过程之中；（2）每一个发展项目的最终结果均取决于所有利益相关者的态度与行动，主动引入他们的参与将能有效促进他们之间的良性互动；（3）由于弱势人群最为缺乏参与的机会与资源，所以应优先考虑如何解决他们的参与问题。

3. 参与既是权利也是义务：利益相关者可以介入发展项目决策、实施、监督、评估的每一个过程之中，在行使自己的权利、保障自己的利益的同时也为之做出应有的贡献，既与他人共同分享发展的成果，也应并肩承担可能出现的风险。

4. 参与是一种有效的工作方式：尤其在开展外来项目的时候，本地人的参与将有助于项目管理者准确地把握当地的情况、设计有效的工作方案，进而赢得当地人的支持、合作与贡献。从本地人的角度来说，他们可以通过参与及时地从这些项目中得到好处。

5. 参与的中心目标是对弱势人群的赋权：参与被视为一个对人们赋权的过程，弱势人群在参与过程中获得知识、技巧、经验和能力，学会自主、自发地策划、决定及实施发展活动，用自己的双手改变自己的命运。

信息框 1

将利益相关者引入参与式理论与实践的意义

使用“利益相关者”而不是“外来者”“本地人”或“目标人群”等概念来描述参与，并非只是单纯的文字游戏，它具有以下三个方面的重要意义：

1）将发展实践者简单地分为“外来者”和“本地人”“项目管理者”和“目标人群”，在话语上就表明双方的地位并不平等，并有将二者对立起来的嫌疑，“利益相关者”概念的引入突破了这种思维方式，凸显了每一个参与者都是具体发展活动的合作伙伴、都具有平等的地位和权利。

2）“外来者”“本地人”或“目标人群”不可能是整齐划一的铁板一块，必然存在着贫富、性别、年龄、社会地位、民族宗教等各种各样的差别，他们之间显然会有完全不同的利益与观念，极少可能对同一个发展活动采取完全一致的态度与行动。只有深入细致地分析“本地人”“社区成员”或“目标人群”中不同的利益群体，才可能有针对性地设计合理可行的参与方案。

3）“利益相关者”概念的引入还使人们以一种更为开阔而多元的视角来看待参与问题，参与不再仅仅是“干部”和“村民”“项目管理者”和“目标人群”“决策者”和“受益人”两个群体的问题，而是所有利益受到影响、可能产生影响的多个群体之间的合作与互动。

信息框 2

赋权的含义

赋权包含两个基本的意义，一个是还权于民，中华人民共和国的一切权力属于人民赋权，首先就是要让每一个公民拥有并享受宪法所赋予的权利；另一个是让普通民众、特别是弱势人群通过参与各种政治与发展活动，来逐步地建立运用权利的信念与能力。其中既包括表达意愿、参与决策的能力，也包括平等地分享发展进步成果的权利，还包括承担义务和风险的责任。

（二）参与的五个层次

依据参与的程度或水平，可将参与分为五个层次（参见图 11）：

操纵：最低层次的参与，仅仅是一种操纵与被操纵的形式，只有作秀和宣传的意义，没有任何实质性的参与。

知情：利益相关者被告知自己的权利、责任和选择，是迈向真正参与的第一步；不过，这只是一种单向的交流，利益相关者既没有反馈的渠道，也没有讨价还价的余地。

咨询：能够开展双向交流，利益相关者有机会表达自己的意愿与建议，但是由别人分析情况和做出判断，参与者无法确保自己的意见一定得到重视和落实；座谈会、公开听证会与民意调查是最常见的咨询手段。

协助：在收集/分析信息、制订行动方案、实施、评估等方面与别人合作，不仅有机会表达意见，同时也可以对决策和行动有一定程度的影响，并承担一部分责任。但还限于为决策者提供支持和帮助、并不享有真正意义上的决策权，参与的程度也取决于决策者的态度与选择。

自主：享有不可剥夺的决策权利，可以不受束缚和限制地表达自己的意见和行使自己的权利，并有能力自主、自发地策划并实施发展活动。

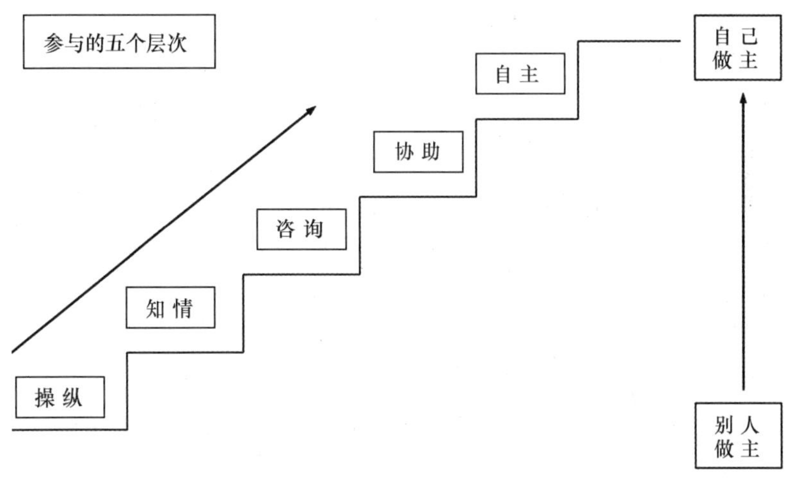

图 11　参与的五个层次

在前四个层次中，不管掌握权力的人们是试图通过操纵参与来作秀，还是想借助参与来提高决策质量及工作成效，其实质都是将参与作为一种手段来使用。到了第五个层次，情况就完全不同了，参与本身既是利益相关者借以实现自身发展的工具，在平等地分享发展所带来的利益的同时，获得并提高参与的权利与能力本身就是目的；也只有如此，弱势人群才能够摆脱被剥夺与排斥的局面，自主地行使自己的权利、追求自身的福祉，实现有保障的、可持续的发展。

（三）参与式方法的历史及内涵①

“参与式方法”是在农村发展项目中，由研究人员、社会发展领域的实践者、政府机构以及当地群众的长期互动中产生的一类方法。最早缘于20世纪70年代晚期“农村快速评估（Rapid Rural Appraisal）方法”的引入。这一方法一经介绍，就得到了经济和社会发展领域相关机构的广泛使用。该方法强调与当地群众紧密合作，收集他们对当地农村环境和生活条件的第一手信息。

到了20世纪80年代，一些草根的非政府组织进一步改进了“农村快速评估方法”（RRA），提出了新的“参与式农村评估方法”（Participatory Rural Appraisals）。这一方法与RRA类似，只是融入了方法背后的哲学思考和变革的意义。RRA以获取信息为主，而PRA更多地强调不同群体的关注点和利益。PRA一般是在一个受过培训的小组的指导下，在3—6天的研讨中完成。

从20世纪90年代以来，更多的参与式方法被命名与使用。如结合了参与式过程和互动概念的参与式整体性发展（Participatory and Integrated Development），以及在更多社会发展领域中使用的参与式规划、参与式监测与评估、参与式行动研究以及参与式培训等方法。

本节在介绍具体的参与式方法工具时，将主要介绍参与式规划和参与式监测与评估。因为这两种方法在各种社会发展项目中都得到了普遍使用。

总的说来，不论是哪一种参与式工具，与传统的方法相比，参与式方法都具有以下的特点：

---

① 本部分内容部分参考联合国粮食与农业组织的经济与社会发展部开发的材料，Dawn Chatty，Stephan Baas，Anja Fleig：《基于参与方式与参与方法的培训者培训资源手册》，2003年。

表 21　　　　　　　　**传统方式与参与式对照表**

传统方式	参与
目标人群是被动的受益者	目标人群是主动的参与者
少数人（官员或项目管理者）以自上而下的方式决策	所有利益相关者以自下而上的方式参与决策
重视专家知识和先进经验	重视乡土知识和本地人的经验
别人做出的决策，其他利益相关者不愿承担责任与风险	自己参与做出的决策，利益相关者愿意共同承担责任与风险
官员或项目管理者决定如何分配资源与利益	所有利益相关者共同讨论决定如何分配资源与利益
官员或项目管理者是领导者、指挥者	官员或项目管理者是协助者、服务者
强调对弱势人群利益的关注	强调对弱势人群的赋权
以外力为主来推动发展	以培养自主发展能力为中心发展目标
缺少群众基础，不利于可持续发展	具有群众基础，有利于可持续发展

三　为什么使用参与式方法?

在社会发展干预性项目中使用参与式方法可以：

- 改善发展工作的针对性和有效性：通过参与，发展工作者可以利用人们的经验以及本乡本土的知识，更有效地理解和把握当地的问题与需求，从而有针对性地设计相关的发展项目与活动。弱势人群的充分参与有助于解决项目的目标瞄准问题，使珍贵的社会发展资源能真正落实到弱势人群身上、使社会工作能真正解决弱势人群最为关切的问题。
- 提高发展工作的效率：受到尊重并获得参与机会的人们，不仅会贡献出自己的经验与智慧，同时也会动员自己所掌握的技术与资源，这将大大提高发展活动的效率，外来资源因此而能得到更好的利用，发挥事半功倍的作用。
- 促进更为公正的利益分配：充分的参与贯穿发展活动的决策、实施、监督和评估的全部过程，每一个利益相关者都有机会表达自己的需求与意愿，与他人一起平等地分享发展资源和成果，从根本上保证了更为公平的利益分配。

- 保持发展工作的可持续性：参与改变了由少数几个人承担推动发展责任的局面，包括发展受益者在内的更多的利益相关者，通过参与逐步地发展自身的能力并建立主人翁意识，让他们发自内心地感觉到发展是自己的发展。这样，在外来的支持与投入减少或停止之后，他们仍然愿意并有能力维持，甚至推进现有的发展活动。
- 实现对弱势人群的赋权：由于认识到人们贫困落后的关键因素是缺少获取和控制资源的机会与权利，参与成为一种可以改变这种状况的手段；弱势人群通过参与来培养自己的能力，学习和掌握了必要的知识、技能和经验，最终能有效地行使自己的权利、把握可能的机会、承担实现自身发展的责任。

四　参与式方法在实践领域中的应用

（一）什么时候使用

在方法背景部分我们已经提到“参与式方法”是多种参与式工具的集合。所以，在什么时候使用某种参与式工具，要由具体的情况所决定。限于篇幅，我们无法罗列并介绍所有的参与式方法。本章的重点将介绍两种在社会发展项目中非常重要并普遍使用的方法——“参与式规划”与“参与式监测与评估”。

还有一大类的参与式方法是与调研和培训相关的，即参与式调研方法（以定性方法为主）和参与式培训方法。这类内容我们将以附录的形式介绍相关工具和方法，以便读者参考使用。（具体可参见附录）

针对本节所重点介绍的“参与式规划”与“参与式监测与评估”两种工具而言，“规划”一般都在项目设计阶段使用，以及项目执行阶段每一个周期的开始阶段——如每年的工作计划中使用；“监测与评估”既需要在项目设计阶段使用——设计项目监测与评估的指标；也更是项目执行过程中随时需要使用的方法。因为项目监测活动应该是在项目执行过程中对项目的监测；另外，还需要在项目后期的评估中使用。

（二）使用时的关键原则

参与并非只是一些具体的成规俗套，而是贯穿于所有项目工作之中思考和处理问题的方式；同时，参与过程也是根据具体情况而不断变化的，任何人都不可能事先为之设定一成不变的路径与模式。参与还是一个不断探索和创新的过程，其理论与技术一直处于发展之中。虽然如此，参与仍然有一些得到广泛认同的基本原则，需要发展工作者加以牢记、并努力将之融入自己的实际工作之中。

1. 以人为本的原则：无论什么样的项目，都必须将人们的利益、需求和愿望置于最重要的位置，与项目有关的一切决策与行动都应以此为最根本的原则。

2. 以人为贵的原则：摒弃将目标人群仅仅视为项目成果被动受益者的思维，坚持以人为贵的原则，将他们的知识、经验与技能当作重要而宝贵的资源。参与式项目应在尽可能利用当地资源的基础上来设计工作与活动，尽量减少对外来支持与援助的依赖；与此同时，也应注意帮助当地人进一步地发展自己的能力，为实现项目活动的可持续性奠定基础。

3. 赋权弱势人群的原则：参与式发展应努力促成弱势人群（穷人、妇女等）有机会、有能力行使属于自己的权利，特别是参与决策的权利；只有如此，才能从根本上改变其弱势地位，为他们可以公正地参与分享对发展资源的控制和进步成果的分配提供保障。赋权是长期而复杂的工作，不是任何一个单独的项目可以解决的问题，但每一个真正为弱势人群创造了参与机会的项目都能为此做出贡献。赋权还涉及大量的社会改革工作，必须通过长期的努力，以逐步清除阻碍和排斥弱势人群参与的社会制度与文化因素。

4. 鼓励自主的原则：这包含三个层面的含义，（1）根据具体情况，应尽可能地减少项目管理人员的控制，支持当地人更多地承担项目活动的责任；（2）鼓励当地人更为主动地策划、决定并实施项目活动，而不仅仅是被动地执行别人做出的决定；当地人自己做出的决定越多，主人翁意识也就会越强；（3）注意培养当地人的能力，并根据他们经验的积累和能力的提高不断调整项目设计，有意识地为之创造更多的参与机会、更大的参与空间。

（三）社会发展项目中的参与式规划

参与式规划与决策是一个自下而上的决策过程，由所有的利益相关者共同参与发现、分析问题并制订解决问题的方案。其参与性是相对于传统的规划方式而言的：在传统规划方式中，只有少数官员或专家有机会享有决策权力，发展活动或项目是以自上而下的方式进行；参与式规划则由所有利益相关者平等地分享决策权力，发展活动或项目是以自下而上的方式进行。具体说，就是利益相关者有机会参与特定发展活动的发现问题（确定目标）→收集信息→分析问题（制订决策方案）→做出决策（决定解决问题的方案）→执行实施→跟踪监督→效果评估全部过程之中。在不同的社会发展领域中都可以使用参与式规划的方法，这里以扶贫领域为例，详细地介绍如何在农村开展参与式规划的具体方法。

我国农村地区广泛建立的村民自治委员会，是我国农村目前最主要的组织与制度资源，已成为农村居民实现民主权利、参与本村事务的基本途径；村民自治实行民主决策，村级公共决策权力属于本村全体村民，并同时制定了严格的村级民主决策程序，从制度上保证了广大村民享有并行使村级民主决策权利。正是考虑到这个事实，下面将结合村民自治制度中的村级民主决策程序，集中讨论在我国农村扶贫工作中如何开展参与式规划与决策。

村级民主决策制度是村民参与的重要渠道

村民自治中的村级民主决策程序包括议案的提出、研究提出具体意见或建议、讨论决定和组织实施四个基本步骤；与上述基本步骤相比较，议案的提出相当于发现问题（确定目标）这一步骤，研究提出具体意见或建议相当于收集信息→分析问题（制订决策方案）两个步骤，讨论决定相当于拍板决策这一步骤，而组织实施相当于执行实施这一步骤（参见图 12）；对决策及其执行的监督与评估在村民自治中则是由村务公开、民主评议等民主监督制度来实现。

村级民主决策制度为村民对本村事务决策的参与提供了保障，具体表现在以下几个方面：

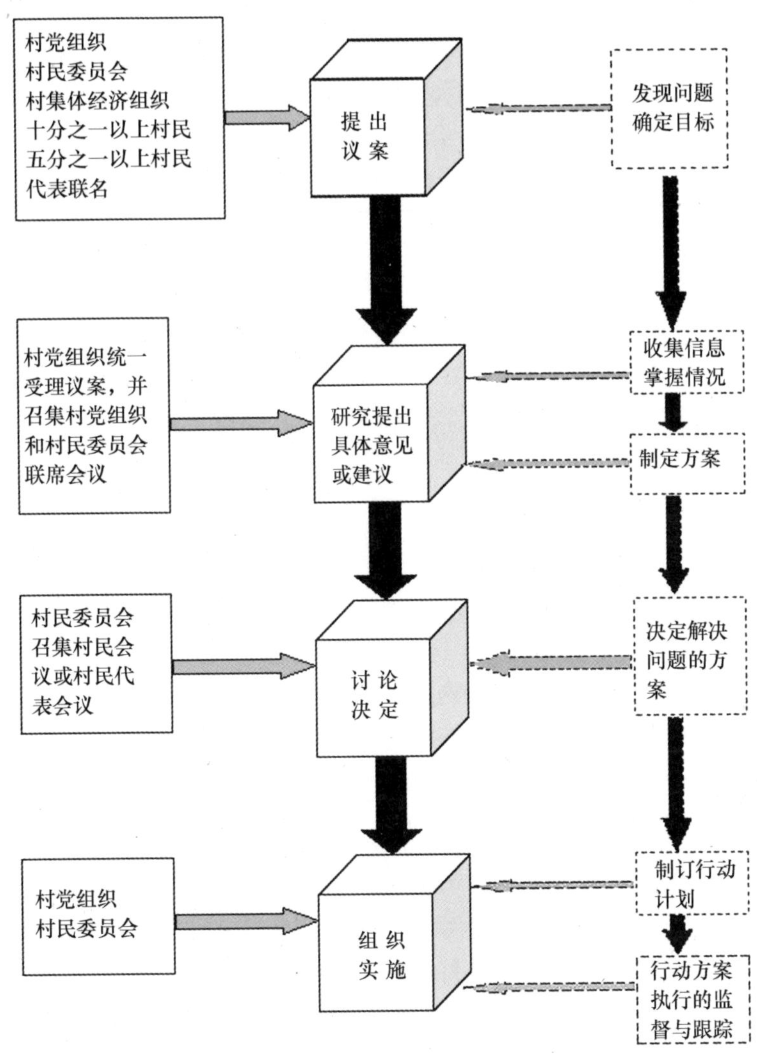

图 12　村级民主决策分析图

1. 村民在提出议案阶段的参与：（1）间接提出议案→村民可通过向村民代表或村级组织反映情况以促使其提出议案；（2）直接提出议案→本村村民十分之一以上联名可直接提出议案。

2. 村民在制订方案阶段的参与：村两委（党支部与村民委员会）

联席会在收集信息、分析问题、制订决策方案的过程中，必须及时向村民和村民代表公示所制订的决策方案，认真听取他们的意见。

3. 村民在讨论决定阶段的参与：村民可以通过村民代表会议间接地行使决策权，更可以通过村民会议直接地行使自己的决策权；村民会议对本村事务具有最高决策权，处于村级民主决策的最高地位。

4. 村民对决策制定与执行过程的监督：村民和村民代表享有对包括决策的执行在内的全部决策过程的知情权和监督权，村级决策的制定和执行情况必须向村民和村民代表及时全面地公示。

5. 村民对决策执行效果评估的参与：村民可通过民主评议会来对决策执行效果提出质询和发表意见。

※注意：下面所介绍的项目规划与决策过程，是针对有外来资源（资金、技术、物资等）投入的村级扶贫项目而言，试图将当地政府、扶贫项目的决策机制与村级决策机制结合起来；如果是主要依靠本村力量开展的发展项目，直接从第四步开始，启动村级民主决策程序即可。

第一步　成立项目协调机构

在我国农村，无论扶贫资金来自国家财政，还是国内国际的社会资助，村级发展项目要想顺利取得成功，必须得到村民、村干部和当地政府三个利益相关群体的共同支持。参与式的扶贫项目要做的第一件事，就是争取得到当地政府的支持与合作，从一开始就成立有当地政府官员（主要是县乡两级）参加的项目协调机构。

人员构成：县扶贫办、项目所在乡镇的主要领导和负责扶贫工作的部门以及项目官员与专业人士（特别是熟悉参与式方法的专家）。

工作职责：组织项目计划的可行性论证和资金预算的审批工作；处理项目运行过程中出现的冲突与危机；协调县乡两级政府其他部门的工作，争取得到必要的支持与配合；为村里的各种人群、特别是贫困农户平等地表达自己的意愿创造条件，促成并保障他们对项目设计与实施全部过程的参与；平衡各方面的利益，坚持保护弱者的原则，实现扶贫帮困的目标；协助村级项目小组工作。

案例1：

2004年，西部某乡有两个贫困村被纳入全省新村扶贫项目规划之中，每个村得到了50万元的国家扶贫资金。按照要求，新村扶贫项目必须用参与式方法，为了搞好工作，县扶贫办从省上邀请了三名资深的参与式扶贫专家，与这个乡主要领导和两个村的驻村干部共同组成了项目协调小组，全面负责项目规划的相关工作。

第二步　掌握村里的基本情况

项目协调机构建立之后，应首先着手收集项目所在村的相关信息，以掌握村里的基本情况，为项目的启动、设计和跟踪管理奠定基础。

需要收集的信息

（1）人口资源状况：地理位置、自然资源、气候条件以及人口统计（数量、年龄、性别、教育）等；

（2）经济发展状况：作物品种、家畜饲养、生产方式、人均收入、商品化程度等；

（3）基础设施状况：住房条件、人畜饮水、教育卫生、道路交通、电力通信等；

（4）社会发展状况：民族宗教、村民自治、两委关系、干群关系、其他村级组织以及村里互助合作方面的传统与习俗等；

（5）制约当地经济社会发展的主要因素。

收集信息的方法

（1）二手资料的收集：可通过查阅相关资料、对县乡熟悉情况的干部进行访谈来收集信息，为入村调查做好准备；如果当地曾做过类似的项目，则应认真收集并总结项目实施的经验与教训。

（2）乡村快速评估：对关键人物（如熟悉村情的乡村干部、村民代表、村里的党员、乡村教师、老农等）的深入访谈、实地考察、走访贫困农户、村民小组讨论、社区平面图、农事季节历等。

（3）可持续生计框架：从五种生计资本的角度来收集项目所在村

村民的相关信息，并利用该框架加以分析。

（4）在必要时，也可借助村干部、村民代表、党员联系户制度来收集相关信息。

（5）其他参与式的信息收集方法。

第三步　建立村级项目规划小组

除了在县乡一级的项目协调机构，还需要在村一级设立项目规划小组，负责项目的具体工作，但必须强调的是这并不是一个决策机构，其职责主要是制订规划方案，村级项目规划小组成员必须是本村居民。县乡一级的项目协调机构应为村级项目规划小组提供必要的支持，如参与式方法的培训、规章制度工作流程的建立、工程技术、资金预算的论证、危机与冲突的处理等。

人员构成：两种选择，在村民自治制度比较健全、两委关系与干群关系较为和谐的村，可由村两委（村党支部和村民委员会）成员组成；如果两委关系或者干群关系紧张，则由村民会议或村民代表会议直接选举产生（参见案例2）；小组成员中应有一定比例的贫困农户和妇女代表（可由分别召集贫困农户和妇女开会选举产生）。

工作职责：收集信息、评估需求、项目规划工作、制订决策方案；在决策方案获得批准后，负责组织实施；向村民群众和县乡项目协调机构及时通报项目进展和资金使用情况。

案例2：

2004年西部某县两个村每个村得到国家扶贫资金各50万元，按规定必须首先进行参与式规划。但两个村的领导班子情况却完全不同，一个村的干部能力强、威信高、做事尽心尽力；而另一个村的干群关系却十分紧张，现任村委会主任的当选是因为在他手上村里欠下许多债务，村民怕他落选债务无人负责。为此，当地政府的扶贫项目领导小组决定，在前一个村就直接依靠村两委班子来开展项目工作，后一村则由村民选出的农户项目规划小组来负责项目的运作。

第四步　发现问题、确定目标

这个阶段主要完成三个工作：分析贫困原因、村民需求评估和确定项目目标。村民在这个阶段的参与具有重要意义，农民群众最清楚自己需要什么，只有他们才有资格和权利判断和决定，什么是他们真正关心的、与他们切身利益密切相关的事项。农民群众也最了解本村的实际情况，只有他们才知道问题的关键是什么、问题的症结在哪里。这样既能准确反映村民的需求与意愿，也能更真实地掌握村里的实际情况，从而为制订正确有效的扶贫方案奠定基础。

村级项目规划小组可以通过村干部、村民代表和党员联系户制度、村民小组讨论、贫困农户会议、两委联席会议、村民代表会议、村民会议等各种形式来开展本阶段的工作。在具体操作过程中，建议采取以下步骤：

（1）收集相关信息：村级项目规划小组成员分片包干直接走访农户，或通过村干部、村民代表和党员联系户制度走访农户，收集他们的需求意愿以及对本村存在的主要问题和看法。农户也可主动找党员、村民代表、村干部和项目规划小组成员反映情况。规划小组将所收集到的信息，按本村存在的主要问题和项目意愿单列，规划小组只做简单分类、不应做任何评判。

（2）村中问题与项目意愿排序：召开村民会议，向村民展示上面所收集到的本村存在的主要问题和项目意愿；由村民通过自由投票来进行主要问题和项目意愿排序。在整个过程中，随时补充村民当场提出的最新意见，并第一时间向村民宣布排序统计结果。

（3）关注弱势人群：对特困户、妇女当家户、老弱病残者的生计资源与策略及其需求与意愿进行专门调查，并在设计项目实施方案时予以必要的倾斜与照顾。

※需要注意的问题：①在村民人群较多、召开村民会议不易的村庄，可分组召开或召开村民代表会议，但必须及时向所有村民公示排序统计结果、认真听取群众意见；②由于技术性较强，必须对村级项目规划小组成员进行充分的培训，并有参与式专家全程参与协助或主持完成此项工作。

第五步　制订决策方案

在得到村民的项目意愿排序结果后，实质上就确定了扶贫项目的基本目标。但并不是村民的每一个良好愿望都是可以实现的，需要对此做必要的可行性论证，剔除不合理的项目，制定可行项目一览表，在此基础上来制订具体项目的决策方案。

最终提交村民会议或村民代表会议讨论决定的应该是经过优选、比较成熟的方案。这就要求村级项目管理小组不仅要根据农户意愿来制订各种项目方案，还要对各种方案进行认真的分析、比较、咨询和论证，优选较为合理的方案，并在反复协商讨论的基础上，集中包括村民、村民代表、专业人员和当地党委政府等各方面的智慧，对方案进行不断的修改、调整和完善，为村民会议或村民代表会议的讨论决定创造条件。具体操作中可采取以下步骤：

（1）村级可行性论证会：召开由村两委成员、村级规划管理小组成员、专业人士和有经验的村民参加的会议，从技术与市场可行性、是否符合法律政策、是否符合资助方意愿、对贫困农户的影响以及是否会破坏生态环境等几个方面进行论证（见表22），参会人员可以继续提出新的项目建议；会后将填好的表23和经过整理的意见提交县乡一级项目机构进行进一步的论证。

（2）县乡可行性论证会：由县乡一级的项目协调机构召集项目官员、村级规划管理小组长、村支部书记、村委会主任、县有关部门官员和相关技术人员（应熟悉所讨论村庄的情况）开会，逐一对农户提出的项目和村里的意见进行讨论，参会人员也可以继续提出新的项目建议；通过论证，从中挑选出可行的项目，并根据农户排序的优先次序、可行性、项目的出资意向、对贫困农户的影响等各方面的因素，由会议讨论决定项目实施的先后次序，并做成可行项目一览表。

（3）制订项目活动计划：再次召开由村两委成员、村级项目规划小组成员、专业人士和有经验的村民参加的会议，并结合实地踏勘，根据前述经过论证的可行项目一览表，为每个项目制订项目活动计划（参见表23）。在这个过程中，应特别仔细客观地讨论、制订资金预算方案及本村资源的投入。在此基础上，拟订一个初步的项目活动计划，并与项目可行性论证表共同构成本村扶贫项目规划草案（参见案例3）。

（4）公示征求意见：将两次论证后的本村可行项目一览表、初步拟订的项目活动计划以及对不可行农户项目意愿的说明，并向全体村民公示，再进一步征求修改意见。需要强调的是，好的决策方案绝非通过一次努力就能完成，必须在与决策有关的各方、特别是村民群众的不断的交流和讨论中，逐步加深对问题的认识，通过对方案进行不断地调整和完善，才能最终找到理想的解决问题的方案。及时公示的另外一个好处是，让村民或村民代表在正式召开会议前就有机会对决策方案有完整的了解，这将有助于他们更有效地参与对决策的讨论决定。

表22　**项目可行性论证表**

农户项目意愿	修筑村道	人畜饮水工程	河道整修	种植优质柑橘
农户排序				
对贫困农户的影响				
技术可行性				
市场可行性				
经济可行性				
对生态环境的影响				
是否符合有关法律与扶贫政策				
是否符合资助方意愿				

表23　**项目活动计划表**

项目活动	负责人	项目投入什么（资金、技术、物资等）	村里投入什么（资金、技术、物资、投工投劳等）	资金预算	时间	产出

案例3：

西部某村得到国际项目资助，开展饮水工程以解决本村的人畜饮水困难。由县扶贫办外资中心牵头，县水利局、乡水管站、该村委会干部各1人参与，组建了“××村人畜饮水工程参与式规划活动工作小组”，并同时由各村民小组饮水困难的农户代表2人（男、女各1人）共6人组成了农户规划小组。采取参与式的调查方法收集信息，对该村的人畜饮水现状、典型困难户以及饮水困难对农户生产生活影响等方面进行了广泛深入的调查。在村民的积极参与下，经过县工作小组、农户规划小组和县、乡工程技术人员的共同努力、反复论证，通过实地踏勘，确定了水源点，引水线路的选择，形成了工程规划设计草案。

第六步　做出决策

村民会议和村民代表会议是村级民主决策的基本组织形式，重大村务必须经村民会议或村民代表会议、以少数服从多数的原则讨论通过。这就是说，村民会议是村民自治组织的最高权力机构，掌握最终决策权；村民代表会议则在村民会议授权的范围内行使最终决策权。通过村民会议直接行使决策权或通过村民代表会议间接行使决策权，是村民参与村级公共事务的最高形式。

村级扶贫项目规划涉及每一个村民、特别是贫困村民的利益，应当提交村民会议或村民代表会议讨论决定，从而保障村民对项目规划活动最高层次的参与。另外，由于需要投入较大的外来扶贫资金，提交村民会议或村民代表会议讨论通过的村级扶贫项目规划，还应该提交县乡项目协调机构审批。在实际操作中，应注意以下几个方面的问题：

（1）是以召开村民会议还是村民代表会议来讨论决定村级扶贫规划，应根据实际情况而定；通常村民人数太多、居住过于分散而难以召开村民会议的地方，可召开村民代表会议来讨论决定[①]；但在会前应做好扶贫规划的公示，充分吸收广大村民的建议和意见。

（2）如果村民会议或村民代表会议否决了提交讨论的村级扶贫规划草案，村两委会应根据会议决议，修改完善原有方案或重新研究制订新的规划方案。

（3）县乡项目协调机构在审批村级扶贫规划时，主要审查以下几方面的问题：是否坚持村民参与的原则、是否优先考虑贫困农户的需求、项目是否可行、资金预算是否合理、是否有利于项目所在村长期、健康、持续的发展。

案例4：

（接案例3）在完成引水工程规划草案后，村两委召集村民会议，由工作小组和农户规划小组成员，向农户讲解全村饮水现状以及工程规划草图，充分征求农户意见，修改审定工程规划草图，并经过县级工程技术专家的分析论证，由农户以少数服从多数原则做出决定，最终形成了该村人畜饮水工程规划方案和工程实施方案。

第七步　组织实施

在项目方案得到批准之后，就进入具体的组织实施阶段。必须强调的是，如果前面的规划、决策阶段中村民能够有效地参与、他们的利益与需求得到充分的尊重和体现，他们就会积极主动地参与到项目的组织实施过程之中。这个阶段应做好以下四个方面的工作：

（1）选举产生项目管理小组：如果得到村民会议或村民代表会议的批准，可由村两委或原村级项目规划小组承担项目的组织实施工作；项目管理小组成员也可由村民会议或村民代表会议专门选举产

---

① 召开村民会议和村民代表会议的具体程序，参见《中华人民共和国村民委员会组织法》及各地相应的实施办法。

生。总之一句话，项目管理小组成员必须得到多数村民的认可与支持。项目管理小组负责制订并组织具体实施方案；负责材料的采购、保管、领用、张榜公布；聘请实施所需要的技术工人等。

（2）建章立制：由项目管理小组草拟管理小组责任制度、项目资金管理制度、采购招标制度、工程质量管理制度等规章制度，报村民会议或村民代表会议批准后执行。

（3）制订具体实施方案：项目管理小组必须与村民一起讨论决定具体的项目实施方案，制定详尽的项目实施程序、日程安排和施工标准；其中，特别是村民自筹资金方案、投工投劳方案和对利益受损农户的补偿方案（如施工工程占用农户土地等），由于涉及每个村民的具体利益，这常常是最容易出现争议的事项，一定要认真听取群众意见、充分照顾各方利益、制订最为合理的方案。所有实施方案都应报村民会议或村民代表会议批准后执行。

（4）接受群众监督：项目管理小组必须及时公布项目实施最新情况和项目资金使用情况，并有义务回答村民或村民代表的质询，接受群众监督。

案例5：

（接案例4）在该村人畜饮水工程规划方案和工程实施方案审查通过后，县上成立了由扶贫办主任为组长，县水利局、县扶贫办外资中心、乡主要领导为成员的工程领导小组，负责组织协调并解决工程中的重大问题；同时落实了分工负责的责任制度：县扶贫办外资中心具体组织工程实施，乡、村积极参与配合；县水利局落实两名工程技术人员负责工程技术指导和管线安装；××村民委员会负责工程活动中劳动力组织和安全施工。

经村民代表会议讨论同意，由××村民委员会与县水利局工程安装公司签订了工程施工合同，按工程技术标准和工程设计要求严格施工，实行分段检查验收制度；并制定了材料的保管、领取和使用制度，保证了工程顺利实施和施工质量。对项目实施过程利益受到损失的农户，由管理小组和村民共同讨论合适的补偿办法；而对贫困的孤寡老人，则安排他们少投工或不投工。尊重平等的参与式工作方法赢得了村民的信任和积极的响应，为工程的完成做出了主要的贡献。

第八步　跟踪监督

跟踪监督的重要性不言而喻，一方面，村民和村民代表享有对从项目规划的制定到执行在内的全部过程的知情权和监督权，另一方面，严密认真的跟踪监督能够及时地发现决策失误和实施中出现的问题，为修正决策、避免错误、减少损失提供充分的信息依据。经验表明，村民对项目监督的参与不仅是保证监督到位的最佳选择，同时也是进一步赢得他们的信任和支持的最佳选择。

实际操作中可通过以下方式来跟踪监督扶贫项目的决策及其实施过程：

（1）成立项目监督小组：也有两种选择，一种选择是直接利用村里已有村务公开小组或民主理财小组来承担对扶贫项目决策与实施过程的监督；另一种选择，就是由村民会议或村民代表会议临时选举一个专门针对扶贫项目而设的项目监督小组。需要遵循的基本原则是，村级项目规划小组或管理小组与项目监督小组成员之间实行回避制度，不得有交叉任职现象。

（2）建立严格的管理监督制度：包括项目资金的管理和审批制度；施工材料和招标工程监督制度；工程质量与工程进度评估制度等。

（3）项目实施情况公示制度：利用村务公开栏、村务质询会等各种有效形式和制度，及时公开本村扶贫项目的进度、资金使用情况、投工投劳情况等；并随时接受村民、村民代表与县乡项目协调机构的查询。

案例6：

（接案例5）县扶贫办总共筹集了外援资金3万元用于工程建设。在资金的使用和管理上，实行参与式资金管理，这主要由三个基本制度组成，第一，由村民代表负责管理和审批所有工程资金，实行工程报账制，专款专用，专户管理；第二，村民代表监督材料的采购，工程队在购买材料时，由村民代表陪同比较价格、质量，实行全程监督；第三，制定工程资金公开制度，定期向村民公布所有资金使用情况。由村民代表负责项目资金的管理与审批制度和项目财务公开制度，保证项目资金得到了较为合理的使用，为赢得村民的信任、激发他们的积极参与奠定了基础。

（四）参与式的监测与评估

参与式监测与评估方法是因为认识到传统监测与评估的局限性而出现的（见表24）。传统的监测与评估主要服务于满足项目实施者和资助者的需求，忽视其他参与者的需求与利益，特别是本地人群的利益。这些活动通常是由外部“专家”执行，结果往往是有差距的，差距存在于项目专家的看法与项目结果、直接参与项目活动的群体之间。另外，监测和评估常常在项目结束时才做，很难有机会在项目实施早期和中期改善或修正出现的问题状况。

相反，参与式监测与评估强调各利益相关者对项目监测与评估全过程参与的重要性。在识别和分析变化过程时，不同利益相关者更广泛的参与能创造一个更清晰的图景，这个图景反映了实际上正在发生什么，而且可以反映妇女、男性、不同年龄、不同阶层、不同种族人群的意见。参与式监测和评估使人们有机会分享成功的经验，互相学习。同时，参与式监测与评估是非常有力的一种工具，参与式监测与评估让本地人负责，并帮助他们增强技巧，表达他们的看法，提供相互学习的机会。

表 24　　传统式监测和评估与参与式监测和评估比较

主要问题	传统式	参与式
为什么?	负责任	调整赋权过程
什么?	首先决定指标	本地人确定指标
谁?	外部评估者	利益相关者 社区成员
为谁?	资助者，研究者	利益相关者
什么时候?	完成时	经常性
怎么样?	外部评估 远距离方法 拖延的、篇幅长的报告	自我评估 简单工具 直接结果

参与式监测和评估不仅仅是监测和评估，更重要的是，它能增强所有参与者的责任感，并赋权给地方社区的过程。而且，参与式监测和评估还有助于产生更有前景的、更成功的项目和计划。参与式监测和评估是项目不可分割的一部分，与项目的整个周期融为一体（尽管没有必要在所有项目活动中都进行参与式监测与评估）。参与式监测和评估能够将反馈信息迅速反映到项目实践中，改善项目后续活动，即实现动态改进。

开展参与式监测和评估的具体步骤①：

第一步

听取主要利益相关者关于现状及需要改变什么的意见（别忘了听取女孩和男孩的不同意见）

第二步

帮助他们建立衡量变化的指标。如向他们这样提问：“如果可以有所改善的话，你们希望是什么样的结果?”帮助他们具体化他们的期望/目标。如“我希望社区里有阅览室”或“我希望放学后可以有玩乒乓球的地方”。

第三步

建立地方参与式监测和评估小组，对他们进行咨询技巧的能力建

① 引自 Ronnie Vernooy，Sun Qiu and Xu Jianchu 变化的声音：《中国参与式监测和评估》，YSTP/IDRC，2003 年。

设培训。选择代表不同类型的主要利益相关者，即使他们不识字也没有关系。切记要包括儿童，并且在小组中保证性别平衡。

第四步

大家商定时间间隔，本地小组开始监测项目的进展状况。在刚开始阶段可能需要一些外部支持/指导。

第五步

本地小组向次要利益相关者报告结果，报告可以是口头的，不一定要书面形式。

切记参与式监测和评估不仅仅是一个监测工具，而是一个为主要利益相关者树立信心、提高能力、增强归属感的过程。

在以上的五个步骤中，第二步制定监测指标是最难的一步。为了方便实践者，我们在此重点介绍参与式监测指标的制定方法：

什么是指标？

指标就是参与者可以监测并观察到变化的标准，分定量和定性的两种。定量的指标是可以测量和有绝对数值的；定性的指标是可以通过相对的术语观察和描述的。制定指标就是指出、显示或说明适当的或者必要的行动路线，或者这种行动路线的标志或表征，借此告诉人们项目和围绕项目发生了什么变化。好的指标应该能够被"客观证实"，对任何查证的人而言都是清晰的、可论证的。

具体说来，制定指标可达到以下目的：

- 用以测量或者判断项目活动是否达到预期目标；
- 指标为监测、报告和评估提供了基础，为项目或者计划的实施管理收集反馈信息，并为此后其他项目计划提供借鉴；
- 制定指标的过程有助于提高计划的透明度，参与项目的各利益相关者之间也可以借此达成共识、明确各自的责任和利益。

制定监测与评估指标的具体步骤

第一步：明确谁应该参与讨论制定社会发展的指标

谁参与制定指标，这对于项目的公开透明、参与项目工作的各利益相关者的主人翁意识以及所选指标的有效性，都是至关重要的。谁来参与取决于监测的对象和目的，让利益相关者代表共同决定什么信息最重要，这样能够看清不同利益代表持有不同的目标和对变化有不同的看法、对信息有不同的需求，以及不同的期待和价值观。

第二步：制定监测与评估指标

首先把项目分为投入、过程、产出、结果和影响五个部分作为监测的基本环节，然后根据项目活动计划，通过所有利益相关者代表参加的会议来共同讨论制定能客观反映项目进度与质量的指标。表25中以艾滋病防治领域为例，列出了制定指标的模块以供借鉴。

表25　**制定指标的模块**

监测环节	内容	指标建议
投入	包括用于项目的人力、设备、资金	资金数量、时间进度、走访次数、医疗诊所、发放宣传资料份数
过程	不仅要测量做了什么，而且一定要测量以什么方式做的。重视过程通常能够更好地抓住现实中的问题和需求，更好地实施计划，获得更高的可持续性。过程指标通常是定性的，并且会提出下列问题：方法是如何决定的、利益相关者是如何参与的、谁从中受益	利益相关者的参与水平、参与的形式、活动和服务的获得和覆盖面、会议频率、参与人数、培训考察次数、网络运行操作、说服嫖客使用安全套的技巧
产出	投入所产出的活动和服务	政府文件、培养人才数、利益相关者的看法、满意程度、手册、指南、技术、网络、技术人员数、服药人数、教师骨干数、同伴人数、培训技巧
结果	干预所导致的行为、技术、能力方面的变化	专业队伍综合协调能力、利益相关者的决策能力、态度变化、领导人的出现、行为变化、社区组织的发展、共识的产生/实现/达到、合作关系、熟悉流程/了解服药人员情况、治疗人员的信任、自愿咨询检测率、自信心、HIV阳性孕妇阻断率、依从性、团结合作的能力
影响	估计中期和长期的行为变化；说明对社会条件和制度是否产生可测量的影响；目标群体是否因此而真正改善了生活	服务品种、推广面、复吸率、艾滋病发病人数、示范作用、社会责任感

第七节　贫困与社会影响力分析

一　方法简介

贫困与社会影响力分析（Poverty and Social Impact Analysis），就是从利益分配的角度分析特定的干预活动对不同利益群体的福利所造成的影响，特别是对贫困和弱势人群的福利所造成的影响。贫困与社会影响力分析在发展中国家和地区的扶贫项目中应用较多，提倡基于事实依据制定政策的方法，并通过分析来促进不同政策或干预活动之间的辩论以改进现有的政策或干预活动。贫困与社会影响力分析不是一种独立的项目产品，而是一种系统的分析方法；最佳的时机是在干预活动设计时就开展，以对活动预期的影响和结果提前进行分析。

二　贫困与社会影响力分析的内容及相关概念

（一）贫困与社会影响力分析的具体内容

具体来说，贫困与社会影响力分析对干预活动以下五个方面进行分析：

- 谁的利益受到影响：要弄清一个政策或项目所涉及的利益是如何分配的，首先就必须搞清谁是利益相关者、谁的利益会受到影响以及会受到怎样的影响，这些问题明确之后，也就可以判断谁会支持或反对这个政策或项目。

- 通过什么渠道传递影响：在就业、价格、机会与资产、税收与转移支付五个渠道中，特定的政策或项目究竟是通过哪一个或哪几个渠道来影响利益相关群体的福利，只有准确掌握了相关的信息，才有可能设计出有针对性的干预措施。

- 政策或项目设计背后的假设：决策者或项目设计者必须明确地知道自己是基于什么假设来制定决策、这些假设是否成立；如果决策所依据的假设并不存在，政策或项目将不得不面对意外的风险和困难。

• 制度与机制如何影响执行与实施：不同的机构有不同的利益，甚至同一机构中的不同个人也都有不同的利益，这将影响他们对特定的政策或项目采取积极或消极的态度；“上有政策，下有对策”，他们会根据自身的利益，透过各种各样的、正式和非正式的游戏规则，来选择执行或是不执行具体的政策或项目；决策者或项目设计者不仅要了解各种机构及其游戏规则可能造成的影响，也要考虑如何有效地影响或改变不良的游戏规则，否则将很难实现自己的政策目标。

• 存在什么风险：通过分析，了解政策或项目存在什么风险，并有针对性地建立风险管理机制；缺少风险分析、风险管理意识及有效的风险管理机制，将使政策或项目无力应付意外的打击。

信息框 1

中国经济近二十年来的高速增长创造了大量的就业机会，外出务工已成为农村居民最主要的现金来源，对他们中很多人的脱贫致富起到了重要作用。但研究表明，贫困地区的最贫困农户却极少从中受益。主要是因为最贫困农户大多居住于边远山区，一方面普遍受教育程度低、信息不灵，另一方面，远离发达地区、交通不便，贫困农户没有足够的钱来支付外出寻找工作的本钱和必要的交通费用，结果是，外出劳务大多来自低收入地区而不是来自贫困地区的最贫困农户。——中国农村扶贫联合调查报告（中国农村扶贫、国务院扶贫办、世界银行、联合国开发计划署）

（二）与工具相关的三个关键概念

影响力传输的五个主要渠道（Five main transmission channels）

政策或项目可以通过五个主要渠道对不同利益相关群体造成影响：就业，价格，机会与路径，资产，税收与转移支付。需要强调的是，每一个政策或项目都可能经由一个以上的渠道影响人们的生活，如 2005 年国家对农村居民实行“两免一补”的政策，一方面，通过税收与转移支付这个渠道直接提高了农民的收入，另一方面，由于务农收益增加，外出务工人数也就相应减少，从而迫使用工企业不得不提高务工待遇（价格）。与此同时，一样的政策，不同社会群体受到的影响也很可能是不同的，比如，粮食价格上涨可以增加种粮农户的收益，但却会显著加重城市贫民的生活负担。

就业（Employment）

对大多数家庭来说，就业是其收入的主要来源。如果新的政策改变了就业市场的结构或对劳动力的需求——特别是改变了那些雇用穷人的劳动力市场，就会影响到低收入家庭的生活水平。这种影响可能会是直接的，比如，国有企业改革就可能会裁减大量的工人；也可能会是间接的，比如，宏观经济的快速增长会为穷人创造新的就业机会。

价格（Prices）

价格决定着家庭真正的收入状况，价格包括生产性价格、消费性价格或工资水平（劳动力价格）。对于农户来说，其真实的收入不仅取决于农产品的价格，还取决于种子、化肥、农药等生产资料的价格，在甘肃等严重干旱的地区，还取决于灌溉用水的价格；粮食、蔬菜、水果等食品的价格变化，对收入丰厚的人来说影响甚微，但对勉强维持生计的城市贫民来说却意义重大。从案例 1 中可以看出，教育价格的急速上升已经成为山东农民陈某最为沉重的负担。

特别值得一提的是，从世界范围来看，工业汲取农业、城市汲取农村资源的最常用、也最方便的方式就是价格“剪刀差”，即较高的工业品价格和较低的农业品价格。

案例 1：价格对一个农民生活的影响

山东农民陈某在外面打工，一年可以收入五六千元，妻子在家养了两头猪，一年下两窝猪崽，能挣 1000 元。种 3 亩地，一年收一千多斤小麦折 700 元，一千多斤玉米折 700 元，花生卖 400 元，毛收入 1800 元；除去化肥、地膜、农药、浇地等各种费用，净收入不到1000元。全家总收入七八千元，为供孩子上学年年欠债，到目前为止，教育欠款已达2.5万元。

陈某说这几年学费越来越贵，2000年，大儿子上高中一年3000元就够了，杂费一学期300元；2002年，二儿子上高中一年4000元；2005年，三儿子上高中一年四五千元，杂费一学期600元，伙食费也贵了。“现在两个孩子上学，一年需要1.5万元。挣得少，花得多，只能等孩子工作以后慢慢还账。没有钱真愁啊！”①

机会与路径（Access）

人们的福利会受到获取服务和商品的机会与渠道的影响。这主要表现在两个方面，其一，接近基础设施、服务网点或市场的机会与路径。比如，在云南边远山区里，一斤杂交稻种可以换八斤当地产的茶叶；而同样一斤茶叶，如果运到城里则可换十斤同样的杂交稻种。落后的交通运输使得当地山民难以将自己的产品送到市场上，这对他们福利的影响是极为显著的。再比如，我国的优质医疗资源高度集中于大城市中（参见信息框2），居住于远离大城市地区的人们，尤其是农村居民，为了治疗疑难病症就不得不支付医疗以外的其他费用（交通、食宿等）。其二，基础设施和公共服务的质量以及公共或私营服务提供者的服务态度。比如，中国目前滥开处方、不合理用药的现象十分普遍，一项对村卫生室的研究表明，符合合理用药原则的处方不到1%；在另一项调查中，对阑尾炎和肺炎的治疗中不必要的开支高达20%②。

特定政策或项目将会引起此类机会与渠道的变化，从而对人们的福利形成影响。在上面的第一个例子中，如果当地的道路和交通设施得到建筑与修缮，当地人就将能更容易地进入市场，他们的福利水平因此也就可以得到改善；第二个例子则要求政府有效地介入，通过加

① 《瞭望新闻周刊》，2005年12月。

② 曹滢：《经济参考报》，2005年12月。

强对医疗机构和医务人员的教育与监管来改善服务质量。

信息框 2　偏远地区看病难

目前，全国的医疗资源 80% 在城市，20% 在农村；医疗卫生领域的高新技术、先进设备和优秀人才基本集中在大城市大医院。老百姓得了病在当地得不到有效治疗或者不相信当地医疗机构，直奔大城市大医院，从而让这些医院陷入求诊患者的海洋中。据统计，北京部分三甲医院都有相当大的就医比例来自外地，也有相当大的比重是非危重疑难病例①。

资产（Assets）

资产可分为五种类型：物质资产（住房、基础设施等）；自然资产（土地、水、环境等）；人力资产（身体健康、受教育程度、知识技能等）；金融资产（存款、借贷、股票等）；社会资产（人际关系、亲戚朋友、个人信誉等）。政策或项目可能会直接对人们的资产及其收益产生影响，比如，"联产承包责任制"就深刻地决定着每个农户所能使用的土地及从事农业生产的热情；一些地区的地方政府试图通过大力开发房地产来带动本地经济的发展，结果引起住房价格急速上扬，对中低收入家庭的生活造成了巨大影响。

政策或项目也可能以间接的方式对五种资产产生影响，比如，通货膨胀政策会降低存款的实际价值；而农村实行村民委员会直接选举和村务公开，则开辟了村民参与本村公共事务的制度渠道，从而增加了他们的社会资产。不过，村民自治并不必然地只会带来正面的影响，也有可能会损害到一些村民的利益，比如，有些地方的村规民约就规定，从外村嫁来的妇女不能参与本村承包地的分配。

① 中国青年报：《卫生部长高强称六大原因导致看病贵看病难》，2006 年 2 月 19 日。

案例2：一个饮水工程带来的好处

在西部许多贫困山区，缺少干净方便的饮水设施（物质资产），不仅随时威胁着村民身体健康，同时还占用了大量的劳动时间，他们不得不每天花三到四个小时到很远的地方挑水，干旱季节情况会更加严重。一个成功的饮水工程为村民们带来了安全可靠的人畜用水，同时还可以把当地许多精壮的劳动力解放出来，从事其他能带来更多收益的生产活动①。

税收与转移支付（Transfers and Taxes）

个人和家庭的福利水平，最终取决于资金与物资流入与流出的状况。这包括两个层面的含义，一个层面是私人层面的，如收到或送出的钱财与礼物，最典型的莫过于在城里打工的农民往家里寄的钱。从案例1中可以清楚地看出，山东农民陈某在外打工的收入占到家庭总收入的70%以上，这种情况在中国农村已极为普遍。

另一个层面是公共层面的，主要包括补贴和税收。公共财政可以通过特定的税收与转移支付政策对人们的福利水平产生直接而巨大的影响。像最低生活保障之类的社会保障制度就是财政补贴的一种具体形式，可以有效地帮助陷入生活困境的穷人与弱势人群。税收政策的影响更是无所不在，其实质就是在国民中进行利益二次再分配，比如，国家从2006年起将个人所得税从800元提高到1600元，这显然对低收入人群更为有利。国家解决“三农”问题的努力也是从调整针对农村的财政政策开始的，从2004年实行“两免一补”到2005年年底正式取消农业税都体现了国家调整国民收入分配格局、向农村倾斜的政策导向，这一点在2006年中央一号文件中已经上升成为一个将长期执行的基本国策（参见信息框3）。

① 国务院扶贫办、世界银行、联合国开发计划署：《中国农村扶贫联合调查报告》，2004年。

信息框3　公共财政向农村倾斜

“调整国民收入分配格局，国家财政支出、预算内固定资产投资和信贷投放，要按照存量适度调整、增量重点倾斜的原则，不断增加对农业和农村的投入。扩大公共财政覆盖农村的范围，建立健全财政支农资金稳定增长机制。2006年，国家财政支农资金增量要高于上年，国债和预算内资金用于农村建设的比重要高于上年，其中直接用于改善农村生产生活条件的资金要高于上年，并逐步形成新农村建设稳定的资金来源。要把国家对基础设施建设投入的重点转向农村。提高耕地占用税税率，新增税收应主要用于‘三农’。抓紧制定将土地出让金一部分收入用于农业土地开发的管理和监督办法，依法严格收缴土地出让金和新增建设用地有偿使用费，土地出让金用于农业土地开发的部分和新增建设用地有偿使用费安排的土地开发整理项目，都要将小型农田水利设施建设作为重要内容，建设标准农田。”——中共中央国务院关于推进社会主义新农村建设的若干意见（中央1号文件）（2005年12月31日）

制度与机制（Institution）所发挥的作用

政策或项目是通过特定的制度与机制来传递影响的（参见图13），制度与机制包括市场、法律法规、其他各种正规的规章制度和非正式的利益机制与行为规范，换句话说，所谓制度与机制就是得到大家共同认可和遵守的游戏规则。

政策或项目必然是通过社会组织与机构来执行和实施的，相关的社会组织与机构的态度与行为对其实际实施效果的影响不言而喻。不同制度与机制决定着组织的动机与行为，也就决定了它们会对特定的政策或项目做出怎样的反应。举例来说，我国大部分扶贫资金属于信贷资金，由农业银行负责管理。但金融体制改革之后，中国农业银行已逐步转变成为以营利为目的的商业银行。一方面，贫困农户几乎没有什么东西可用于风险抵押，另一方面，农户数量多且

居住分散，交易成本很高；这样，由于风险成本很高而收益极低，农业银行并不愿意直接向贫困农户发放扶贫贷款。最终的结果就是，国家扶贫贷款的目标人群——贫困农户——反而很少得到这种珍贵的信贷资源[①]。

图 13 制度与机制对影响的影响

决策者常常会假设执行组织会遵守正式的游戏规则，事实上，高昂的执行成本、缺少有效的竞争或责任监督机制、措施落实不到位等等，都可能会导致社会组织和社会机制令人不满的表现：要么拒不落实，要么运行不畅、效率低下。在我国，有的地方政府“上有政策，下有对策”，采取对自身有利的政策就执行、不利的就不执行的对策，这就是各种不同的游戏规则综合作用的结果，其背后的实质就是利益分配问题。

有效的贫困与社会影响力分析，需要对相关组织的结构及其所赖以运行的制度与机制有一个清晰的认识。必须对正式与非正式的游戏规则同等对待、做认真细致的分析，特别要对重要的执行机构的行为及其背后的动力机制做深入的分析。在此基础上，决策者就可以判断现存的游戏规则对特定的政策或项目会发挥什么样的作用。如果这种作用是负面的，就应该设计相应的应对措施和管理机制。比如，2006年的中央一号文件，提出了建设社会主义新农村政策，如果要想贯彻落实这一政策，就必须改变长期以来主要根据经济增长指标来评价各级政府政绩的做法。

假设与风险

政策或项目的设计常常是基于某些假设而做出的，这些假设包括

① 国务院扶贫办、世界银行、联合国开发计划署：《中国农村扶贫联合调查报告》，2004 年。

政策环境、关键的执行机构以及相关利益群体的反应等；如果这些假设最终证明并非事实，政策或项目的实现就将面临风险。

比如，药品降价政策的目标是降低医疗费用，这一政策设计所依据的假设十分明确：药品开支是医疗费用的主要组成部分，药品价格下降，医疗费用自然会随之减少。但事实上，国家已经先后实行了17次药品降价，所涉品种多达万余，但是老百姓却没有感受到实际的效果。为什么？因为我国医院普遍存在的药品提成制度破坏了上述假设，进价越高，提成就越多，医院当然不会去进同样疗效而便宜的药[①]。

贫困与社会影响力分析的核心内容之一，就是要事先对政策或项目赖以成功的关键性假设有十分清晰的认识，在此基础上进行风险评估并有针对性地建立风险管理机制。

三 为什么要开展贫困与社会影响力分析

几乎所有的政策或项目都会导致一定程度的利益分配（收入性和非收入性）调整，但这种利益分配不可能天然的平等，不同的社会群体由于社会地位的差异而可能获得完全不同的利益分配；特别是社会弱势群体，由于对决策及其执行过程影响甚微，常常会被排除在利益分享之外或者现有的利益受到损害。

正义性原则是公共决策必须遵循的最高原则，也就是说，公共决策必须公正地分配公共利益和公共资源、保护弱者，以实现大多数社会成员的福祉为自己的终极目标。从这个意义上讲，要想实现社会公正的最高原则、达成公共决策的终极目标，决策者从一开始就应努力收集并分析与此相关的所有信息，对决策可能影响哪些相关利益群体、影响程度如何等问题有客观而深刻的判断与把握，通过制定和实施合理的决策，在不同的社会群体中实现平等而公正的利益分配。

- 为公平合理的决策创造条件：贫困与社会影响力分析可以使

① 中国青年报：《卫生部长高强称六大原因导致看病贵看病难》，2006年2月19日。

政策制定者或项目设计者全面、深入地了解特定政策或项目对不同群体的利益——特别是对贫困和弱势人群的利益——所造成的影响，从而为做出更为公平合理的决策创造条件。

- 有利于政策的成功和长期持续：贫困与社会影响力分析将尽可能地收集各个社会群体的意见与看法、认真考虑和照顾他们的利益与需求，及时地将之纳入政策或项目的设计与执行之中。这样会极大地促进社会成员的广泛参与、赢得他们的积极支持，有利于政策或项目的有效执行和长期持续。

- 有助于保护弱势人群的利益：保护弱者是政府义不容辞的基本责任，由于弱势人群本身影响决策过程的力量有限，如果政府不在制定和执行政策时予以必要的照顾和保护，他们的利益就将会受到进一步的剥夺。贫困与社会影响力分析可以帮助决策者更为充分地考虑到决策对他们的可能影响，从而采取相应的措施来保护他们的利益。

- 风险分析及建立风险管理机制：事先分析政策或项目可能存在的风险与困难，有针对性地设计降低风险的措施并建立风险管理机制。

- 经验积累与能力建设：对一个政策或项目，从事前决策、事中执行到事后评估都能进行贫困与社会影响力分析，能为今后举行的同类政策或项目积累极其宝贵的经验。这一方面有助于加深对同类政策或项目的认识，为新政策或项目的设计奠定基础，另一方面，决策者从事贫困与社会影响力分析的能力也将随之增进，从而也有利于在其他的政策或项目中开展同样的分析与研究。

四　贫困与社会影响力分析在实践领域的应用

（一）什么时候开展贫困与社会影响力分析

贫困与社会影响力分析应贯穿整个政策或项目设计、执行直到结束的全部过程，可在事前、事中和事后进行。在政策制定或项目策划过程中所做的事前分析，有助于提高政策或项目的设计质量；对政策或项目执行过程所做的事中分析，则可同步监测其实施后所产生的实际效果，根据需要及时调整或改善原来的设计与安排；而对政策或项目执行后所做的分析，则可评估其实际所造成的影响，为将来政策或项目的设计积累经验、提供借鉴。

（二）谁应该参加贫困与社会影响力分析

由于贫困与社会影响力分析包括十大要素（参见表26），跨越了项目从设计到实施，到监测与评估的所有过程。因此，参与的群体非常之广，包括与具体每一个要素/环节实施相关的各个群体。后文在对每一个要素和步骤的分析中均会提及参与群体，这里就不再赘述。

（三）如何开展贫困与社会影响力分析

下表1中的十个要素为贫困与社会影响力分析提供了基本的思路和操作步骤。在开展贫困与社会影响力分析时，十个要素都一一做到当然最好，这样肯定能显著提高分析结果的可靠性，不过，这通常需要更高的成本和更多的时间。

在没有条件的情况下，扶贫工作者可以自行判断并决定使用哪些要素进行分析，只要从利益分配的角度来观察和分析特定的政策或项目，总能从中得到帮助。另外，表26中所列的次序是一个相对理想的分析次序，但不是必须绝对遵守的次序。在具体操作中，分析人员可根据实际情况来安排自己工作的步骤。

表26　**贫困与社会影响力分析的十个要素**

要素1：选择分析对象
要素2：确定利益相关者
要素3：了解传输渠道
要素4：机制与机构评估
要素5：收集资料与信息
要素6：分析影响
要素7：调整政策或项目设计
要素8：评估风险
要素9：监测与评估影响
要素10：向公众征求意见并公开讨论政策

要素 1：选择分析对象

贫困与社会影响力分析的第一步，就是要确定对什么政策或项目进行分析。由于资源、人力和时间的限制，不可能对每个干预活动都做贫困与社会影响力分析，这就需要根据具体情况、对分析对象进行选择，一般主要从以下四个方面来考虑：

决策影响的方向与规模：也就是说，决策会影响到哪些人的利益？影响的规模有多大；一般说来，对普通人群、特别是弱势人群有影响的、影响涉及的人口较多的决策，就应当进行贫困与社会影响力分析。当然，在不同层次上这些情况是不一样的，必须依据具体国家和地区来判断，比如，案例 3 中的县政府决定上马一个有严重污染的化工厂项目，这对省级层次来说不重要，但对那个县就意义重大，而对生活在拟选厂址周围的村民来说则可能性命攸关。

政府的重视程度：政府越重视表明决策越重要，投入的公共资源也会越多，影响的规模越大，理应对其贫困与社会影响力进行评估。比如，我国中央政府从 2004 年以来一直将解决“三农”问题列为政府工作的“重中之重”，国家已经并将继续为之投入巨大的行政与财政资源，影响遍及全国农村，因此，对国家与地方重要的涉农政策和项目就应该开展贫困与社会影响力分析，以更准确地掌握相关决策对农村居民福利可能产生的影响。

政策或项目的时机与紧迫性：除了看政府的重视程度外，还应该评估正在拟定的决策所要解决的社会问题或社会需求的紧迫性。比如，农村发展的严重滞后和在城市化过程中对农民土地的剥夺已经引发了严重的社会冲突，由此可知对相关涉农政策进行评估的必要性。

政策或项目所引发的争论：参与争论的社会成员范围越广，争论的激烈程度越高，说明背后的利益冲突越尖锐，开展贫困与社会影响力分析的必要性和紧迫性则越强。例如，近年来我国社会围绕教育产业化、医疗市场化和房地产政策改革展开的争论最为激烈，这是涉及每一个人基本利益的事情。开展有效的贫困与社会影响力分析、掌握对人们利益影响的准确信息，对制定正确决策的意义不言而喻。

实践者提示：所有扶贫政策或项目都应该开展贫困与社会影响力分析：由于扶贫工作的根本目标就是帮助穷人摆脱贫困、实现发展，本质上就是要以有利于他们的方式进行利益分配。因此，从事扶贫理论研究和实际工作的人们，应该对此问题培养敏锐的意识，认真地研究和分析每一个扶贫政策或项目是如何进行利益分配的，将会怎样地影响穷人的福利，并将之作为自己工作的核心组成部分。

案例3：村庄边上的化工厂

某国家级贫困县凭借本地丰富、廉价的水电资源和优惠的引资政策吸引了某化工厂，建成投产后预计每年可为该县增加近三分之一的财政收入。另外，项目的工程施工、工厂开工和产品、原材料运输还能为当地人创造数以百计的就业机会，但该化工厂生产有严重的废渣、废气和废水污染。

厂址拟选在县城郊东南的溪坪村旁，村里的小学校距拟选厂址不到500米，有的村民甚至就住在拟选的厂址边上；在拟选厂址的下风下水还有一个后龙村。两个村共有2000多名村民，大多以周围的田地林木务农为生。

要素2：确定利益相关者①

利益相关者分析既包括那些可能会受到决策或项目影响的群体，也包括那些可能对政策执行施加影响的群体。利益相关者分析首先应识别和确定的第一类群体，是那些政策正面影响的受益人及负面影响的受害者——这对贫困与社会影响力分析来说至关重要；应识别和确定的第二类群体，则是那些可能支持或反对政策的组织性群体，如工会、行业协会、各种非政府组织等。

① 关于利益相关者分析，请参照本手册第三章第一节。

利益相关者分析不应仅仅关注不同群体的被动利益分配问题，同时也应注意分析各个群体自身的能力情况，尤其是占有什么样的资源、是否有组织动员能力。诸如农民、没参加工会的工人、个体工商业者、消费者，由于其组织化程度低、较为松散，就不太可能充分地表达他们对特定政策支持或反对的立场，影响能力自然就小。而有些群体尽管人数不多，但由于占有大量的资源、具备有效的组织能力，常常能对政策施加强劲的影响。

下面将以案例 3 作为例子来分析说明。需要提醒的是，这里只是为了方便参与者理解而做的简单分析，并非严谨研究的结果。

某县化工厂项目的利益相关者分析

● 受到正面影响的利益相关者：县政府；化工厂；本地居民；工厂所在地村民；

● 受到负面影响的利益相关者：工厂所在地村民；

● 有能力影响决策的利益相关者：县政府；化工厂；

● 利益相关者的重要特征：村民组织化程度低且严重缺乏各种资源（特别是制度资源）；县政府与企业人数虽少，但组织化程度高并掌握大量的资源，相互联合可能性大；信息不对称，县政府和化工厂掌握所有的相关信息，而村民获取信息的机会和能力严重不足，比如，可能事先根本就不知道该化工厂会造成严重污染；

● 在项目中有什么样的利益：县政府（财政收入、官员政绩）；化工厂（得到丰富而廉价的水电资源，有利可图）；本地居民（经商、就业机会增加、公共资源财政增加、政府公共服务能力加强）；工厂所在地村民（土地转让；就业、出售农产品的机会增加；化工厂污染影响生存环境、影响农田与林地的产出）；

● 对项目有什么影响力：由于县政府本身就是决策者，并掌握当地几乎所有政治社会资源，其影响力是决定性的；而化工厂方面因可以显著增加当地财政收入，并拥有其他诸如资金之类重要资源，也具有很强的影响力；同时由于双方都是高度组织化并具有共同利益，县政府与化工厂结成同盟、共同行动的可能性极大。比较起来，组织松散又不知情的村民对决策过程几乎不会有什么影响力。

要素3：了解传输渠道

在确定了利益相关者后，就需要尽早搞清政策或项目与其实际效果之间的关系，也就是必须推测和分析新的政策或项目将会通过什么渠道来传输其影响。前面提到过，新的政策或项目主要通过五个渠道（就业、价格、机会与路径、资产、税收与转移支付）来对不同相关利益群体的福利水平产生影响，不过，在不同的情况下，这些传输渠道所发挥的作用不尽相同，要具体情况具体分析。

下面仍然以案例3作为例子来分析说明：

表27　　**化工厂项目影响传输渠道分析**

利益相关者	传输渠道
县政府	金融资产（财政收入）；社会资产（官员政绩）
化工厂	金融资产（降低成本、增加利润）
本地居民	就业、机会与路径（得到更多更好的公共服务）
工厂所在地村民	价格（工厂征用土地）；就业、机会与路径（可以更方便、更多地出售农产品）、自然资产（水土空气植被动物受到污染）与人力资产（污染引发健康问题）

要素4：制度与机制（Institutions）评估

制度与机制评估是贫困与社会影响力分析最为重要的内容之一，理由有四：

• 特定政策的影响是通过制度与机制向社会成员传输，比如，调整存贷款利息之类的货币政策主要就是通过市场机制来传输其政策影响；

• 对机制与机构的改革也会引发巨大的利益分配，比如，加入世贸组织是我国外贸体制最重大的变化之一，已经并继续深刻地影响着每一个人的生活；以东北大豆为例，1996年国家开放大豆市场，国际市场质优价廉的大豆大量涌入，迫使当初风光一时的东北大豆价格一路下跌，东北大豆的经销商和种植农户损失惨重①；

① 人民日报·华南新闻：《东北大豆遭遇危机》，2002年4月5日第二版。

- 新的政策需要依靠特定的组织机构来贯彻执行，它们的动机、能力及表现是决定政策能否有效实施的关键所在；
- 执行成本问题将会影响新政策的实际效果。举例来说，操作成本太高是我国农民难以得到有效的金融服务的重要原因之一。由于普遍居住分散、贷款额度小且缺少风险抵押，对农户（尤其是贫困农户）借贷通常都是成本风险极高而收益极低，商业金融机构当然不会愿意向他们提供借贷服务。

其中，市场结构分析和执行机构分析是机制与机构评估的两个关键内容。市场结构分析需要弄清以下主要问题：（1）市场是垄断、还是自由竞争的？是买方市场、还是卖方市场？（2）存在不存在进入市场的障碍？执行机构分析需要考虑以下主要问题：（1）政府或执行机构所承担的职责；（2）执行机构的利益与动机；（3）政府各部门或各执行机构之间的合作；（4）各执行机构内部和它们之间的决策、信息及资源流程——它们之间的互动机制及所遵循的游戏规则。对此，案例4是很好的说明。

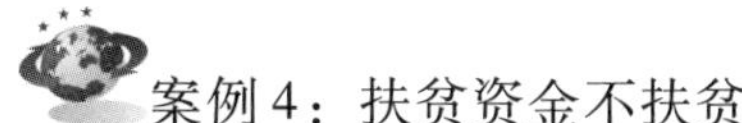

案例4：扶贫资金不扶贫

20世纪90年代，我国财政扶贫资金基本上是以贫困县为基本单位进行分配；财政扶贫资金是通过国家财政部最后下达到贫困县，并由县财政局负责管理执行。但这种扶贫资金的县级瞄准制度，实际操作的效果并不理想。

从决策与运行机制上看，主管扶贫开发工作的扶贫系统在各级政府中属弱势机构，难以协调和控制财政系统；实际决策权大多掌握在当地党委政府手里；从动力机制上看，贫困县政府却有着不同的动机和目标。首先，很多贫困县政府面临着严重的财政困难，常常需要挪用扶贫资金来补发拖欠的工资。其次，财政收入极低的贫困县政府，存在着挪用扶贫资金进行投资，以迅速增加财政收入的强烈愿望。比较起来，将扶贫资金用于扶贫尽管执行了中央的政策，但当地政府却无法从中直接获益；最终演变的结果是，大量的财政扶贫资金被挪用于弥补当地政府的财政开支缺口，或被投到有利可图的工业企业上去[①]。

要素5：收集资料与信息

贫困与社会影响力分析需要大量的信息，建议遵循下述五个步骤来开展信息的收集工作：

第一步 列出需要哪些信息：针对前面已经确定的问题、利益相关者、利益传输渠道以及执行机构等，列出所需收集的信息。

第二步 检索、挖掘并分析已有信息：检索、收集第二手资料，查明是否已有关键性的信息；在此基础上，特别注意查清是否存在相关的分析与讨论。

第三步 收集信息：应尽可能利用各种研究方法，从不同的信息来源收集信息，这些信息既包括可计量的经济指标，也包括不可计量的人们的价值观和态度。总之，收集信息的方法越丰富越好，信息来源越多越好，充分优质的信息是成功分析的理想前提。

第四步 处理信息缺失：信息的收集和占有常常不会让人满意，建议分析者可通过以下方法来处理缺少信息的局面：①根据所掌握的信息来选择和调整分析工具；②设法收集更多的信息；③在信息严重缺失而不足以做出准确判断的情况下，应考虑推迟开展新的政策或项目。

第五步 建立本地数据库、培养本地人收集和处理信息的能力：贫困与社会影响力分析是一个从策划、执行到监测、评估的动态过程，随着对各方面问题认识的不断深入，必然要对决策和实施方案进行修改和调整。这就必须制订一个全程收集、积累相关信息的方案，为更为全面而深入的分析（事中、事后）奠定基础。这是成功开展贫困与社会影响力分析不可或缺的组成部分。

要素6：分析影响

贫困与社会影响力分析，就是要分析指出新的政策或项目会影响

---

① 李小云、张雪梅、唐丽霞：《我国中央财政扶贫资金的瞄准分析》，《中国农业大学学报（社会科学版）》2005 年第3期。

到什么群体以及影响多大程度。包括两个基本方面的分析，描述主要影响和阐明新的政策或项目赖以成功的假设。

影响的程度主要从收入或非收入影响、长期或短期影响以及直接或间接影响三个方面来看；同时还必须分析三个关键问题：政策或项目将如何影响贫困人群或弱势人群的福利；执行机构的执行能力与执行意愿，利益相关者会对政策做出什么样的反应。

作为一个例子，下面仍将对案例 3 中的化工厂项目进行模拟分析：

表 28　　**化工厂项目对各利益相关者的影响**

受影响的利益相关者	受到什么影响
县政府	可大幅增加财政收入（增幅达三分之一），而且是一个长期而稳定财政收入来源；还可作为主事官员的政绩，间接地从中得到其他好处（表彰或升迁）
化工厂	化工厂可得丰富廉价的水电资源，降低成本、增加利润
本地居民	从该项目所创造的经商、就业机会中直接获益；另外，本地公共资源财政增加、政府公共服务能力加强，本地居民还可从因此而改善的公共服务中间接地得到好处→
工厂所在地村民	可从土地转让以及在化工厂就业和向工厂职工出售农产品中直接获益；但可能由于化工厂污染破坏生态环境，间接地影响村民的身体健康（人力资产）、减少或污染农田与林地的产出（自然资产）

对化工厂项目三个关键问题的分析：

将如何影响弱势人群的福利：

（1）以公道的市场价格征用村民土地：当地政府和化工厂如果以公道的市场价征用土地，村民将会从中获益，或者至少不会因此而受到损失。

（2）环境污染对村民生计的影响：如果该化工厂会引发严重污染，就会破坏村民赖以生存的环境。为澄清这一问题，有必要对可能的环境影响做出评估。

（3）公共财政资源得到公正有效的利用：如果当地政府将因此而增加的公共财政资源有效地投入公共服务，当地居民可能因此而可能得到更多、更好的公共服务，同时政府也会有更多的资源用于帮助当地弱势人群。

执行机构的能力与动力机制：

当地政府和化工厂作为该项目的决策与执行机构，拥有足够的能力（财力和行政力）来执行该项目。由于他们都能从中得到巨大的利益，其推动开展该项目的动机极为强烈。但在实施过程中，他们是否会公正地处理其他群体的利益是一个关键问题，具体说来有以下几个方面：

（1）当地政府是否会以公道的市场价格征用村民土地：当地政府不仅处于绝对强势地位（高度组织化并拥有几乎全部制度资源），而且有足够的利益驱动，可以从土地征用中获得暴利（压低征用价以获取市场差价）；与之相比，村民松散而缺乏组织性，没有对等谈判能力。在这种情况下，如何保证当地政府在征用土地过程中，不利用自己的强势地位侵害村民的利益是一个关键问题。

（2）对环境污染的评估：该化工厂是否会引发严重污染？这种污染将在多大程度上影响村民的生活？治污成本有多大，该化工厂愿意支付吗？当地环保部门理应对此做出评估并监督厂方认真治理污染。但可能存在的问题是，当地环保部门完全隶属于当地政府并且是该项目的间接受益者（工资与行政开支），他们是否有足够的能力和意愿来执行自己的职责，保护污染的主要受害者村民的利益也是一个关键问题。

（3）公共财政资源的分配：该项目将使当地财政获得巨额增长，但因此会对当地公共服务特别是对弱势人群造成什么样的影响也需要评估。当地人特别是弱势人群对公共财政资源的分配并没有任何影响力，政府财政分配和运行机制也并不透明，缺少有效的制度以保障这些增长的资源被用于改善公共服务并向弱势人群倾斜。这是另外一个关键的问题。

（4）政绩评价标准与机制：我国政府政绩评价机制基本是自上而下式，由上级政府评价下级政府，而评价标准近二十年来主要就看经济增长。这就出现了一个问题，当地政府很可能更看重该项目对本地经济的贡献，而忽略了对环境的破坏及对弱势人群的负面影响。

要素7：调整政策或项目设计

贫困与社会影响力分析意图通过影响新政策的设计，以达到最大限度地增加社会成员（尤其是穷人）福利的目的；而对于利益受损者，则努力促使新的政策设计以尽可能地减少对他们的负面影响。总体说来，如果前期分析表明新的政策或项目会对穷人或其他群体的生活造成负面影响，就应该考虑以下的解决办法：

对政策或项目重新进行设计

（1）尽可能地增强正面效果和减小负面影响：以案例3中的化工厂项目来说，可能出现的主要负面影响就是土地征用和环境污染而损害工厂附近村民的利益，一方面，当地政府应与村民进行平等谈判、以合理价格征用他们的土地；另一方面，要认真评估可能造成的污染、治污技术与成本，设计有效的环境保护方案。

（2）在解决核心问题的同时设计配套措施：该项目拟解决的核心问题是促进当地的经济发展、大幅增加财政收入，但同时也要设计一些配套措施，让当地的普通群众（特别是弱势人群）参与分享由此带来的利益，比如，相应增加对公共服务的投入、安排贫困人群在化工厂中优先就业等。

（3）调整政策或项目施行次序与步骤：比如，在环境评估和治污方案没有落实之前，暂缓建厂等。

设计相应的补偿机制：

如果新的政策或项目无法回避负面影响，就应该考虑推动建立补偿机制。案例3化工厂项目中，如果经评估发现环境污染可以减轻、但对附近村民生计的负面影响无法完全消除时，就必须设计相应的补偿机制，比如，对村民实行移民安置，将他们搬迁到安全的地区等。如果土地征用使村民难以继续以务农为生，则应考虑对他们进行经济补偿、优先安排他们在化工厂就业或为他们创造其他谋生方式等。

推迟或悬置新的政策或项目：

如果贫困与社会影响力分析表明，新的政策对穷人或其他群体所造成的损失无法弥补（新政策的长短期收益均不会超过目标人群的长短期损失），就应该考虑推迟、悬置甚至放弃该政策。在案例3中，如果最终发现没有成熟的治污技术或者治污成本过于高昂，使得该项目负面影响大于从中得到的利益，就应考虑推迟或悬置。

要素8：评估风险

风险分析可以帮助决策者预测并规避不希望出现的局面，这种分析既包括新政策或项目可能遇到的风险，也包括其本身所带来的风险。

四个主要类型的风险：

- 机构与机制方面的风险：如果关于机构或机制会做出某种反应的假设不正确，就会出现风险，如市场并未做出预期反应或者关键性的机构没有按预期的方式采取行动等。
- 政治经济风险：强大的利益集团阻挠政策的执行或者攫取政策所带来的大部分利益或者改变了政策原定的方向等。
- 外在风险：自然灾害、经济危机等。
- 其他风险：政治动荡、社会冲突等。

案例3中的化工厂项目对弱势人群（工厂附近村民）的影响是很明显的，而且当地政府也有足够的能力来加以处理。但巨大的利益驱动和压倒性的强势地位使得该项目的决策与实施毫无悬念，当地政府和化工厂得到了所有的利益，而村民却承担了全部环境代价（参见案例5）。从这个案例可以清楚看到，最大的风险是：没有足够的动力或压力来驱使或迫使当地政府关注弱势人群的利益。

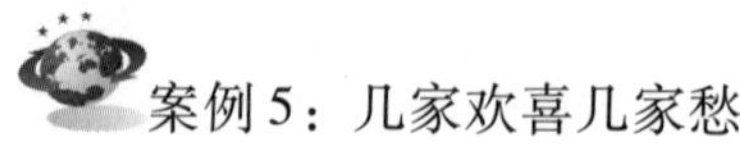

案例5：几家欢喜几家愁

（接案例3）该化工厂建成投产后，已累计投资4.1亿元，最高年利润达到过1800万元；县财政每年从该厂获利税达500万元，占县财政年收入的三分之一；而这一切也自然成为引进投资的领导的政绩。

但化工厂附近的村民却有全然不同的感受，他们多次向包括国家环保总局在内的各级政府有关部门和媒体投诉，反映了该化工厂建厂以来，对当地环境造成了严重污染：该厂生产中排放的有毒气、水、渣等，造成溪坪村周围山林、毛竹、水稻、菜苗大面积枯死；位于工厂下游的后龙村家禽、溪鱼大部分死亡，水稻枯死，农田绝收；绝大多数村民整天有头晕、腹痛、呕吐、胸闷、头发脱落等许多症状，许多学生经常头晕、腹痛、呕吐，不能正常上学。

2003 年 8 月国家环保总局公布了近期全国十大环境污染案件，该化工厂名列其中；并指出，有些地方政府为了本地经济发展和财政收入，对污染企业实行地方保护主义，纵容其环境违法行为。

要素 9：监测与评估影响

成功的贫困与社会影响力分析不是一次性工作，而是伴随整个政策或项目的设计、决策、实施与评估的全部过程。由于种种原因，分析者不可能在事前就掌握所有的相关信息，分析也不可能一步到位；另外，政策或项目本身情况及所处的环境都在不停地发生变化，这就必须始终保持对政策或项目实施过程不间断地跟踪监测，以收集分析最新信息、深化或调整对分析对象的认识。总结起来，监测与评估具有以下作用：

（1）及时的监测与评估可以验证先前所做的分析；

（2）同步掌握政策实施情况，如果发现事先没有掌握的信息或没有考虑到的情况，则可及时做出相应的调整；

（3）建立参与的机制，让所有利益相关者特别是主要利益相关者有机会参与对政策或项目实施的监测与评估过程之中，这样的参与式监测能够为政策或项目赢得更多的支持；

（4）监测能有效提升利益相关者的社会责任。

要素 10：向公众征求意见并公开讨论决策

公共决策并不只是一个单纯寻求正确方案的技术过程，同时也是一个如何进行利益分配的政治博弈过程。从这个意义上说，公共决策就绝不是由少数官员和专家关起门来就可以完成的事，所有利益相关者都应当有机会发表自己的看法。无数的研究表明，得到广泛支持的决策成功的可能性最高；而在相关利益群体与公众中，针对新的决策展开讨论是达成共识、赢得支持的有效方式。

第四章　社会发展项目及项目管理

第一节　什么是社会发展项目

一　发展项目特征概要

第二次世界大战结束后，西方发达国家经过近15年的战后自身恢复发展阶段后，于20世纪60年代开始启动对发展中国家的发展援助和技术援助（Development and technical cooperation）。发展项目具有如下的特征（刘永攻，2000）：

- 在特定的目标之下；
- 特定的执行时间；
- 有限的经费框架；
- 特定的区域范围和目标群体；
- 和特定的实施策略下；
- 进行的一系列发展进程的干预和扶持活动。

发展及技术合作从根本上讲是对发展的目标区域和目标群体的自然发展过程进行一系列技术、政策体制和发展观念的合理的、正向的干预过程。

援助的范围包括受援国制度和体制的合理干预，区域产业发展，人力资源开发和机构能力建设等多个领域。作为援助项目本身，受其资金和人力投入的限制，不能大范围地直接支持目标群体的发展行动，需要通过与受援国的相关机构、组织或团体的合作来实现支持，干预和加速目标群体发展进程，为目标群体实现可持续的、长远的发展目标奠定政策，方法，人力资源和机构体制框架（刘永攻，2000）。

二 发展项目的类型（按机构合作模式划分）

按发展项目的机构合作模式，可以分为：双边、多边、非政府组织三种合作模式。

多边合作项目（Multi-lateral Co-operation Project）：是指由多边机构所援助的发展项目，如联合国（UN）下属的众多发展机警援助的项目，包括联合国开发计划署（UNDP），联合国粮农组织（FAO），联合国粮食计划署（WFP），联合国儿童（UNICEF）等机构在中国开展的众多无偿援助发展项目；由世界银行（WB），亚洲开发银行（ADB），国际农发基金（IFAD）等机构在中国开展的一些软货款和硬货款发展合作项目。

双边合作项目（Bi-lateral Co-operation Project）：这主要是指一些国外政府或国外政府所属的发展机构所援助的发展项目。按国家分可分为中德合作发展项目、中加合作发展项目、中澳合作发展项目以及中荷合作发展项目等。再如在中德合作发展项目中，还包括中德技术合作项目，即由德国技术合作公司（GTZ）所援助开展的众多无偿项目，还包括中德财政合作项目，即主要由德国复兴开发银行（KFW）所援助开展的众多无偿或货款财政合作项目。

非政府组织项目（NGO Project）：这是指由国际上的一些非政府组织所援助的发展合作项目。如香港乐施会（Oxfam Hongkong），英国发展援助行动（Action Aid），法国发起发展协会（Initivital Development），温乐克（Winrock International）等众多国际非政府组织在中国很多领域里开展发展合作项目。

非政府组织

是市民社会中的组织，它们既不是政府官方也不是私营部门的机构，可以称为“第三部门”。非政府组织不以营利为目的（有别于私营部门），同时也不为政府所控制。这是非政府组织的两个重要标准（DFID，1998 年 11 月，第 25 页）。这里，还包括一些发展基金会，其基金可能来自个人、家族、普通民众。如福特基金会，世界自然基金会（World Wild Foundation），国际鹤类基金会。一般来说基金会通常只发放基金，自身并不开展项目；非政府组织不仅自身开展项目，还要筹集资金。

非政府组织的特点

非政府组织倾向于探索性项目，倾向于项目功效的新颖性与适用性；政策研究和实际行动结合；有创造性，有特色，并且能推广。非政府发展组织更趋向基层模式，自下而上模式，社区发展模式。非政府组织一般不愿意资助基础建筑、汽车、电脑设备等硬件，他们更愿意资助新技术、新方法和解决问题的新途径，能力建设（培训），专家咨询等软件。

摘自《中国发展简报》，2001 年

三　发展项目的机构合作模式

如前所述，有限的资金和人力投入不可能使项目大范围地支持为数众多的目标群体，必须通过加强受援国相关机构的服务职能来实现对目标群体的支持。在这一思路下，发展合作项目就形成了三方的合作模式，即：

发展援助组织（国际发展援助组织，政府双边或多边援助组织等）：为所在国的相关合作机构提供必要的技术、策略咨询，人员培训和部分硬件条件的支持，使之具备有效的管理和服务职能，从而加速目标群体的发展进程。

受援国的部门或机构（国家、省及基层社区以上的服务机构，也称项目的承担单位 – Project Carrier，项目的执行机构 – Executing Agency 或中介机构 – Mediator）：为承担和执行项目的机构，是援助机构在所在国的项目实施伙伴机构，项目提供服务的直接接受者，也是对目标群体提供服务的执行者。

发展项目的目标群体（承担项目执行机构的工作人员、贫困农户、妇女，需要帮助的特殊群体、灾民等）。

三方的机构和群体在实现社区和目标群体发展中的关系和作用可用下图表示：

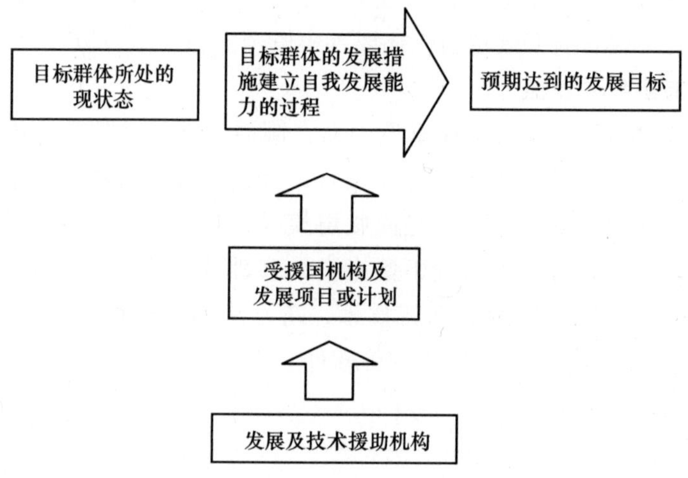

图1　发展及技术合作项目中的机构框架

四　发展项目的一般政策导向

目标群体导向：项目内容上针对目标群体（贫困人口、妇女、特殊群体等）的发展需求，或项目承担机构人员和组织管理能力的缺陷；

消除贫困，针对弱势群体导向：发展项目的近期目标是提高贫困、弱势群体的福祉；

人力资源发展导向：人力资源，社会资本建设和开发，社区自我发展机制的建立。

社会资本

至少可以做三方面的理解。首先，社会资本主要是由公民的信任、互惠和合作有关的一系列态度和价值观构成的，其关键是使人们倾向于合作、信任、理解、同情这样一些人生观和世界观；其次，社会资本的主要特征体现在那些将朋友、家庭、社区、工作以及公私生活联系起来的人格网络；最后，社会资本是社会结构和社会关系的一种特性，它有助于推动社会行动。

庞森、甘庭宇：《中国农村反贫困词汇释义》，云南社区发展研究中心，2003 年

可持续发展导向：项目的远期目标与受援国的经济发展及产业发展政策的吻合，实现区域产业和目标群体的社会、经济和资源生态的可持续发展；区域，跨区域的环境，资源和生态系统的保护与可持续管理是环境领域国际合作项目政策焦点。

CIDA（加拿大国际开发署）的政策导向

CIDA（加拿大国际开发署）的政策是将环境考虑纳入其决策和行动中，并与合作伙伴和发展中国家共同工作提高其促进环境可持续发展的能力。

CIDA 的环境可持续发展政策要做两件事：

1. 内部：对 CIDA 的管理人员和员工提供指导，即项目的目标要支持环境可持续发展。

2. 外部：对 CIDA 的合作者发展中国家长远说明目标，并鼓励他们与 CIDA 合作，努力采取措施促进环境长远的可持续发展。

CIDA 员工

CIDA 项目

合作伙伴

五 发展项目的一般设计原则

发展行动措施与环境资源保护的协调原则：项目建设内容设计和技术选择上注重发展行动和措施与环境保护和资源的可持续利用目标相吻合。

投入产出的高效原则：选择和发展措施和具体行动必须有较高的产出效率，必须有较高的经济可行性。

参与原则：在国际合作发展项目的过程中，参与是非常重要的要素，项目过程的每一步都体现了很强的参与性，这种具有很强参与性的国际合作发展项目过程又称为参与式发展的项目过程。这种参与式发展项目过程中不论针对农业项目、林业项目还是其他的项目，都是基本相同的。项目体现了目标群体的参与，即目标群体是发展项目的最终受益者和项目成果的拥有者。因此，必须建立自下而上的项目管理和实施中的监测评价；其次，项目体现了多部门多层次参与，即实施过程中，目标群体、基层项目执行机构、项目主管机构和部门与发展援助组织良好的信息沟通。

技术措施，干预手段的多学科原则：以上政策导向和原则是贯穿项目的整个实施周期的，对可行性研究，基线调查，目标群体分析，参与式项目规划，确定项目的目标，指标体系，项目活动的实施和项目的监测评价都具有重要的指导意义。

项目的可持续发展设计原则：项目的收益人在项目基金全部使用完后，仍然继续从中收益。

香港乐施会中国策略计划（部分）

CSCO——香港乐施会中国策略计划

PPI——项目、政策和机制化。

CSCO1：贫困社区能够更公平地获得、利用和控制更多的生产资料和政府提供的服务，包括土地、森林、水源、生产技术、信贷、市场信息等，提高贫困社区农业生产系统的可持续能力。

PPI 1——在农村社区培养起参与性和社会性别敏感的社会意识和建立起赋权维权的社会组织机制。

PPI 2——推动扶贫政策制定者对贫困概念的拓展和对制度反贫的重视，并落实在政府的扶贫政策与实践中。

PPI 3——政府为贫困农民提供她/他们可承受的农业适用技术公共服务。

PPI 4——推动政府运用社会影响评估方法进行资源开发项目决策，并建立起相应的社会责任机制。

PPI 5——中央政府制定并执行补贴贫困农户和取消贫困地区农业税的政策措施，以保障他们的生计。

CSCO 2：贫困人群有能力在市场中获益，出售他们的产品并得到合理回报。

PPI 6——政府创造条件，包括鼓励建立及支持农民合作组织，以提高他们抵御市场风险的能力。

PPI 7——政府于国际与区域贸易谈判中，采取符合贫困人士及发展中国家利益的立场。

CSCO 3：确保自然环境改善与保护为发展的一个重要手段和前提，并且贯穿于提高生活水平的方法中。

PPI 8——环保政策的制定和实施应考虑相关贫困社区的利益；贫困社区在自然资源共管过程中，能通过环境的改善而获益，并有机会获得资源补偿及发展机会。

CSCO 4：与社会地位处于弱势的劳工，特别是大城市中的打工者与女工，其生活与权利得到保障与提高。

PPI 9——社会及劳工（特别是外来工）得知劳工权利，并能透过集体力量改善其状况。

PPI 10——与劳工相关的法律法规被重新审视，以支持劳工权利的角度修改并落实。

PPI 11——影响劳工权益的贸易措施及法律被以关注以及维护劳工权益的角度来考虑修改。

CSCO 5：人人享有基本服务将纳入国家、省和县政府切实扶贫的基本要点中；人们将更能享有可负担的和足够的基本医疗服务和卫生。

PPI 12——政府推行村民能享受到、可负担得起的基本医疗服务。

PPI 13——以高危人群为主要目标推行干预项目以改善他们的状况。

PPI 14——艾滋病状况，艾滋病患者，感染者及其家属的公民权利得到更多关注及改善，并减轻扩散情况。

CSCO 6：人人享有基本服务将纳入国家、省和县政府切实扶贫的基本要点中；人们将更能享有优质的初等教育，尤其是女童与少数民族。

PPI 15——中央政府投入足够资源，令贫困孩子能得到基础教育，体现教育公平。

PPI 16——教育内容/教学方法要重视配合当地文化、有参与理念、社会性别角度及社会公义。

CSCO 7：降低中国项目地区内社区面对潜在危险的脆弱性，以减少人们生命、健康及生产生活可能受到的影响。

PPI 17——在灾害多发地区促进各利益群体把以社区为主体的防灾、减灾及应变策略与发展工作结合。

CSCO 8：通过赈灾和重建工作减轻香港乐施会关注地区灾民所受痛苦。

PPI 18——通过响应灾后最弱势群体的迫切需求，促进对他/她们的公平对待和尊重。

CSCO 9：负责管理贫困人群的公共治安机构将受到更多、更强大的为贫困边缘人群争取权益的各 NGO 组织的影响。

PPI 19——发展领域 NGO 和自助团体内部建立起参与性的运作机制，整体力量得到壮大，弱势群体的声音得以放大。

PPI 20——创造使 NGO 和自助团体健康成长的外部环境。

CSCO 10：阻止或逆转妇女经济、社会政治地位的降低，使得男女享有平等的权利。

PPI 21——社会性别意识，社会性别分析和社会性别规划得到普及。

CSCO 11：曝光和减少因社会性别歧视导致暴力和剥削的陋习。

PPI 22——对因不平等社会性别意识导致的对妇女的暴力和女婴生存权受到侵害的事件得到曝光和干预。

PPI 23——改变因社会性别不平等以致妇女不能获取合法生产数据。

引自香港乐施会贵州项目办公室内部资料，2003 年

总结：好的项目和不好的项目

好的项目应该考虑：

- ✓ 适合机构的项目实施；
- ✓ 需求驱动解决的办法；
- ✓ 项目过程中分析能力的提高；
- ✓ 目标—分析的关键；
- ✓ 强调可以证实的影响；
- ✓ 强调项目的质量；
- ✓ 关注项目的可持续性；

不好的项目没有考虑：

- ✓ 项目与受益者不相关；
- ✓ 没有考虑足够的风险；
- ✓ 影响项目可持续发展的因素被忽略了；
- ✓ 过去的经验教训没有用到新项目的设计与实施中；
- ✓ 缺乏项目实际经验。

摘自贵州师范大学自然保护与社区发展研究中心内部培训教材

第二节　项目管理周期和周期管理

一　项目周期及划分

项目周期的概念：每个项目从项目意向的提出到完成规定时间内的所有项目活动要经历不同的阶段，整个项目期限内所经历的不同的阶段就构成一个项目的生命周期。

项目周期的划分：项目周期由不同的阶段组成：如准备、规划、实施等阶段。不同的国际发展组织，项目的管理周期划分也不尽相同。以下是一些常见发展机构的项目周期划分：

欧盟项目管理手册划分的项目周期六阶段的具体内容：

项目准备阶段

✓ 环境分析，了解项目实施地的情况；

✓ 分析项目所要解决的问题，项目受到的限制以及机会（SWOT）；

✓ 社会、经济、文化的具体指标；

✓ 项目实施地以及资助机构优先考虑的问题。

项目的识别阶段

✓ 项目实施的想法，对项目想进行的行动/研究进行甄别；

✓ 与项目的利益相关者进行讨论，分析他们面临的问题，甄别出需要解决的问题；

✓ 通过问题分析，确定项目的主题。

项目构架及撰写阶段

✓ 相关的项目思路被发展为可操作的项目计划；

✓ 利益相关者对项目主题进行讨论，评估其可行性和可持续性；

✓ 确定是否发展为一个具体的项目计划。

项目的资助阶段

✓ 提交项目后，资助机构将评估项目建议书；

✓ 签署正式的项目合同。

项目的实施阶段

✓ 项目被具体地执行与实施；

✓ 在实施过程中需要与项目的利益相关者进行讨论、商量；

✓ 对项目进行监测以及阶段的评估，以确定项目是否在正确的轨道上；

✓ 如果需要项目的活动可能被调整。

项目的评价阶段

✓ 项目的实施者与项目的资助机构对项目进行评估；

✓ 检查项目是否完成，总结项目的经验教训，为下一步的项目提供依据；

✓ 一般来说项目在结束后进行评估，但项目的中期评估也很普遍。

摘自：《项目周期管理欧盟》2002 年 3 月

德国技术援助公司的项目周期划分：

项目初始确立阶段：受援国的主管部门或机构提出技术援助的初步框架，经经贸部主管司纳入双边或多边技术合作谈判。

形成项目的框架方案阶段：援助机构向申请国派遣技术考察，可行性考察团进行项目的可行性研究，就项目的目标和主体内容提出建设，根据项目可行性研究提出的框架，援助国的项目执行机构（GTZ）向其联邦经济合作部提交项目实施框架建议书。联邦经济合作部经驻华使馆会经贸部就实施项目进行政府换文。至此项目的准备工作始告完成。最后根据可行性研究报告建议的框架和政府换文的有关条款，项目援助方执行机构和受援方执行机构对项目的实施进行规划和计划，为项目合作双方提供一套详细的计划文件，作为项目实施的依据和实施中监测的基础。

项目的实施：项目实施阶段的主要管理工作包括：信息的沟通，定期协调，年度协调，年度计划的制订，计划的活动和措施的组织实施，项目实施情况的监测，计划内容的调整，进展情况的报告。在项目实施的后期组织项目的实施进展评估。

世界银行提出的项目管理周期分为六个阶段：

✓ 项目选定阶段；
✓ 项目准备阶段；
✓ 项目评估阶段；
✓ 项目谈判阶段；
✓ 项目执行监测阶段；
✓ 项目总结评价阶段。

二　项目的周期管理

项目的周期管理是一种系统的、整体的、遵循项目演进过程的项目动态管理模式。项目的周期管理的主导思想是保证项目的受益群体和项目受援国的执行机构参与项目周期中每一个环节的管理过程。因此，项目的整个周期管理是一个动态、滚动、连续的，其过程包含：

组织动员

- 计划、规划和再计划；
- 实施过程监测控制；
- 实施效果评价、评估；
- 项目内容的调整决策；
- 不同层次的参与机构与目标群体的信息沟通的过程。

这一动态管理过程可用下图表示：

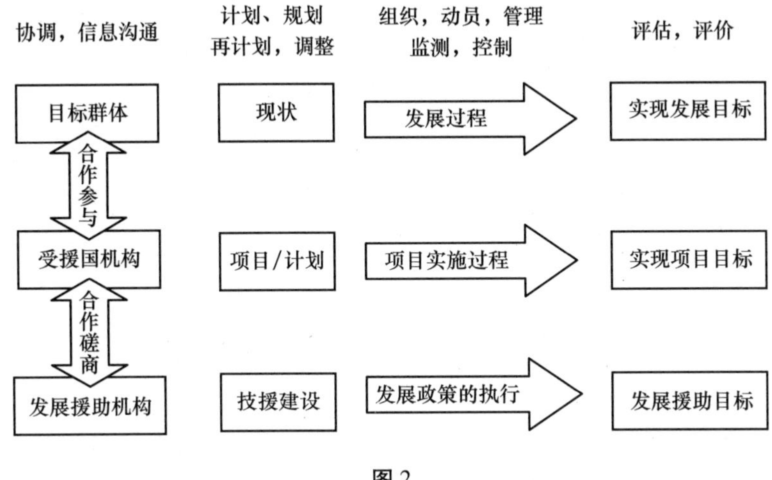

图 2

三　项目周期管理的原则

- 每一个阶段紧紧相扣；
- 以你服务的目标群体为方向；
- 在项目设计中结合可持续发展的因素；
- 应用逻辑框架的成果；
- 综合考虑整个项目。

项目周期管理的总结：

1. 项目周期中的6个阶段是循序渐进的，每一阶段完成后再进行下一阶段。每一阶段都需要信息来做出决定。项目周期也表明项目的经验教训应该用于新项目的设计。

2. 把项目因素的识别与项目报告的形成分割开来是十分重要的。只有在识别阶段项目的思想被系统地整理后，才能形成报告。

3. 项目的管理周期是被项目资助机构与项目管理机构用来提高项目设计的质量、项目实施的管理以及项目行动的效率。项目周期的管理能够使项目的每一个关键阶段都能够被系统地检查。

4. 项目的周期管理把项目管理的原则，分析工具和分析技术综合在一起，使项目在设计与实施中能够体现利益相关者的真正需求、项目的可行性以及项目的可持续性。

项目的周期管理中项目设计与管理的主要工具是逻辑框架的应用：为了使应用更加有效，其他的工具如技术上、经济上的、社会以及环境也被用于支持逻辑框架的应用。

四　项目的周期管理具备三个基本特征

- 项目管理必须成功达到一个特定的目标；
- 这个目标的实现要受到工期、预算及其他条件的限制；
- 为了得到既定目标并同时满足限制条件，必须考虑采取科学而有效的方法进行管理。

从项目管理的这些特征及上述逻辑框架的基本模式的研究可以看出，项目管理的一切活动都以目标管理为核心，以项目目标的实现程度作为评价项目管理成功的重要尺度；项目管理的基本特征与逻辑框架的结构功能完全对应。因此，逻辑框架分析方法应该作为项目目标管理的核心方法，在项目管理中应居于重要地位。

第三节　发展项目规划

一　发展项目规划的重要性

计划不当是国际发展援助项目中屡见不鲜的关键问题，项目计划文件普遍具体而明确地编写了物质投入、资金投入、人力投入、项目活动和预期的物质结果等内容，但往往缺乏全面评估项目总体目标、目标组和因素的内容，这样的全面评估往往决定了项目的成败。

计划不周往往表现为缺乏完备的监督系统。在项目实施过程中，人们往往过多地强调了物质结果，忽视了政策问题和项目的效应。结果，项目在发展过程中，方向没有把握好，难以满足预期收益单位的需求。项目是会出现预见不到的负面结果，但是项目的规划较有系统，负面结果完全可以避免。

捐助机构一再敦促改善规划和项目筹备工作，希望在项目执行过程中加强监测、分析和评价。充分的证据表明，以少量的投资改善规划，得到的回报往往是项目执行得较好，而且直接节约了经费。这样的收益往往极为可观（挪威国际开发合作署，1996）。

二　发展项目规划的概念

规划一词始见于中世纪欧洲的建筑和空间设计行业，其基本含义是根据特定的要求、模式或规范（如建筑风格、空间布局要求）事先对建筑或要调整的空间进行框架方案设计，形成施工参考图表和技术实施方案的过程。根据德国技术合作公司定义，规划是目标群体、执行项目的机构和发展援助组织根据受援国和发展援助组织的发展政策，共同就目标群体的现状（项目的初始状态的界定现状分析）；合作的目标，达到的成果（目标分析）；达到目标成果所要采取的战略（如何改变现状）；衡量项目成功的指标及实现项目目标及成果中存在的风险因素，实施项目的行动计划达成谅解和共识，进行群体决策的过程。因此项目规划的过程也是多方磋商、谈判和沟通的过程。

三　发展项目规划的主要工具——逻辑框架分析法

逻辑框架分析法简介

作为发展项目规划的主要工具——逻辑框架分析法（Logical Framework Approach，LFA）首先是在美国国际开发署（USAID）1970年开发并使用的一种设计、计划和评价的工具。此后，许多较大型援助组织，也有双边的援助组织都根据各自的需要对该方法做了修改，加拿大不仅把这种方法应用于国际发展援助项目，而且也应用于国内公共投资项目。目前大多数的国际组织已把逻辑框架分析法作为援助项目的计划管理和评价的主要方法。

逻辑框架分析法是一种改进项目质量的工具——是以目标为导向的项目与管理的分析工具。逻辑框架分析法是一种概念化论述项目的方法，即用一张简单的框图来清晰地分析一个复杂项目的内涵和关系，使之更易理解。它强调项目目标的实现与影响项目目标的各种要素之间的逻辑关系及其相互影响。强调项目相关部门和群体参与。采用这种方法可以建立起项目各主要要素之间的关系，同时明确预计的投入规划的项目活动与预期成果之间的逻辑关系。

逻辑框架分析法的核心概念是事物的因果逻辑关系，即“如果”提供了某种条件，“那么”就会产生某种结果；这些条件包括事物内部的因素和事物所需要的外部因素。逻辑框架分析方法不仅是一个分析程序，更重要的是一种系统的分析问题的思维框架模式，通过明确的总体思维，把与项目运作相关的重要关系集中加以分析，以确定“谁”在为“谁”干“什么”“什么时间”“为什么”以及“怎么干”，用以确定工作的范围和任务，设计、策划和目的、总体目标等方面来评价一项活动或工作，并通过对项目目标和达到目标所需的手段进行逻辑关系的分析。

由于项目管理的一切活动都以目标管理为核心，以项目目标的实现程度作为评价项目管理成功的重要尺度；项目管理的基本特征与逻辑框架的结构功能完全对应。因此，逻辑框架分析方法应该作为项目目标管理的核心方法，在项目管理中应居于重要地位。

逻辑框架可广泛运用于项目计划、目标规划、项目可行性研究及评估论证、项目管理信息系统的建立、项目监测与评价、项目后评价及影响评价，以及项目风险分析、可持续性分析及社会评价等活动中，即整个项目周期管理的各个阶段。

使用 LFA 可以实现以下具体目的：

- ✓ 明确项目的目的和理由；
- ✓ 明确所需信息；
- ✓ 明确项目要素；
- ✓ 尽早明确项目的背景环境；
- ✓ 促进项目参与各方的联系；
- ✓ 确定衡量项目成败的方法。

摘自《逻辑框架分析法》，挪威国际发展署内部资料，1996 年另外，也必须认识到，逻辑框架也是一个动态、灵活的管理工具，需要根据工作进展进行定期（如年度）修订。操作中要注意，必须充分考虑和尊重项目执行机构的规划方法和规划程序；根据参与者的文化知识水平、文化特征、机构层次与归属、社会层次等灵活采用不同的方法。

逻辑框架矩阵的基本模式

在项目管理中每一阶段都由一系列步骤组成，各个步骤结果即逻辑框架分析的结果将最终综合形成一个逻辑框架表（矩阵），对项目关键部分进行总结。由于该表能够充分体现表内所包含的各项内容之间的逻辑关系，而且这种逻辑关系构成了一个4×4矩阵式框架结构，因此又被称为逻辑框架矩阵表：

表1　**逻辑框表**

目标层次	客观验证指标	客观验证方法	重要假设及外部条件（风险因子）
宏观目标	指标	评价及监测手段和方法	实现目标的主要条件
项目目的	目的指标	评价及监测手段和方法	实现目的的主要条件
产出（成果）	产出物及定量指标	评价及监测手段和方法	实现产出的主要条件
投入（活动）	投入方式及定量指标	投入成本等	落实投入的主要条件

项目目标占逻辑框架表格的第一列，该列展示如何将项目投入转化成项目活动和项目产出，以及这些活动和产出又如何反过来服务于项目目标和长远发展目标。这一列也被认为是对项目的总结。

逻辑框架表格的第二列描述的是验证项目各目标层次实现与否的指标。

第三列是验证手段（方法）。表格的第四列展示的是影响项目目标实现的一些外部因子（风险因子），不同层次具有不同的外部因子。于是，逻辑框架表格在横向和纵向都展示了一定的逻辑关系。

逻辑框架矩阵中的层次和逻辑关系：

1. 层次

逻辑框架分析方法将项目目标分成四个层次，即：

• 宏观目标（goal）：体现为宏观计划、规划、政策方针等对项目提出的目标要求，往往是一个国家、地区、部门或投资组织的整体目标。这个层次的目标确定和指标选择一般由国家或行业部门提供。宏观层次的目标要求项目必须与国家发展目标、国家产业政策和行业规划等的要求相联系。宏观目标往往需要多个项目的贡献才能实现。

• 项目目的（Objectives or Purposes）：是希望项目达到的直接效果，一般应考虑项目为受益目标群体带来的效果，主要是社会和经济方面的成果和作用。这个层次的目标由项目实施机构和独立的评价机构来确定。项目目的是达到宏观目标的分目标之一，往往一个项目仅有一个项目目的。项目管理的使命是要努力保证项目目的的实现。项目目的要解释为什么要开展这个项目；

• 项目产出（outputs）：这里的"产出"是指项目"干了些什么"，即项目的建设内容或直接产出物。一般要提供可计量的直接结果，要直截了当地指出项目所完成的实际工程（如港口、铁路、输变电设施、气井、城市服务设施等），或改善机构制度，政策制定等。各项成果是为实现项目目的必须达到的具体目标。它们从其效果来看应是合适的、必要的、足够的。

• 投入和活动（Inputs and activities）：该层次是指项目的实施过程及内容，包括人、财、物等的投入。所计划的投入活动要详细到可以运作的程度。为了达到产出成果必须进行相应的投入，各项产出成果是达到项目目的所必需的必要条件，与重要假设及外部条件结合构成项目目的的先决条件。

2. 垂直逻辑关系

以上四个层次的要素自下而上构成了三个相互连接的逻辑关系：

• 第一级是如果保证一定的资源投入，并加以很好地管理，就可以产生一定的产出；

• 第二级是通过项目的产出成果，实现了项目目的；

• 第三级是项目目的对整个地区乃至整个国家更高层次目标的

贡献关联性。

这种逻辑关系在 LFA 中称为“垂直逻辑”，可用来阐述各层次的目标内容及其上下层次间的因果关系。

在了解了逻辑框架法的各个步骤以后，人们很快就会发现逻辑框架是：

- 如果有投入，就可以开展活动；
- 如果有活动，就会有相应的产出产生；
- 如果有相应的产出，相应的目的就能够实现；
- 从长远观点来说，这将有利于长远发展目标的实现。

前两条假设是项目管理可以掌握的，因此具有较高的肯定程度。然而当项目进展到较高层次，处于管理以外的外部因子的影响增强的时候，计划目的和目标实现的可能性就会确定性则越来越低降低。要实现计划目的和长远目标，就必须满足这些外部条件（或“假定”/“风险”），即：

- 一旦项目的投入活动开展，在一定的重要假设条件下，便应取得相应的产出成果；
- 一旦这些产出实现，同水平的重要假设条件得到保证，便可实现项目的目的；
- 一旦项目的目的实现，同水平的重要假设条件得到保证，项目的目的便可以为项目的宏观目标做出应有的贡献。

3. 水平逻辑关系

LFA 的垂直逻辑分清了评价项目的层次关系。每个层次的目标水平方向的逻辑关系则由验证指标、验证方法和重要的假定条件所构成，从而形成了 LFA 的 4×4 的逻辑框架。水平逻辑的三项内容主要包括：

客观验证指标：各层次目标应尽可能地有客观的可度量的验证指标。包括数量、质量、时间及人员。验证指标应具备下列条件：

- 清晰的量化指标，以测定项目的成功程度；
- 必须针对项目主要目的，突出重点指标；
- 验证指标与对应目标的关系明确合理；

- 验证指标与层次目标一一对应，是唯一的、单独的；
- 验证指标必须是完整的、充分的、定义准确的；
- 验证必须是客观的，不是人为可以变动的；
- 对于难以找到直接的验证指标的目标，可以采用间接指标；
- 验证指标应具有明确的定义、定量和定性的数据，以及规定的时间，以提高其准确度。

验证方法：某项指标被作为检验某个目标层次的标准，它来源于哪本书、哪个统计报表或文件，必须提出明确的验证方法。这里所指的统计报表或文件应该具有权威性。主要资料来源（监测和监督）和验证方法可按照数据收集的类型、信息的来源渠道和收集方法进行划分。

- 数据收集应符合能够对相应层次的指标进行验证的要求，每个层次的指标都有不同的数据收集要求，因此数据收集必须有针对性，简明扼要。
- 资料信息来源验证方法需要说明资料信息来源的可靠性，找出省钱省时的途径。一般的信息来自项目单位、当地群众和官方文件三个方面。
- 数据收集方法在数据类型和来源明确之后，要确定是否符合信息管理的数据质量要求，再编制表格。如果采用抽样调查的方法，应对取样规模、内容、统计标准等进行充分考虑和安排。简单的抽样调查或案例分析是不够的，验证指标一般都有一些比较常用的数据收集和处理方法和技巧，可根据要求和条件加以选择。

重要的假定条件：重要的假定条件主要是指可能对项目的进展或成果产生影响，而项目管理又无法控制的外部条件，即风险。影响项目实施的外部条件，凡是具备该外部条件对项目的成功影响很大，项目本身无法对之进行控制；有可能发生条件，便可列为重要假设条件，列入逻辑框架矩阵表内，提醒项目管理者注意监视此类条件的变化。如有可能，应施加一定的影响，使其尽可能向有利于项目实施的方向转化。

重要假设条件的存在，是由多种原因造成的。首先是项目所在地的特定自然环境及其变化。如农业项目，管理者无法控制的一个主要外部因素是气候，变化无常的天气可能使庄稼颗粒无收，计划彻底失败。这类风险还包括地震、干旱、洪水、台风、病虫害等自然灾害。其次，政府在政策、计划、发展战略等方面的失误或变化给项目带来了严重的影响。例如，一些发展中国家的产品价格极不合理，农产品价格很低，那么即使项目的设计和实施完成得再好，仍然逃脱不了经济上的失败。另外，管理体制也是项目无法控制的因素。僵化的管理体制往往造成项目投入产出与其目的目标的分离。例如，一些国家的农田灌溉设施由水资源部门管理，一个具体的农业项目（包括良种、化肥、农药、农机设施、农技服务、水利灌溉等多项内容）可能因为水资源部门不合理的水量分配而大大降低效益。

在考虑人员、资金和时间等限制因素外，还应考虑：

- 法律法规对项目的活动和结果有无限制，是否会因此而增加影响和风险；
- 政策因素，分析项目与政策的适应性；
- 环境，分析项目对环境的影响，以及随之要承担的责任和义务；
- 财务限制，包括融资渠道和规模的限制；
- 影响组织机构的各种因素，如人力资源供应、行政干预、人员流动等。

对这些因素进行及时预测和防范，对成功实现项目目标具有重要的促进作用。

总结

从上述逻辑框架的基本模式的研究可以看出，应用逻辑框架分析法进行计划和评价时的一项主要任务是对项目最初确定的目标必须做出清晰的定义。因此，在做逻辑框架时对项目的以下内容应清楚地描述：

√ 清晰并可度量的目标；

√ 不同层次的目标和最终目标之间的联系；

√ 确定项目成功与否的测量指标；
√ 项目的主要内容；
√ 计划和设计时的主要假设条件；
√ 检查项目进度的办法；
√ 项目实施中要求的资源投入。

逻辑框架分析法在项目规划中的具体操作过程

基本思路是通过采取参与式研讨会方式，从项目区、潜在的目标群体所面临的发展现状和问题入手，找到制约发展的根本原因，从而为确定发展项目的目标奠定决策基础。项目目标确定后，将围绕目标进行具体策略和行动的分解和规划，最后将项目目标、行动等组装成一个4×4矩阵表－逻辑框架（或称项目计划一览表），作为项目实施的计划性指导文献。具体操作过程可划分为情况分析阶段和计划阶段：

表2

情况分析阶段	计划阶段
1. 利益相关者分析	5. 逻辑框架：投入、外部因子、验证指标和验证手段
2. 问题分析（问题树）	6. 活动日程
3. 目标分析：长远目标、管理目标、产出和活动（目标树）	7. 投入与成本进度
4. 对策分析：质量因子（策略，SWOT，B-C分析）	

情况分析：

1. 利益相关者分析：

大量项目评估报告和研究报告表明，援助机构和合作国两方的发展项目规划人员对受到项目影响的人缺乏了解是导致项目出现问题的普遍原因。另外，确定项目目标的同时，应考虑目标能否被项目的参与人员所认同和接受。一个好的项目目标可以导致实施计划的顺利进行，同时也可以使项目组织管理人员统一思想，达成共识，这是成功所必需的条件。因此，利益相关者分析的目的是通过对所有与项目有关的个人、团组和机构（包括所有可能受到项目影响的团组）分析他们的兴趣和期望。发展项目要求是目标不仅要反映项目实施单位的自身需求，还要反映社会和利益相关团组的需求。为了理解问题的实质，必须调查所有参与单位的观点。同时，参与者分析的方法如下：

● 列出所有受到项目影响的团体、个人和机构。

● 将可能受到影响的个人或机构进行分类，分清哪些是参与者、哪些是非参与者，并对参与者在今后项目实施过程中的态度（是潜在的支持力量还是反对力量）进行分析；

● 特性描述和分析

（1）描述机构或个人的特性：社会性（成员、社会背景、宗教、风俗习惯），参与者的人员构成、权力结构关系，对项目的态度等；

（2）兴趣、动机、观点：需要、愿望、兴趣（公开的、隐蔽的），动机（希望、期望、忧虑），（对实施机构和部门的）态度；

（3）潜力：参与者的长处（资源、权力、垄断性等）、短处和欠缺；参与者是否会为项目做出贡献。

● 明确优先考虑的问题

哪些团组最需要得到外部帮助？

哪些相关团组应得到支持，以确保项目的积极发展？

支持某些相关团组会引发什么样的冲突，可以采取何种措施避免冲突？

在参与者分析中必须弄清谁是真正的受益者，分析项目完成后受益者的状况会有什么改变？他们是否得到了实惠，收入是否得到提高，健康状况是否得到改善，生活费用是否下降。同时还要分清谁是项目的受损者，受损程度，如何补偿受损者。参与式分析应鼓励尽可能多的人采取正式或非正式的方式参与项目目标的规划工作中，可以通过发放调查问卷和进行面对面的访问等方式进行。问卷和访问均可以采取开放或封闭的形式提出问题，尽量广泛收集信息，并对信息进行分类处理。

2. 问题分析：

为了正确编制出项目的逻辑框架，必须了解问题与对策之间的内在联系。对这种联系的理解将有助于建立起项目的投入、实施、产出、近期作用和长远影响之间的逻辑关系。一般采用问题树的方法进行分析，这种方法也称为因果关系图，它用一种简明的图示来明确地表示各因素间的关系。

问题分析的步骤包括：记录所有的问题、选择核心问题、在核心问题下列出问题的直接原因、直接效果、在直接原因下和直接效果上列出间接原因和间接效果。这样就构成了以核心问题为中心的“树”和“树枝”。一般应采用“思维旋风”（brainstorming）技术对目标问题进行分析，以确定问题的原因和后果。

问题分析的目的是通过对现有情况的分析，查明重要问题，确定中心问题，用图表（问题结构表）显示因果关系。问题树分析可以从问题出发进行分析，也可以从项目的宏观目标出发进行分析，确定为了保证目标的实现，项目需要做出的贡献。这时，制图者需要从下而上弄清问题的基本原因，在图上不断补充，提出项目的产出结果，分析其向上产生的作用，逐级推断，找出与宏观目标的联系，找出宏观目标，以便全方位地观察问题，研究对策。

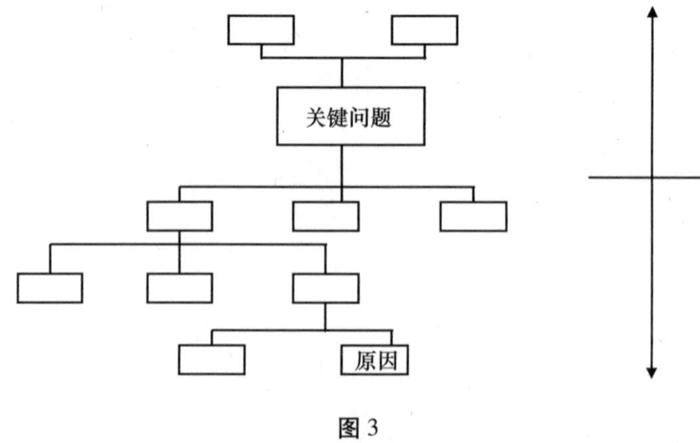

图 3

3. 目标分析：

目标分析的目的是为了描述问题解决以后将要达到的状态（目标），建立目标树。在目标分析过程中，问题树被转化成目标树（将来解决问题的方案），然后进行分析。有些问题可能与项目目的没有直接的关系，但项目的目标一旦实现，问题就可以解决，关键取决于其他外部条件，需要从战略上采取措施。当然这些措施不可能由项目自身来实现，而需要对项目的工作进行密切的监测，作为项目的重要外部条件进行评价和限定。

在目标分析中，一般应把目标进行层次分解，确定分目标和项目各个阶段应该实现的产出目标；针对目标进行项目的多方案对比分析，选择可以反映产出形态的分析方法；分析项目的经济、风险和可持续性、成本—效益、环境和社会以及受益者等效益和效果。通过目标分析，理清项目的逻辑链，包括行业和项目目的、预期产出、采用措施和所需投入，从而建立起项目的逻辑框架目标树。

培植目标树：在目标分析过程中，问题树被转化成目标树（将来解决问题的方案），然后进行分析。自上而下分析问题，把树上所有表述问题的文字改写成目标树（正面陈述）。关键问题同样在措辞上转化成目标，并不再赋以着重符号。措辞的苦难可以通过明确关于问题的原有陈述方式得以解决。如果根据问题改写的措辞没有意义，改变措施形成另一个目标，或原有的问题保持不变。检查某一层次的目标可以达到。例如：问题："因为 A，结果 B"；目标："通过措施 X，结果获得 Y"。注意：每一个因果关系并不会自动地变成措施——结果关系。其中需要措辞调整。自下而上地分析目标，确保因果关系已转化成措施结果关系。最后，在目标树上用线条把措施结果关系联结起来。

4. 对策分析：

对策分析是指对目标树分支的选择，用于从多个项目目的中选择一种具有可操作性的目标，也称替代分析、策略分析。对策分析的目的是要选出几个可能作为项目的方案，找出问题的各种解决途径，以便对项目方案进行决策。策略方案的选择过程，既是对项目所进行的战略决断过程，也是对项目规模、投入等进行的定向分析过程。

对策分析一般采取下列方法：

- 指出切合实际的目标。
- 找出实现目标的各种可能的解决途径（备择方案）。
- 综合考虑发展政策上的优先顺序、地区内的具体条件（包括技术、物资、人力）、投入和产出对比、时间上的持久性及其他机构的竞争与合作等因素，对不同方案进行比较。
- 确定最佳项目方案。在考察鉴定和可行性研究的基础上对不同计划方案进行最终决定，选择最佳方案。在逻辑框架的分析过程中，一般通过“问题树”分析得到“对策树”，每一项对策都针对一个问题，然后将对策树直接转化为项目的逻辑框架。

专题讨论会与会者在评估最佳方案的可行性时也必须对其他的评估标准达成一致意见：

- 技术评估标准：适用性，当地技术力量的应用，适合市场需要程度等；
- 金融评估标准：成本、财力的可持续性，外汇需求等；
- 经济评估标准：经济效益（经济回报率），经济投入的代价效益比等；
- 机构评估标准：机构能力、技术支持等；
- 社会/分配评估标准：代理人—效益比率、性别问题、社会文化制约因素、当地的参与和动机；
- 环境评估标准：环境影响，环境代价选择项目战略。

对各方案的可行性逐一评估，选择一个方案作为项目战略，若难以形成一致意见，则增加评估标准，或者对照目标树，对最有前途的方案进行增删。进行对策分析时，要注意以下几点：

- 问题优先顺序；
- 现有总预算额度；
- 相关性；
- 成功的把握；
- 时间安排。

对策分析工具——态势分析法（SWOT）

SWOT分析法是常用的方法之一。所谓SWOT（态势）分析，就是将与研究对象密切相关的各种主要内部优势因素（Strengths）、弱点因素（Weaknesses）、机会因素（Opportunities）和威胁因素（Theats），通过调查罗列出来，并依照一定的次序按矩阵形式排列起来，然后运用系统分析的思想，把各种因素相互匹配起来加以分析，从中得出一系列相应的结论（如对策等）。

这种研究方法，最早是由美国旧金山大学的管理学教授在20世纪80年代初提出来的。在此之前，早在60年代，就有人提出过SWOT分析中涉及的内部优势、弱点、外部机会、威胁这些变化因素，但只是孤立地对它们加以分析，而SWOT法用系统的思想将这些似乎独立的因素相互匹配起来进行综合分析。运用这个方法，有利于人们对组织所处情景进行全面、系统、准确的研究，有助于人们制订发展战略和计划，以及与之相应的发展计划或对策。进行SWOT分析时，主要有以下几个方面的内容：

一、分析环境因素

运用各种调查研究方法，分析出所处的各种环境因素，即外部环境因素和内部能力因素。外部环境因素包括机会因素和威胁因素，它们是外部环境对公司的发展直接有影响的有利和不利因素，属于客观因素，一般归属为经济的、政治的、社会的、人口的、产品和服务的、技术的、市场的、竞争的等不同范畴；内部环境因素包括优势因素和弱点因素，它们是公司在其发展中自身存在的积极和消极因素，属主动因素，一般归类为管理的、组织的、经营的、财务的、销售的、人力资源的等不同范畴。在调查分析这些因素时，不仅要考虑到公司的历史与现状，而且更要考虑公司的未来发展。

二、构造SWOT矩阵

将调查得出的各种因素根据轻重缓急或影响程度等排序方式，构造SWOT矩阵。在此过程中，将那些对机构发展有直接的、重要的、大量的、迫切的、久远的影响因素优先排列出来，而将那些间接的、次要的、少许的、不急的、短暂的影响因素排列在后面。

三、制订行动计划

在完成环境因素分析和SWOT矩阵的构造后，便可以制订出相应的行动计划。制订计划的基本思路是：发挥优势因素，克服弱点因素，利用机会因素，化解威胁因素；考虑过去，立足当前，着眼未来。运用系统分析的综合分析方法，将排列与考虑的各种环境因素相互匹配起来加以组合，得出一系列机构未来发展的可选择对策。这些对策包括：最小与最小对策（WT对策），即考虑弱点因素和威胁因素，目的是努力使这些因素都趋于最小。最小与最大对策（WO对策），即着重考虑弱点因素和机会因素，目的是努力使弱点趋于最小，使机会趋于最大。最小与最大对策（ST对策），即着重考虑优势因素和威胁因素，目的是努力使优势因素趋于最大，使威胁因素趋于最小。最大与最大对策（SO对策），即着重考虑优势因素和机会因素，目的在于努力使这两种因素都趋于最大。可见，WT对策是一种最为悲观的对策，是处在最困难的情况下不得不采取的对策；WO对策和ST对策是一种苦乐参半的对策，是处在一般情况下采取的对策；SO对策是一种最理想的对策，是处在最为顺畅的情况下十分乐于采取的对策。

SWOT分析的结果视不同的研究对象和研究目的有不同的称谓。在战略研究中称作战略计划；在发展研究中称作发展对策；在市场研究中称作市场对策；在管理咨询中称作管理对策等。由于具体情况所包含的各种因素及其分析结果所形成的对策都与时间范畴有着直接的关系，所以在进行SWOT分析时，可以先划分一定的时间段分别进行SWOT分析，最后对各个阶段的分析结果进行综合汇总，并进行整个时间段的SWOT矩阵分析。这样，有助于分析的结果更加精确。

郭卜乐，中国心理热线 http：//www. zgxl. net

项目规划：

情况分析阶段是为规划阶段做准备。在情况分析阶段找出了管理计划的主要组成部分，规划阶段就从这些计划的组成部分开始。一旦选择了计划策略，就可以从目标树上找出计划的主要组成部分，明确项目要素，建立逻辑框架矩阵。

第一步：建立逻辑框架表格

逻辑框架法研讨班的研讨成果就反映在逻辑框架中。只有在对计划涉及的地区进行深入分析以后才能够往表格中填写内容。如前所述，逻辑框架表格有纵向和横向逻辑性，所以，在填写之前一定要仔细斟酌以保证其逻辑性。

表 3　　**逻辑框架中横向表格单元的逻辑关系**

	A 总结	B 验证指标	C 验证方式	D 外部因子
1. 长远目标				
2. 管理目标	A2			
3. 产出	A3			D3
4. 活动	A4			D4

如果我们开展了这些活动（A4），且这些风险因子（D4）能避免的话，我们就能够实现这些产出（A3）。

1. 找出不同的目标，自上而下进行下列分析：

表 4

总体目标	从长远角度项目希望实现的主要的总体目标，也即开展项目的目的所在
目的	开展项目的直接原因，或者说项目成功、按时实施而产生的结果
产出	项目活动所带来的结果，即项目计划结束时应该实现的目标
活动	为了将投入转化为产出（或结果）而采取的行动或开展的工作，是对项目需要开展的工作的总结。主要投入系指资金、人力和物资

目的的选择必须符合下列条件：

- 目的只有一个；
- 能够充分地服务于总体目标；
- 具有现实性，一旦有了产出，就能够实现目的；
- 明确项目的目标群体；
- 容易界定和验证（即目标应该是需要达到的一种状态而不是一种过程）。

要找出产出，需要对已经归类成各种备选策略的目标进行分析并将这些子目标重新表达，使得经重新表述的各子目标产生的结果以保证项目目标的实现。要保证：

- 找出实现目标所必不可少的所有产出；
- 所有的产出都是管理计划能够保证的；
- 所有产出都是用简明的语言表述的、可以界定和验证的。

对于每一项产出，将找出管理计划需要开展的具体行动或活动来保证这些产出的实现。只需要指出计划的基本框架和策略即可，而不用对活动进行详细的讨论。详细的活动日程可以在逻辑框架表格填好以后进行。要保证：

- 找出产生预期产出所必不可少的活动；
- 所有的活动都能够服务于相应的产出；
- 只列出管理计划需要开展的活动；
- 活动内容是以需要采取的行动（而不是以结果）的方式来表述的；
- 这些活动在目标区域从机构、生态、技术、文化等的角度来说比较合适。

2. 确定计划投入：

投入指定完成管理计划活动所需要的物质的和非物质的手段或输入。投入是以捐赠方、受赠方政府和当地政府及利益相关群体所提供的资金、人力资源、服务和物质资源等的形式来体现的。总的投入必须实事求是地反映产生拟定产出的实际需求。项目投入填写在逻辑框架表格的第二栏的最后一行。

在确定投入的时候，必须保证：

● 投入与具体的活动具有直接的联系；

● 确定的投入是完成活动的充要条件；

● 对投入描述的详细程度做到适可而止；

● 投入（数量和质量）可以验证和界定；

● 投入从目标区的机构、社会、文化、技术、环境等来说是比较恰当的。

3. 确定外部因子（或风险因子）

在分析阶段，我们很容易发现这一点，即单靠一个综合管理计划或周边地区管理计划是无法实现目标树上反映出来的所有目标的。一旦确定了项目策略，肯定有些目标处在管理部门的能力之外，这些目标可能会成为管理计划的外部（风险）因子。外部因子或风险因子是管理方几乎或完全无法控制的，影响管理活动成功开展的事件、条件或决定，也就是那些管理方无法施加影响而它们却能够影响管理计划的实施和管理效果的可持续性的因子或事件。

不是所有的外部因子都需反映在逻辑框架表格里，如那些实现的可能性比较大的外部因子。

如果项目要取得成功，就必须重视这些外部因子并对其进行监测。因此我们必须尽早找出风险因子并在设计的过程中予以考虑以便能够：

● 确定风险或成功的概率；

● 通过对计划的重新设计而避免严重风险；

● 明确管理的职责范围；

● 明确需要进一步论证明调查的内容。

就如目标一样，外部因子也需要用简练、易于验证和界定的语言进行描述。确定外部因子（风险因子）时，我们从目标树的根部开始，自下而上进行考察：

● 检查是不是即将开展的活动足以获得预期的产出，或者是否还需要借助管理部门以外的条件；

● 检查投入是否足以完成预期的活动或是否还需要借助于管理

部门以外的力量；

- 自下而上地找出逻辑框架表格各个层次上的外部因子（风险因子）；
- 有些外部因子可以从目标树上没有纳入管理计划策略的那些目标中去考虑。

4. 确定验证指标和验证手段：

验证指标是明确管理目标和产出以后就要确定验证指标。验证指标就是对长远目标的实现程度进行验证的指标，指标可以是直接的也可以是间接的，但是必须明确而且能够验证。验证指标反映管理计划需要达到的标准，以及如何验证管理计划各项目标和产出的实现程度。验证指标需要包含下列内容：对象、数量、质量、时间、地点。

对于每一个目标和产出都需要制定验证指标，最好是确定几个验证指标。

表5

可以测量	验证指标需能够进行定性或定量测定
可行的	验证指标需在资金、设备、技术和时间上可行
相关性和精确性	验证指标能够比较精确地反映我们希望测量的东西
敏感	验证指标必须能够在我们希望的时间内反映出管理活动带来的变化
及时	验证指标须能够及时地提供信息

验证方法：对于每一个验证指标，需要列出验证方式，并确定：

- 所用资料的格式；
- 由谁来提供这些信息和资料；
- 信息资料提供的时间间隔。

对于管理计划以外的验证资料，我们必须对其可获得性、可靠性和与指标的相关性进行评估，同时还必须对由项目自己产生验证资料的工作和成本进行评估。

还有，我们必须用简单、花钱少的验证指标来取代那些无法找出合适的验证手段或花钱非常多的验证指标。

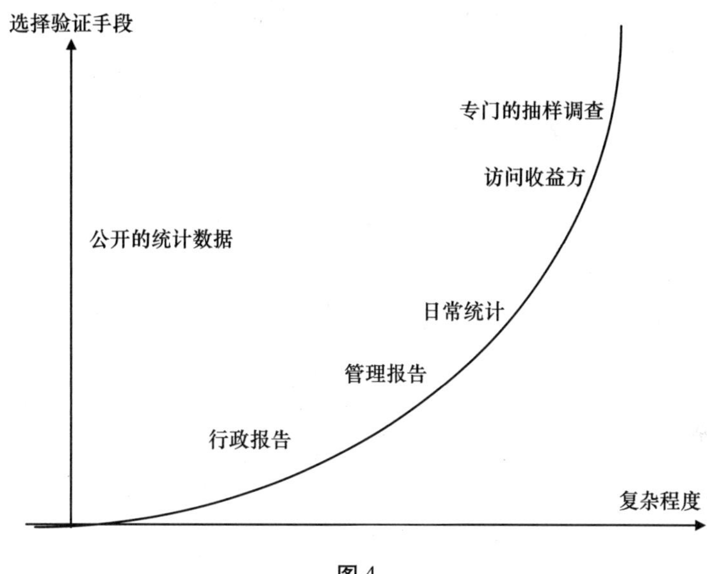

图 4

第二步：制订项目实施计划——活动安排表

逻辑框架通常是对项目管理活动进行大致的描述。在完成了逻辑框架表以后，通常需要进一步的规则，以便使计划变得可以操作。实施计划（项目活动安排表）是项目日常实施的指导性文件，它是项目计划一览表中措施活动一栏在具体实施策略、执行时间、执行负责人、所需的人员，经费及物资投入等方面的细化和展开。是项目实施过程中进行日常监测评价的重要依据。通常在项目启动计划研讨会制订完项目计划一览表后，分成不同的工作小组，根据承担的任务细化活动，制订实施计划。在编制好实施计划以后，就可以确定活动所需投资和投资安排，对于第二、第三年的活动以季度为基础制定管理活动，对于第四、第五年，以年为基础制订工作计划即可。具体的步骤如下：

- 参照项目计划一览表中的主要活动措施，确定、描述对应的具体活动措施，要求措施有可操作性；
- 参照对应的成果确定的时间指标，确定措施活动实施的时间区间；

- 确定实施负责人；
- 制定项目投入预算，包括人力、经费、专家人月数。

第四节　发展项目的实施管理——项目的监测与评价

监测与评价是项目规划实施管理的重要内容，是规划实施过程中管理部门决策的主要依据。通过对规划实施过程连续、系统地记录和综合分析，及时地提供有关投入、产出、质量、进度方面的信息，使规划实施管理机构及时掌握规划执行动态。通过对监测数据的分析研究，及时发现可能出现的偏差、问题、困难和风险，并采取相应措施，保证规划按照既定目标顺利实施，确保规划目标如期实现。

监测与评价的基本概念

什么是评估

评估是由项目的资助方在项目规划将近完成时进行的一种评价活动。正式的项目评估是要再一次检查项目建议书，以便在投入资金以前确认所提出的项目在经济、社会、技术和环境等方面是否合理、可行。评估是越来越趋向于包括社会学家参与的一项综合各种学科的分析活动。一般来说，这样的评估活动可以由项目资助方单独进行，也可有外聘专家参与。（DFID，1998 年 11 月，第 3 页）简言之，评估是对建议的项目进行综合分析，按照项目确定的决策标准提出该项目建议的优点，决定是否可行的活动（卢有杰、吴之明，2001 年）。

项目评估与项目前期准备阶段的评估，在原则和方法上没有太大的区别，都采用定量与定性相结合的方法。但是，由于两者的评价时点不同，目的也不完全相同，因此存在一些区别。评估的目的是确定项目是否可以立项，它站在项目的起点，用预测技术来分析评价项目未来的效益，以确定项目投资是否值得并可行。评价则是在项目实施以后，总结项目的准备、实施、完工和运营，并通过预测对项目的未来进行新的分析评价，其目的是为了总结经验教训，为改进决策和管理服务。所以，评价要同时进行项目的回顾总结和前景预测。项目评价是站在项目完工的时点上，一方面检查总结项目的实施过程，找出问题，分析原因；另一方面，以评价时点为基点，预测项目未来的发展趋势。评估的重要标准是投资者要求获得的收益率或基准收益率（社会折现率），而评价的标准，重点是上期评估的结论，主要采用对比的方法，这就是后评价与前评估的主要区别。

需求评估是一种收集和分析有关人类需求信息的工具。其主要内容是获取和分析不同人群的不同需求方面的信息，强化参与者对有关问题的认识和主观意识，并提出满足优先需求策略及实现途径。这种工具是社会经济分析的一个重要组成部分，其目的是发现一个群体的不同需求以及需求的不同层次，以及实现和满足这些需求面临的主要困难和问题以及解决途径。同时也分析该群体不同类型人群的特殊需求，并提升他们为实现自己需求的意识。

需求评估是一个应用很广泛的概念，从评估的对象分，可以有整个社区的需求评估，也可以有社区内不同人群的需求评估；从工作的层次分，可以有一般的需求评估，也可以有某一个方面的需求评估，如培训需求评估；从工作的内容分，可以包括社会需求评估、经济需求评估、环境需求评估等；从工作方法分，包括参与性需求评估、问卷调查式需求评估等。

什么是监测与评价

监测是在项目进行的过程中展开的，是根据项目所设定的目标、目的，确定达至这些目标和目的的指标，对项目实施过程进行追踪调查，以获得反映项目目标和目的的数据，并进行分析判断。监测与项目的实施效果有着直接的联系。

评价是由主办机构在项目规划将近完成时进行的一种评定。“正式项目评定是要再一次检查项目建议书，以便在投入资金以前确认所提出的项目建议是否合理，经济上是否可行”。评价是越来越趋向于包括社会学家参与的一项综合各学科的分析活动。一般来说，是由各有关机构自行进行项目评价，但也可能有外聘专家参与分析（DFID，1998 年 11 月，第 25 页）。评估涉及更广泛的问题如项目的持续性和项目影响，项目效果等。

监测与评价可通过量化调查方法与群众参与调查方法进行。在参与式监测与评价中，评价一般是指对一项干预措施或研究活动的有效性、发展方向、进展和影响的分析和判断（IDRC，1998 年）。换句话说，是对一个人或事的价值和质量的评价和估计。在项目管理中，经常用于评估和分析项目建议书，根据其建立的指标来分析是否有价值以确定是否接受这个项目建议书。而项目的监测是随着项目的立项，按照为项目既定的目标而事先设计的指标体系，不断采集数据和资料的过程，因此，监测是一种连续不断的评价（张三力，1997 年）。

在扶贫与发展领域，项目的评价常常与监测结合在一起，监测与评价常常用于评定项目、计划、政策实施的进展。监测是在项目进行的过程中展开的。评价是在工作结束后做的。监测与项目效率相联系。评价涉及更广泛的问题如项目的持续性和项目影响，项目效果等。在扶贫和发展领域还有社会监测与评价的概念，主要用于分析及评定发展项目实现社会目标的程度及其社会影响。社会监测与评价的方法包括定量的和定性的评定方法。定性评价特别适用于评估项目的社会影响，尤其是那些难以用数量表达的事项诸如群众参与等。

监测与评估的六个基本问题

- 为什么：为什么要监测与评估？（监测与评估的目的）
- 什么：监测与评估什么？（监测与评估的内容）
- 为谁：为谁监测与评估？（地方政府、当地社区）
- 谁：谁去监测与评估？（如地方政府、研究人员、社区村民等）
- 什么时间：什么时间进行监测与评估？（具体时间）
- 怎样：怎样监测与评估？（工具）

监测与评价的指标体系

指标的标准

- 具体的；
- 可测量的；
- 可操作的；
- 相关的；

• 及时的。

指标的特点

• 指标都是有特定联系的，对一个执行目标可有不同指标。

• 指标是对项目执行目标或争议的直接或间接的量度。直接的是最好的，但经常间接的指标更可行，因而这样信息和数据能够收集到。

• 指标通常是选择或去顶指标的人的价值的体现。例如：社区选择的指标可能不容易被科学家接受或理解。

• 指标的组合：一个单个指标不能告诉你们足够的东西，有时需要适当的指标组合。

• 指标是可转移的，有时是季节性的，它们需要不时地回顾和调整。目标和执行目标可能变化，意味着指标也要变化。

监测评估术语表（资料来源：行动援助中国办公室监测评估指南）

监测定义为通过定期或持续的参与式回顾来收集和分析我们工作进展中的信息。它有助于我们精力充沛地专心实现我们的目标，保证我们一直在靠近目标。它特别强调我们所选择的策略是否正在有效进行。监测收集的资料有利于更深入地回顾、评估，满足资助者的要求，倡导或宣传活动等目的。参与式回顾与反思过程（RRRPS）是行动援助监测方法的核心。

好的监测不过多耗费时间，它促进主要利益相关者、行动援助和合作伙伴通过学习带来持续的项目质量提升，这个过程获得的信息是有用的并且被使用，让我们经常回顾我们关于在特定背景下变化如何发生的设想和方法。

行动援助工作需要定期监测的几个主要方面：

• 与活动相关的投入和产出：已经进行的投入（时间、精力、资金）和活动是否达到了预期的设想，我们的活动和投入进展如何，反思这些事情做好了吗?

• 与目的相关的结果：发生在结果层面的变化（消极/积极的，期望/不期望的），包括人们生活、意识、能力，政府政策和实践，以及带来整个背景的变化和变化的意义。结果是否实现了这些变化，反思我们做了对的/该做的事情吗？

• 与目标和变化理论相关的影响：作为监测的一部分，我们要分析和回顾我们所有关于变化、战略和方法的假设以支持我们用有助于我们更深入理解并且开发创新的方法实现目标的方式来审视我们的工作。反思我们设想的变化理论是正确的吗？

评估与监测密切相关但需要我们更批判和深入地看待项目及工作以评判是否他们能实现目标，带来什么结果和影响。评估会提升诚信和学习，显示目前的投入实现了什么以及未来工作的方向。评估之所以非常重要，是因为他们能够使我们和相关利益群体一起反思、学习和记录我们的工作带来的改变。行动援助要求在国家项目的战略期结束时对国家项目进行的外部评估和交叉回顾，同样也要进行中期评估来确保项目在原有的方向或做出需要的调整。

指标是指能够被观测和衡量的迹象。验证指标帮助评估我们做得如何以及变化的发生是不是行动所带来的结果。它作为计划过程的一部分是非常重要的，因为他们帮助解释和理解活动要实现什么，应该监测什么以及目标实现的进程。在参与式指标开发过程中，验证指标有助于大家对希望看到的变化达成共识，促进个人深刻反思自己在变化中的位置。这些不同类型的指标用来帮助评估项目的进展和效果，包括：

• 定量指标（Quantitative indicators）是指可以用数字来衡量或表述的指标，比如，妇女的丈夫死了，妇女能够继承的住房和土地数量；高年级学生中女孩入学的数量；在村里讨论会中，被选为领导的妇女数量。

• 定性指标（Qualitative indicators）是指那些不能用数字或数量衡量和表达通常是对应结果层面变化的指标。如提升教育质量、权利变化、更自由的表达、自信、技能等，回答这些问题会让我们知道我们的工作是否带来了我们所期望的人们生活、权益和权利的变化。

- 产出指标（Output indicators）告诉我们计划的活动和行动是不是按照预期的发生，如举行了多少次培训，有多少参与者，多少次官方拜访，多少出版的研究报告等。这类指标帮助我们监测计划的产出是不是我们正在做的，但是我们不能知道这些行动在结果层面的变化。所以，监测行动的执行过程和结果层面的积极/消极，期望或意外的变化两方面都很重要。

- 评估影响的参考指标（Proxy Indicators for assessing impact）这些指标可作为综合的参考尺度来评估人权的实现进程，政府或研究机构一般已经收集了，如社会经济统计、产妇死亡率、HIV/AIDS 感染率、妇女在议会中的代表、文盲率等。行动援助不能说这些统计改变仅是因为他或项目带来的，我们只是促进变化的间接或参考方。

- 绩效指标（Performance indicators）与产出指标类似，它专门设立用来评估行动援助价值观的特定贡献，是否已经融入或体现在我们与合作伙伴、联盟、同事和董事中了。例如，及时地支付资金给合作伙伴，给同事适时的反馈和建议。

- 参与式项目指标（Participatory programme indicators）行动援助“以人为本的工作方法”要求识别和开发项目指标来反思行动援助项目赋权、倡导、联盟 3 个重要方面，使我们能够了解我们方法在应对权力和权益方面的效果。这些指标需要在项目过程中通过参与式方法与主要的利益群体一起设定，以至于大家对期望的变化达成共识，这也是赋权的过程。

- 综合归类/统计指标（Meta-indicators）这是在全球和国家战略层面设定，对非常广的特定的项目指标进行归类统计。例如，受益于教育改善的男孩和女孩数量是一个综合归类的指标，它考虑到对不同教育活动的结果进行综合统计和归类以方便报告。该指标的主要意义在于它提供了行动援助工作范围和规模的感官认识并在项目水平上保留了一定弹性。

变化的范围（区域/规模）（Areas or dimensions of change）不是所有的变化都必须或能被很好地监测。没有预设指标的监测往往会使变化的范围更广，行动援助全球监测框架（GMF）是一个方法，它通过一系列问题来监测这5个主要变化区域，在贫穷和边缘人群物质条件；他们的意识和能力；推动公民社会；责任承担者的责任、政策和实践；行动援助和我们伙伴的诚信、效能、推动力和国际化5个方面发生了什么变化。态度、行为、观念和信念的变化是我们新战略下新增的变化方面。

监测评估框架［Monitoring and Evaluation（M&E）Framework］M&E框架没有标准定义，行动援助ALPS指出，M&E框架是用于描述学习和提升质量的工具，指导一个机构应该监测什么，怎样以及何时监测以确保我们能够跟踪我们是否在不断进步和学习来提升工作。监测评估框架列出了主要的目标、期望的结果/变化规模、关键指标（定量和定性的）、覆盖范围和基线信息，这些将帮助行动援助评估、管理和报告取得的进展和效果。框架里也包括主要的问题来引导收集和分析数据。GMF是行动援助国际开发的用于监测全球消除贫困战略的框架，国家层面的M&E框架是在国家战略或战略计划发展的时候开发形成的。

监测评估系统（Monitoring and Evaluation System）它可作为政策、实践、过程和程序来帮助系统的收集、分析和使用监测评的信息。行动援助列出了所有支撑各层面M&E系统的原则、标准和过程。国家层面的M&E系统通常包括独立操作的文档来详细地说明如何操作M&E框架，监测评估过程的时间和安排计划，如什么时候、怎样收集和分析数据，在什么时候提供给合适的人做决定，谁应该参与，谁对整个过程负责，报告的模板或者国家层面对报告的要求，M&E过程的支持团队，如资助者的模板，变化故事指南等。

基线（Baseline）是指项目的某个时刻（一般在项目开始的时候）需要收集和分析的信息来随时评估变化。通常基线开始于目标和指标被确认的时候。基线的内容在预测评估、开点评估和战略计划期间收集，行动援助参与式权益基线所收集的数据是与HRBA项目相联系的。

附　　录

第一节　更多相关分析方法与应用案例

一　方法：社会性别分析的 8 个框架

来源于《社会性别分析框架指南》

作者：朱莉·莫特斯，马奇·吉特，2004

http：//book. kongfz. com/213320/599001525/

哈佛分析框架

资源使用和掌控图表

	获取/使用 女人	男人	掌控 女人	男人
资源 土地 设备 劳力 现金 教育/培训等 其他				
受益Benefits 外来收入 资产所有权 基本需求（食、衣、住等） 教育 政治权力/声望 其他				

社会性别分析的8个工具

- 哈佛分析框架
- 摩萨框架
- 社会性别分析模型
- 能力和易受损害性分析框架
- 社会关系分析法：制度分析
- 社会关系分析法：政策分析
- 妇女赋权框架
- 社会性别运作框架

社会性别分析模型示例

项目目标：

	劳动	时间	资源	文化习俗
女				
男				
家庭/户				
社区				

摩萨框架

- 工具一：社会性别角色（Role）的分析
- 在大多数社会中，低收入妇女承担三重角色：生育、生产和社区管理的角色。而男人则承担生产和社区政治活动的角色
- 工具二：两种性别需求
- 战略性社会性别利益/需求　转变不平等的社会性别关系，实现性别公正和性别平等，妇女和男子的特殊需求。这些需求和社会性别分工、权力和控制有关

社会关系分析法·政策分析

具有社会性别观点的政策

资源和责任再分配

社会性别中立政策

维持资源和责任分配现状

针对特定性别的政策

维持资源和责任分配现状

社会性别再分配政策

创造较公平的社会性别关系

能力和易受损害性分析框架

分性别的能力和易受损害性分析

	易受损害性		能力	
	女	男	女	男
有形的/物质上的 生产资源、技能和危害				
社会的/组织上的 人们之间存在什么关系？他们的组织结构是怎样的				
动机上的/态度上的 这个社区如何看待自己创造变化的能力？				

社会关系分析法：制度分析

社会关系分析：关键制度及其关系

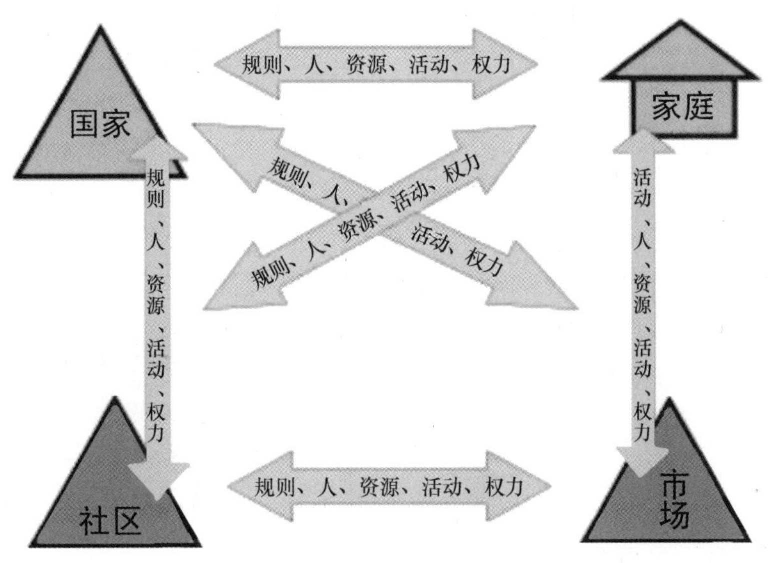

社会性别动作框架

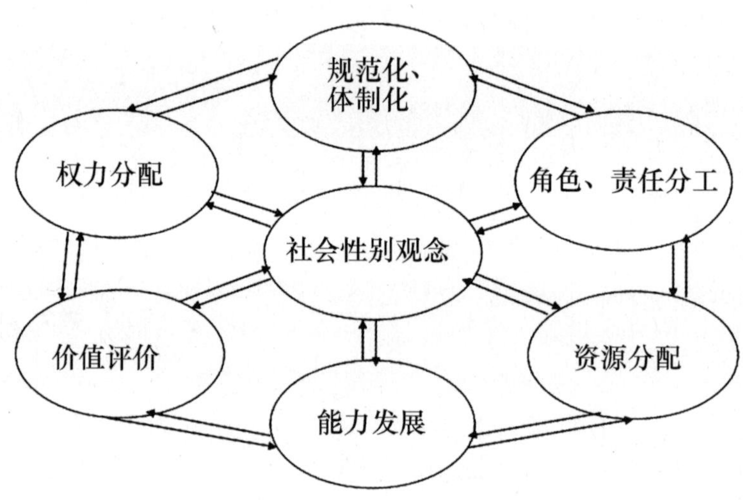

妇女赋权框架

妇女权能增长/妇女赋权

Women's Equality &
Empowerment Framework

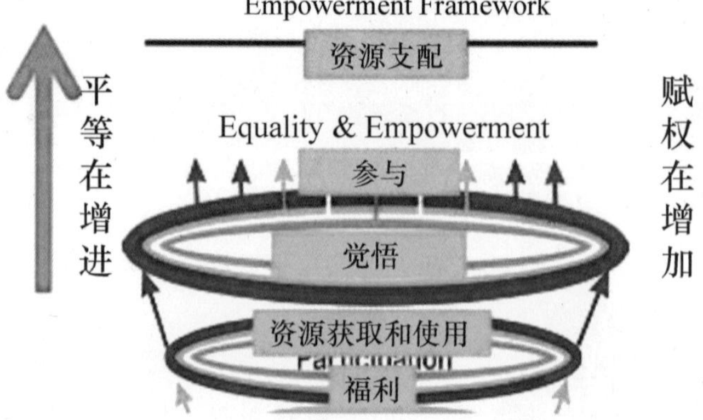

二 方法：参与式预算

（一）方法简介

财政预算是政府最重要的经济政策手段。预算最能反映政府在社会经济政策上的优先考虑领域，同时通过资源的分配也能体现政府政策、政治承诺和优先考虑的领域如何转化成实际的实施。

参与式预算是对政策制定过程的一种创新，可用来保证资金的公平分配和有效利用，从而促进基层民主及和谐社区的建设。全球已有40多个国家以不同形式开展了参与式的预算工作。在国际社会发展领域中，已有很多有关参与式预算分配和监督资金使用的实践和成功经验，如巴西愉港市政府开展的参与式预算，印度班加罗尔市的公民监督卡等。另外，还有很多的民间机构进行了不同领域的预算分析，包括社会性别预算的分析、儿童教育预算的分析、卫生健康预算的分析等。但几乎在所有的国家，预算都要求很高的技术。

预算不仅应该反映资金的来源、花在什么地方、花多少钱和预期达到的效果；同时，预算还需要经过不同的阶段，包括预算的形成与起草阶段、立法阶段、执行实施阶段和评估审计阶段应注重其目的、参与的主体和可能受到的干涉。这些复杂的程序让常人觉得高不可攀，进而限制了人们获得足够的技能、信息和信心进行有效的参与。同时，由于缺乏透明及有效的参与机制和场所，公众参与财政预算分配的可能就难上加难。因此，公民要开展参与式预算，必须先学习预算的有关知识。预算扫盲将帮助公众更好地理解政府的政策、预算过程，获得分析能力，从而能够有效地参与资金预算的分配，更好地利用所有的资金来解决他们的所需。

我国政府目前正在寻求有效的公众参与机制来提高政府系统的效率和有效性。例如，政府在扶贫资金的使用上就已经通过招标和网络通知来增加资金分配的透明和诚信。许多部门和单位也在不同的领域，如教育和社区参与扶贫方面开展了相类似的工作。中国温州泽国镇的民主恳谈体现出居民参与预算分配的重要意义所在。2005年，政府扶贫进入新世纪的第二阶段，扶贫资金的注入将会给社区增加发展的资源和机会。因此，如何保证扶贫资金和公共预算的有效使用，实现最大的扶贫效益，并真正地关注到弱势群体的需求，提高社会服务的数量和质量以实现扶贫项目的可持续性，是政府和社会各界所关注的。

（二）工作框架

参与式预算的工作并没有一个精确的或准确的模型。虽然有一些类似的原则和制度机制，但是需要根据每一个城市或国家的具体政治、社会和经济环境来设计参与式预算工作内容。

从预算扫盲的角度，应帮助社区理解以下三方面的问题：

- 收入：当地政府的资金从哪儿来？不同的税收，累进税、递减税、直接和间接（中央拨付，项目资金等）
- 支出：当地政府如何开支？用于贫困的开支？
- 如果当地政府的支出大于收入，会怎么样？或收入大于支出？

公民参与相关的行政资金预算或项目预算，必须在预算的不同阶段以不同的形式参与：

- 形成与起草阶段：参与提议适合本地弱势群体需求的设想；
- 立法阶段：通过人大代表提出相关的提案；
- 执行、实施阶段：监督资金使用的情况；
- 评估、审计阶段：评估资金使用的效果。

一些有效的民间参与的成功方法有：

- 公开听证会；
- 独立分析；
- 跟踪费用开支；
- 获得高层的支持和拥护者。

参与式是多方合作的结果：

政府、民间组织和公民在不同方面共同协作从而改善预算，实现有效利用资金，推进基层民主的目标。不同的人群承担不同的角色或承担其应该承担的责任和义务：

- 政府：提供相关的信息、系统、政策颁布；
- 公民：问题、需求；

- 民间组织：分析、培训以及与公民沟通的能力。

（三）案例：利用预算分析促进墨西哥的社会服务质量的提高

Fundar 墨西哥研究分析中心组建于 20 世纪 90 年代末，是一次成功地为废除总统秘密基金的民间社团运动的成果。它的预算工作首先聚焦在为立法机关提供培训以及在一些墨西哥的伙伴机构的帮助下首倡性别预算。这个工作有助于他们在预算分析领域获取理解，赢得朋友，树立声望。紧接着，Fundar 将把工作重点放在开发预算透明度测量系统。

当福克斯总统击败在墨西哥执政数十年的 PRI 党而宣誓就职的时候，Fundar 才不过几岁大。福克斯政府的成功是基于一系列旨在减少贫困，尤其是在农村的承诺上的。其中几项承诺集中在改善资源配置和为穷人提供医疗卫生服务，包括降低农村地区孕妇死亡率等具体政策。为了监督福克斯政府在医疗卫生方面的承诺，Fundar 使用预算分析工具来显示墨西哥的医疗保健系统并没能确保公民的健康权，以及此系统的失效对赤贫人口带来的沉重打击。此项案例清晰地表明预算分析是如何使人权保护事业日臻完善的。

墨西哥医疗保健系统概述

墨西哥医疗保健系统分为两半部分：一半针对在正规经济部门供职的个人（所谓“权利享有者”），另一半针对失业或非正规部门工作的个人（所谓“开放人口”）。前者大致占墨西哥人口的 45%，其余都属后者。

三类不同部门的社会保障机构为“权利享有者”提供医疗服务，而卫生协助部（SSA）所属的 32 个州立机构为其余人群服务，这部分资金由地方医疗基金（FASSA）提供。理论上，这两个医疗系统应提供平等的医疗保健服务。但实际上，“开放人口”所享有的医疗服务严重滞后于“权利享有者”，原因在于前者资金匮乏、人员不足和设备落后。

墨西哥政府的医疗保健责任

国际条约和国内法律都规定墨西哥政府具有向公民提供医疗保健服务的特定义务。最主要的条约是《公民经济、社会、文化权利国际公约》（ICESCR），其中保证全体人民享有“最高标准的身心健康权”属于公约规定的权利之一。公约和解释公约的“一般性意见”进一步明确政府必须做什么来实现公民健康权。而特定的义务则包括保护母婴健康，预防、治疗和控制疾病，努力创造方便普遍的医疗保健服务等。

公约要求政府“分步骤”，使用“尽可能多的资源”来“逐步”实现规定的权利。在实践中，“尽可能多的资源”意味着政府必须把医疗保健开支放在优先考虑的首位，而权利的“逐步”实现则意味着政府必须朝着确保完全健康权的方向不断努力；在提供医疗保健方面的退步则违反了条约的规定。

墨西哥宪法和国内法律重申了公约的原则，而且对政府提出了额外要求。宪法确保了“健康保护权”，而《大众健康法案》则进一步要求开展医疗保健服务“优先考虑最弱势群体”，特别强调保护母婴健康和疾病的预防、治疗与控制。

用预算分析评价政府遵守情况

Fundar 开始着手评估墨西哥政府是否履行了国际国内法所规定的义务。它将预算数据与其他数据相结合，以判断政府声称的优先支出是否与其义务相符。

1. Fundar 试图确定医疗开支在政府优先支出中的位置，于是，就保健开支的水平与政府总体可用资源，如政府总开支，进行了比较。Fundar 发现医疗费用近年来在预算结构中呈下降趋势（见图 1）。报告指出：“这表明那些本该用于医疗保健的资源事实上被挪用他处。”因此，Fundar 的分析揭示出墨西哥政府并没有致力于将“尽可能多的资源”用于健康保障。Fundar 的进一步调查表明 2002 年卫生部并没有完全使用保健预算，这也为上述论点提供了证据。

2. 为了确定用于保护孕产妇健康的资源水平，Fundar 从预算中找出给生育保健总署的预算额，并发现总署的预算开销近年来逐年递减。因此，分析表明政府没能将“尽可能多的资源”用于《公民经济、社会、文化权利国际公约》和《大众健康法案》中规定的主要优先领域。

3. Fundar 试图确定不同领域人口所享有的保健质量。为此，它将卫生保健的总预算根据受益人分成“权利享有者”和“开放人口”两部分。因为“开放人口”缺乏正规职业，他们可能比“权利享有者”更易受到伤害，但是 Fundar 的分析表明政府花费在“开放人口”上的保健费比“权利享有者”要少 45%。因此，分析证实政府并没能如《大众健康法案》所要求的那样在医疗保健的提供上优先考虑“最弱势群体”。

4. Fundar 还分析了医疗保健开支的地区差异。Fundar 以州为单位拆分地方医疗基金（FASSA）并把每个州的开支数据与“边缘化”（贫困）指数相互参照。Fundar 发现高度边缘化的州，相对于它的“开放人口”数量，用于卫生保健的开支相当低（见图 2）。而且，Fundar 的分析再一次为政府开支未能优先考虑“最弱势群体”提供了有力的证据。

利用预算分析结果进行政策倡导

Fundar 关于孕产妇保健开支的类似分析，为如何把预算分析用于政策倡导提供了最好的范例。这个预算项目和孕产妇死亡率项目已实施了四年，是以北京第四届世界妇女大会、开罗国际人口与发展大会以及新近的千禧发展目标（第五目标）的协议为框架的。

该项目在业内研究员和致力于生育权和健康保护的妇女团体的战略协助下得以实施，并且取得了一些令人瞩目的成绩，包括：

• 第一年用于孕产妇保健的地方资源（如那些由州政府而非联邦政府提供的资源）增长了 9 倍。

• 用于降低孕产妇死亡率的资源成为每次保健预算必然讨论的一个问题。

• 紧急产科护理，虽然对于避免产妇怀孕期间死亡有着至关重要的作用，但并没有从一开始就包含在政府孕产妇保健一揽子计划中。Fundar 估算出这一护理所需的费用，并表示能够花钱办到。因此，政府才将紧急产科护理纳入了规划之中。

• 在拥有最高孕产妇死亡率的州（格雷罗州），Fundar 召集了一次多方股东会议，促使新当选州长将降低孕产妇死亡率放在其保健规划中优先发展的位置。

三　方法：性别预算

本文概述部分是根据联合国教科文组织的 Debbie Budlender 的文章编辑而成（Debbieb@ mail. ngo. za）。

在 20 世纪 80 年代中期，澳大利亚政府首次提出从性别的角度出发分析政府预算。1995 年，南非和菲律宾成为第二个和第三个做出类似尝试的国家。到 2002 年，全球范围内有五十多个国家都开展了一些性别预算工作。本文不但给性别预算做出了定义，而且分析了南非将（性别预算的）方法论运用到地方政府预算的工作。

（一）什么是性别预算？

实际上，“性别预算”这个词是非常容易引起误导的。“性别预算”暗示着要求给不同性别的人群制定单独的预算，甚至是妇女和女童的预算也要分开。一个更为准确的用词是反映性别的预算［gender-responsive budget（GRB）］。这个词能更好地描述（性别预算的）主张——在所有政府政策和项目中以及分配执行预算时，要保证考虑并解决性别问题和不平等现象。

了解性别用语（gender jargon）的读者会立刻注意到 GRB 和主流化思想 mainstreaming approach 是一致的，它与妇女发展（women-in-development）的做法是不同的，后者主张开展纯粹是以妇女和女童为目标的项目（separate targeted programs for women and girls）。通常 GRB 分析包括目标项目名单和对项目的分析，作为一种“肯定的行动”，它们可能会被用来支持在关键领域内快速跟踪性别平等问题。然而，在政府预算中，目标项目往往只占不到 1%。因此，焦点就要放在一项更加艰巨的工作上，即审视“主流”政策和预算是否考虑了性别问题，以及是如何考虑的。

这种对 GRB 的理解是存在巨大的潜在发展空间的，实际上，在世界各个地方，GRB 的主张都存在显著区别。一些差异是不同国家里的不同的政治和社会条件造成的。一些差异则是由于开展这项工作的主体不同造成的。还有其他一些因素也会造成（主张的）多样性，如是否可以得到预算和其他信息，以及预算程序和形式。

至于开展工作的主体，有的提案是由政府提出的，有的是由议员们提出的，也有的是由民间社团组织提出的。在政府内，财政部往往起到关键作用，但是在一些国家里，其他机构也会起领导作用。对政府开展这一工作，可以这样理解，即它是提高计划和管理，增加议会和公众对政府的信任度的一条途径。对议会开展这一工作，可以理解为它是（议会）监督职能的一部分。民间社团组织起作用则通常是因为这是它们所倡导的。当然，这些都是理想的状态。在实践中，通常是不同的主体一起工作的。

例如，在南非，废除种族隔离制度之后的第一任国家立法院的议员们和两个以政策为取向的非政府组织（NGO）联合提出《妇女预算提案》。议员们有高度的合法性和声音来推动其发展。NGO 则有能力开展调查研究来支持议员们的观点。有些政府部门随后采取了不同的做法。在坦桑尼亚，一个性别 NGO 首先开展调查研究和宣传活动。在援助机构的要求下，政府随后开展了一项（与性别 NGO 的活动）平行的工作，在发展中期开支框架时，该工作被广泛采用。几年以后，政府与 NGO 签订合同，让 NGO 为 GRB 提供咨询服务和培训。

上面的例子表明政治和社会条件对 GRB 的影响。在发起倡议的时候，在南非和坦桑尼亚有许多民间社团组织对它们与政府之间的合作关系表示满意。当民间社团组织认为政府在致力于性别平等方面的行动不够迅速时，它们就会（和政府）达成协议。在其他国家里，民间社团组织和政府之间的关系可能没有这样和谐。同样地，在许多国家里，政府对 NGO 的态度是非常小心谨慎的。

信息的可获得性是 GRB 具体形式的一个关键的决定性要素。实际上，所有提议都是从对政府预算的某种形式上的分析开始的。因为政府预算是（或者说应该是）对政府政策的反映，因此要对需要资助的政策和项目进行分析。在理想情况下，应该按照下面介绍的分析政府在某一行业的开支的五个步骤，分析包括政策制定、执行和监督的全部过程：

- 分析在该行业内妇女、男人、女童和男童（以及不同分类内的妇女和男人，女童和男童）的地位，发现性别问题和不平等现象。

- 分析该行业的项目和政策，评估它们对解决第一步中发现的性别问题和不平等现象的作用；
- 分析预算的资金安排，评估这种安排对执行从反映性别的角度出发的政策和项目是否是合适的；
- 分析开支和拨款情况，发现（1）资金支出金额与计划是否相符；（2）资金拨给了谁。

评估项目和政策以及相关预算的影响，观察它们是否改变了在第一步中所描述的状态。

对教育部门来说，开展前几步工作比其他许多部门都要容易得多。首先，教育是针对个人的，而个人不是男性就是女性。这样就可以比较容易地将受益者的数据按照性别分类，这比将像住房和水利等部门的数据分类要简单得多，因为后者的受益者是家庭。其次，大多数国家都已经拥有管理数据，可以提供不同教育水平的男童和女童入学的数字。

少数国家，如果有的话，充分地考虑了前面描述的框架的全部五个步骤，不管是在教育部门还是其他部门。无论如何，这个框架都是很有用的，原因有几条。首先，它强调了预算要服从政策，而不是政策服从预算。这也正是在许多国家里正在进行的对公共开支的改革工作所强调的，它为 GRB 和其他改革之间的有益合作提供了机会。特别是这五个步骤非常适合正在被许多国家引入的项目执行预算的做法。其次，这五个步骤强调由于预算资金与实际开支之间通常存在显著的差距，因此预算是不充足的。有时，预算资金没有被使用。有时，预算资金被使用掉了，但它的使用却不是为了实现原定的目标。

和其他倡议之间的联系是非常重要的，因为这些联系增加了 GRB 里提出的性别问题得到重视的可能性。GRB 工作是一种政治活动，在政治活动中，联盟通常是至关重要的。对于政府外的倡议，它们可以同其他主张相联系。例如，可以利用 GRB 工作来加强在某一方面领域内的所提倡的主张。比方说，在南非，对性别暴力进行研究和组织的团体利用 GRB 的工作，并以此作为它们的战略。在津巴布韦，一个 NGO 将 GRB 的工作作为他们关于 HIV/AIDS 主张的一部分来使用。

还有一点需要强调，那就是信息传播对 GRB 工作成功的重要性。很多预算研究方面的创新都没有被发表，即使是发表了，由于它们专业性非常强，因此很难有读者会对它们感兴趣。有些 GRB 工作（和其他民间社团的预算工作）花费了大量的资源来制作可以使用的材料。根本原则是每一个目标受众有一份单独的出版物或者是一种方法。另外一个与此有关的比较重要的问题是公布的时机。如果研究成果能够对政策制定过程产生影响，那就应该在能够对政策制定过程产生影响的时机将研究成果传播出去，例如，议院可以对最终预算施加影响的时候。每个国家的预算程序、目标和财务可靠性各不相同，因此传播的时机也各不相同。

在南非，《妇女的预算提案》的结果是刊登在一本教科书上的。然而，研究人员关心的是让广大社区内的妇女们都来了解政府的政策和预算。这就引发了一本大众读物的出版——《金钱很重要》——这是很容易拿到的一本小册子，它解释了那些分析和结果，受过七年以上的教育的妇女就可以看懂的。农村地区的妇女多数都是贫穷而且没有文化，为了让她们也能够了解，他们与一个从事培训 NGO 建立了合作关系，后者在为教育程度很低的人们设计多种语言的培训材料方面有些经验。

（二）来自坦桑尼亚的案例分析

1997 年坦桑尼亚开始了 GRB 工作，当时坦桑尼亚性别网络项目（TGNP）和其他一些 NGO 一起发起性别预算的倡议。在第一年里，TGNP 组成了研究团队，分析教育和卫生部的预算，财政部以及后来的计划委员会的预算和预算程序。它采用的方法是前边所说的五个步骤中的前三个，这三个步骤所要求的工作他们几乎全部都进行了，但对于后两步做得就很少了。

对每一份文件，TGNP 都会选定一位政府官员和一位非政府人士——学者或者是 NGO 的职员。TGNP 希望政府官员提供信息，和（他）对政府政策更深刻的理解。非政府人士则带来性别分析的技巧，以及（他对政府政策的）批判观点。

关于教育的调查报告描述了1993年引进的“分担成本”措施的影响。这些措施要求家长们承担小学、初中和高等教育的部分成本。在调研的时候，小学教育的成本包括最少1000坦桑尼亚先令的全国统一的小学学费、考试费、部分桌椅和教室建筑的采购成本。除此以外，学校还可以要求家长交纳其他费用，而每个家庭还要支出交通费以及其他的杂费。在大学教育阶段，家长们需要支付部分学费和住宿费。TGNP的报告引用了1998年的一份政府报告，报告中承认家长们所支付费用的增长远远超过了政府的人均支出的增长。

成本分担对贫穷和性别问题都是有意义的。从贫穷的角度来看，学校的费用会把最贫穷的孩子拒在校门之外的。从性别角度来看，当需要做出决定时，很多社会里的家庭都会选择送男孩而不是女孩上学。他们做出这样的决定既出于经济的考虑——今后男孩会成为家庭的主要成员，而且还可能会挣更多的钱——也出于其他方面的考虑。担心（成本分担）对贫穷问题的意义，坦桑尼亚取消了在初级教育阶段收取费用的做法。

然而，初中教育阶段的注册人数出现了严重的性别差异。TGNP报告指出在20世纪60年代到80年代，学校里的男生人数是女生人数的两倍。政府采取了一系列措施扭转了这一局面：

- 在寄宿中学增加走读学生数量；
- 在男子中学里增加女生需要的设施；
- 修建更多的寄宿女子中学；
- 对初中一年级的学生入学实行一种配额制度，要求女生人数必须达到一定比例；而且
- 要求所有社区修建的走读学校入学的男女生人数必须相同。

不论是采取额外支出的形式，还是保证女童从现有的支出安排中更多地受益的方式，所有这些措施都有预算方面的要求。

政府后来提出了一项财政支援计划，该计划的资金来自世界银行提供的一笔六百九十万美元的贷款。该计划与其他计划一起为女生的学校费用、书本、文具、交通和校服，以及对优秀学生的奖学金等提供

直接的财政支持。这是一个目标计划的案例，而不是主流做法的案例。

到1996年，在初中学生中，女生的比例达到了45%。然而，在高等教育阶段的女生比例却仍然非常低。TGNP的调研发现每十个申请进入Dar es Salaam大学的女生中，只有一个人的申请可以得到批准，而男性申请者中则是每三个就有一个可以获得批准。换句话说，就是申请入学的学生里面有40%是女生，而在大学里男生的比例则是87%。就连通常是女性集中的课程甚至也会出现这种不成比例的录取现象。

TGNP指出，在1995—1996财政年度，政府为每一个高校学生花费的支出超过了它为每一个小学生花费支出的100倍以上。（培养）一个大学生的成本是一个初中生的成本的17倍。分析这些数据，会发现政府为每一个男性大学学生支出了380亿坦桑尼亚先令，与之相较，政府对每个女学生的支出只有6.83亿坦桑尼亚先令。很明显，这是一个预算问题。

（我们）这里考虑的援助机构和很多国家的政府通常强调很大一部分拨到教育部门的预算被用来发放政府工资。它们说在发完工资之后，剩下来的那一小部分预算就不足以支付教科书和其他让儿童享有优质教育所必需的费用了。这是事实。然而，TGNP的研究揭示出了减少工资开支的阻碍。研究人员发现94%的政府雇员的月工资不足65000坦桑尼亚先令（105美元），而且四分之一的雇员的月工资不到60美元。这样低的工资是不可能吸引到或者是留住好的专业教师的。他们也鼓励教师到中学教书，或者是开讲座而不是教课以便赚取补贴。这也是一个性别问题——小学里的教师工资水平最低，而小学里的教师主要是女性。另外，科学和数学教师的工资一般比较高，而这两科的女教师非常少。

TGNP将教师的低工资与使高层人士收益的巨额开支做了对比。研究指出，比如说，分配给管理和人事部部长、副部长和部长秘书使用的“特别开支项目”的三千五百七十万坦桑尼亚先令。特别开支项目包括为有关官员购买家具和家用物品。TGNP指出三千五百七十万坦桑尼亚先令可以资助三十个大学女学生，或者是五百名中学女生，或者是至少一千六百名小学生。

四　方法：参与式工具培训手册

主要用于项目区前期评价的参与式方法：

1. 周期性变化。
2. 我们的组织缺了什么。
3. 社区决策关系图。
4. 问题树：找原因，分析结果。
5. 原因分析饼。
6. 目标分析图。
7. 强弱机遇挑战分析图。
8. 学校、社区变化图。
9. 历史演变图。
10. 排队游戏。
11. 集体打分排序。
12. 多项投票法。
13. 打靶图。
14. 脑力风暴图。
15. 卡片排序。
16. 色彩表决。
17. 雷达图。

1. 周期性变化

目标：

- 参与者了解直观表现周期性变化的方法；
- 参与者探讨在别的领域使用这些方法的可能性。

材料：当地可获得的材料（石头、木棍、种子、豆子），粉笔、笔

时间：30 分钟

步骤：

1. 参与者分成 3—5 人小组。

2. 每组选出1—2名“信息员”，小组成员对其进行访谈，了解他们所掌握的有关周期变化的知识，同时要他们将自己提供的信息画出来。如一位农民可以画农作物生长的周期表，一位教师可以画当地学校学生一天的活动表等。如果小组成员不知道应该访谈什么问题，培训者可以为他们提供一些思路。例如，如果有5个小组，可以要各组的信息员分别绘制出：

- 本地区的降雨表（降雨的天数、月份、一年的相对降雨量、每个月的湿地厚度等），并把现在的数据与20年前的数据进行比较；
- 本地区主要作物的年平均产量及价格；
- 本地区男、女性农业劳动力的年收入支出表；
- 某些群体一天内的日常活动表（如男青年、女青年、成年男性、成年女性、小学生、中学生等）；
- 某些活动的变化表（如比较一项新科技引入之前和之后的情况）。

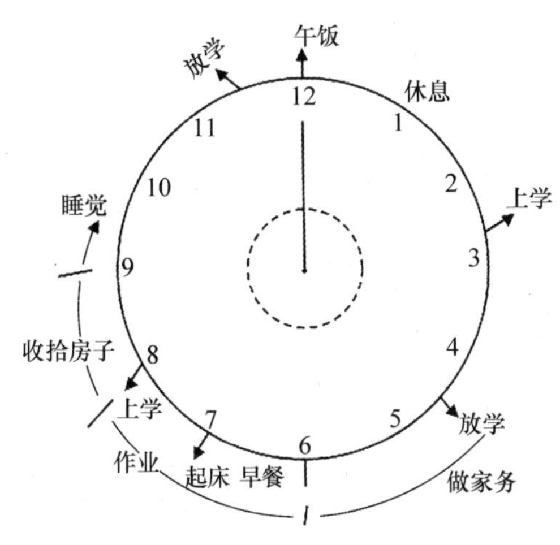

一个山区女孩的一天

资料来源：甘肃女童教育行动研究研讨班，2002。

3. 组内开始访谈，在访谈的过程中，要求信息员用画图表的方式说明有关活动或事件的变化趋势。

4. 图表画完之后，贴在墙上，供大家游走观看。小组派代表驻守“阵地”，回答参观者的问题。

5. 小组报告绘图过程，全体总结评议。

提示：

图表完成之后，小组汇报时，培训者可以请每一组展示自己的绘图结果，建议每组集中报告活动的过程（如他们是怎么样访谈信息员的，画图是采取什么方法等），而不仅仅是报告结果。在报告时需要强调，在现实环境中这些方法是否可行，有什么局限性。

每组报告结束后，可以让组员反思一下这种方法的优点和缺点，以及对变化周期进行形象化再现的时候具有进一步分析的潜能。参与者通常会提出如下看法。

- 这种方法可以应用于分析家庭以及家庭成员之间日常活动的不同。（这个部分的讨论有利于培训者发现，与不同的人群会面应该选择一天中的什么时间比较合适，也可以了解当地的有关禁忌和限制。）
- 这种方法可以用来了解事物在一段时间内的发展趋势和变化。
- 这种方法可以用来发现不同周期变化之间的相互关系（譬如变化的突然性、收入和支出之间的平衡等），这可能有助于了解事情的起因和结果。
- 这种方法可以有效地传达信息，无论接收者识字与否都可以理解，并能够对其进行评价。
- 这种方法可以用来监测由于外界的干预（如社会发展项目、教育扶贫项目等）给当地带来的影响。

本活动的另外一种比较间断的变式是（这个变式也可以在培训刚开始时作为热身活动）：通过对参与者的出生月份进行分析，了解其中的变化周期。具体做法是：用12张大卡片围成一圈，放在桌子上，每张卡片上写有一年中的一个月份。请参与者在自己出生月份的卡片后面排成一行，让大家想一想：自己出生的月份是否具有某种规律性？对自己现在的个性有什么影响？在不同月份出生的参与者是否存在着个性上的不同？这些不同是否呈现某种趋势？

2. 我们的组织缺少了什么？

目标：

- 参与者学习绘制组织结构图；
- 参与者通过绘图了解组织机构中各部门的作用和功能。

材料：彩笔、大纸

时间：30 分钟

步骤：

1. 参与者分成4—5 人一组，最好来自同一社会机构类型的人编在同一组。

2. 大家一起商量，画出本单位的组织结构图及其发挥的作用（可参考附图中提供的“小学行政管理系统图”）。

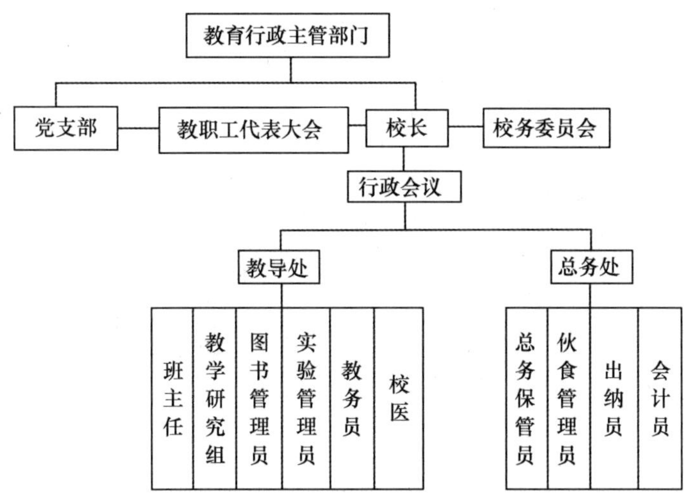

小学行政管理系统图

资料来源：中/英甘肃基础教育项目老师培训教材，2001 年，第 14 页。

3. 根据目前改革或某项社会发展项目的需要，思考目前的单位组织结构内还缺乏什么重要的部门，或者哪些部门可以改变职能，承担改革所需要发挥的功能。

4. 将新的部门和功能添到小组的组织结构图内。

5. 各小组派代表介绍本组的结构图，其他组提问，发表看法和建议。

提示：

当一项新的改革开始时，人们往往感到目前的组织机构已无法适应改革的要求。要求参与者画自己单位的组织结构图，可以促使他们用一种非常直观、明了、简洁的方式了解本机构目前的组织结构，是否符合改革的要求，是否需要增加新的部门，是否需要旧的部门改变或增加新的功能。例如，在我国基础教育新课程改革的校长培训中，我们要求校长们用画图的方式勾勒出自己学校的组织机构图。结果校长们发现，自己学校目前的机构不能胜任新课程改革的重，一致认为需要增加新的部门和新的功能。

将来自同一单位或同一类型社会机构的参与者编在一个小组做这个活动，有利于他们彼此交换意见，协调想法。通过反复商量、讨论和交流，他们对本单位的组织结构、管理风格、权力格局都会有更加深刻的理解。他们回到自己的工作岗位以后，应该更加知道如何对机构进行必要的调整。同事也应该注意的是，来自同一单位的人可能对剖析自己单位的组织结构有顾虑，担心暴露自己的过激想法。任何制度和机构的变革都是利益的重新分配，涉及许多个人的利益和前途。因此，最好的分组方法是将来自同一类型的社会机构、互相不认识的人编在一个小组，而不是来自同一单位、相互认识的人。如果培训的参与者全部都是来自同一个单位，那么培训者应该事先要求参与者，在培训中涉及的任何内容都是为了学习的目的，必须保密，不能泄露到培训之外。

3. 社区决策关系图

目标：

- 参与者了解社区各种机构和组织之间的关系；
- 参与者了解当地人如何看待自己社区的机构和组织。

材料：大纸、笔

时间：40 分钟

步骤：

1. 事先邀请当地若干人参加本活动，最好每组有2—3人。

2. 参与者分成3—4人小组，分别与2—3位当地人组成活动小组。

3. 参与者与当地人一起讨论，识别对制定当地政策有影响的组织机构和任务。

4. 在大纸上画圈，代表有关组织和个人，圈的大小显示了相应的重要性和影响力。将社区放在大纸的中间，将代表组织和个人的圈依据其功能分类放在周围。

5. 判断在决策时各个圈之间的交叉重叠关系，如两个组织之间的功能相近时就会发生重叠。

6. 用线条将社区与各个组织和个人相连，线条的粗细表示关系的疏密。

7. 组内讨论绘图结果的准确性，并与其他组进行交叉检验。

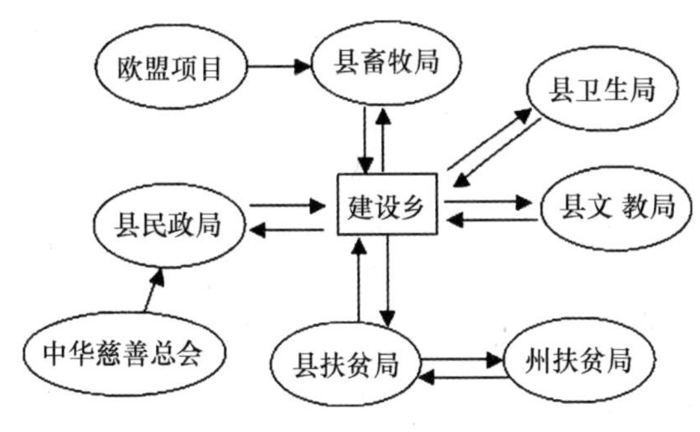

建设乡机构联系图

提示：

制作机构关系图的优点是：能够为不熟悉当地情况的参与者快速提供有关机构关系的信息以及当地人所关注问题的轻重缓急。此外，可以使当地人自己更深刻地了解自身的决策地位以及本社区在资源利用方面存在的制约因素和发展潜力。

绘制机构关系图时需要遵守的一条重要原则是：摒弃参与者自己固有的观念，尊重当地人的看法，避免误导当地人。同时要注意：不

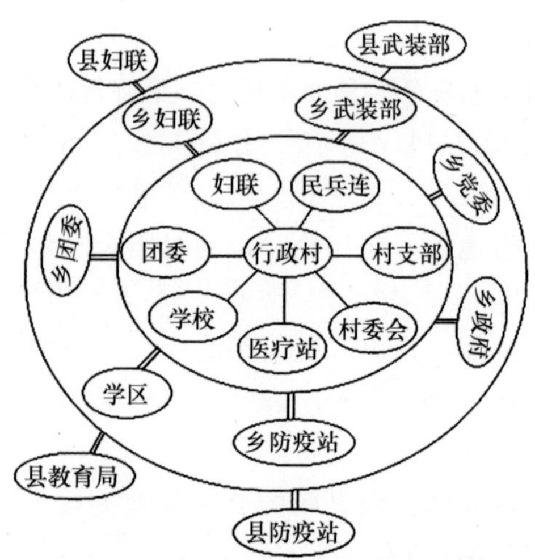

海原县高台乡高台行政村机构联系图

同社会阶层的当地人对同一社会机构的关系的看法会有所差异，参与者和铺席子应该鼓励不同的人将自己的看法画出来。

4. 问题树：找原因，分析结果

目标：

- 参与者对问题有更加细致的了解；
- 参与者能够自己找到问题的原因和解决办法。

材料：彩笔、大纸

时间：40 分钟

步骤：

1. 参与者分成 4—6 人一组。

2. 小组使用“头脑风暴”法提出问题和困难（可以根据培训内容而定，如社区在学校教育方面面临的困难）。

3. 小组对问题进行排序。

4. 各组交流，全体参与者将各组的结果汇总，排出最重要的 5—7 个问题（根据小组的数量而定，保证每个组有一个问题）。

5. 每组根据自己挑选的问题画问题树，培训者简单解释问题树的画法。

6. 各组展示自己的问题树，向全体参加者轮流讲解，参与者可以随时提问，进行深入讨论。

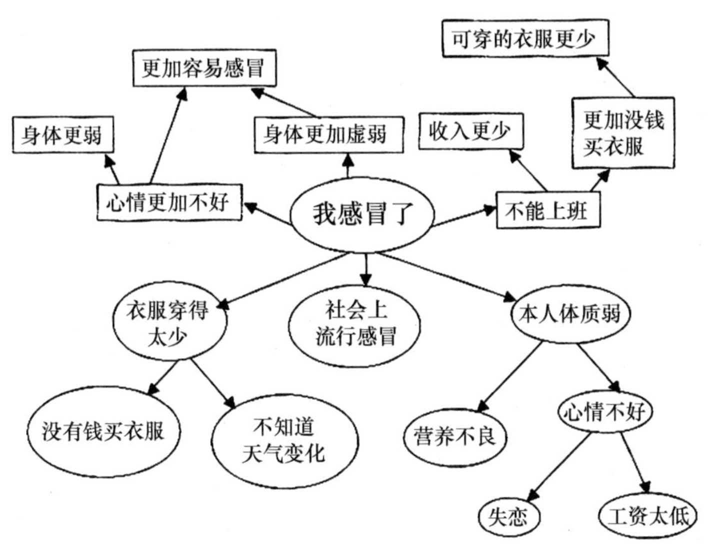

提示：

问题树是一种图画，能够使参与者一起分析一个特定问题的原因和影响，直观、细致地看到各种因素之间的关系以及问题内部的复杂性，并能够找到解决问题的办法。问题树的影响部分可以使参与者意识到，如果这个问题不及时解决，将带来长期、广泛的不良后果。

问题树的画法是：首先，在一张纸的中心写下要探讨的问题。然后，在纸的下半部尽可能多地写出导致这个问题的原因，并用箭头把它们联系起来，知道穷尽了所有的原因和原因的原因。在找到了最根本的原因之后，在问题的上面尽可能多地列出该问题有可能造成的影响和后果，并用箭头标明它们之间的关系。

为了避免用直接相关的问题进行示例而干扰参与者独立对问题进行思考，附图中有意使用了一个日常生活的例子。问题是“我感冒了”，下面的圆圈内表示的是导致感冒的原因，上面方框内表示的是感冒所导致的结果。从中可以看出，原因和结果有时本身就是问题；而且原因和结果的定义是相对的，在不同的场合可以互换，在一个地方是原因，在另外一个地方可能就是结果。

画问题树有如下优点。

- 系统性：使用的是系统的逻辑分析方法，操作步骤上有很强的系统性，遵循原因—后果的逻辑关系，通过集思广益的参与过程，将一个复杂的问题分解系统成为不同的子系统，包括问题领域和直接原因、间接原因、直接后果、间接后果等不同层次。
- 开放性：问题树的包容性很大，各种不同的看法都可以放在“树”上。
- 直观性：讨论的内容可以直观地写在“树”上，各种关系一目了然。
- 参与性：所分析的问题及其原因和影响通常是由参加者自己提出来的，活动的形式本身为参加者之间的沟通提供了宽松的环境，不同层次的参加者都可以提供自己的看法，大家可以全部站在大纸前，一起往“树”上添内容。

5. 原因分析饼

目标：

- 参与者能够对问题的原因按主次层层剖析；
- 参与者能够利用直观画图的方式更加清楚地看到问题的原因所在。

材料：大纸、笔、胶带

时间：20 分钟

步骤：

1. 参与者分成 4—6 人一组。
2. 每个组领一个需要分析的问题，按照附图提示的样例，进行原因分析：将问题放在圆圈的中间，组员讨论，在问题的四周列出 4 个最主要的原因。
3. 在这 4 个原因中选择一个最重要的原因，将这个原因放在圆圈中间。此时，该“原因”变成了一个“问题”。组员经过讨论，在四周再列出 4 个最主要的原因。
4. 如此类推，一直做到无法进行下去为止。

5. 全体讨论：

- 导致这个问题发生的原因是什么？各组的讨论有何不同？
- 原因和问题之间是什么关系？
- 如果需要解决该问题，应该从哪里入手？

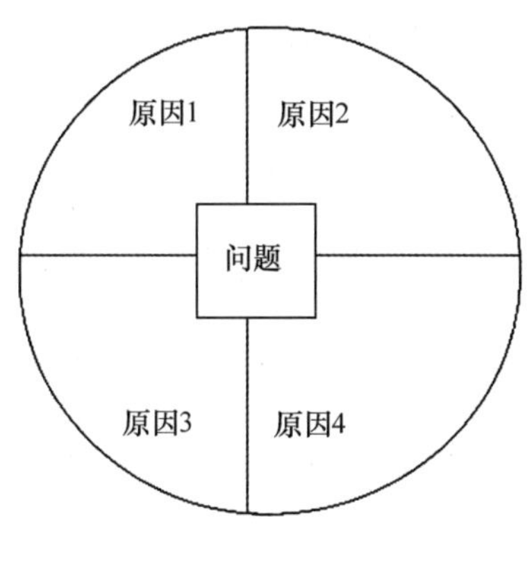

原因分析饼图

提示：

本活动可以帮助参与者更加清楚地看到导致某问题发生的不同原因，特别是主要原因和次要原因之间的关系。围绕问题而做的饼子可以越切越细致，越切关系越清楚。

对原因进行分析的时候，要特别注意：原因与问题是一个铜板的两面，只是由于分析者的角度不同，对其命名不同而已。因此，在分析的时候，培训者不必过于较真，不必追求“科学的逻辑”，只要能表现出参与者自己的“逻辑”和他们眼中的“现实”就行了。

6. 目标分析图

目标：

- 参与者通过画图的方式了解自己希望达到的目标；
- 参与者能够分析目标中结果与手段之间的关系。

材料：大纸、笔

时间：30 分钟

步骤：

1. 参与者分成4—6 人一组。

2. 每组提出一个问题，然后将问题转化成为一个正面的目标来陈诉，如将问题“社区参与学校管理程度低”转化为目标“社区在学校管理中的参与程度提高”（参见附图一）。

3. 各组画一个目标树，注意手段与结果之间的关系（参照附图二和提示）。

4. 完成后，将目标树贴在墙上，全体游走观看。

5. 小组汇报，其他组质疑：

- 目标是如何制定出来的？
- 是否所有的目标都能达到？手段是否可行？
- 不能达到目标怎么办？

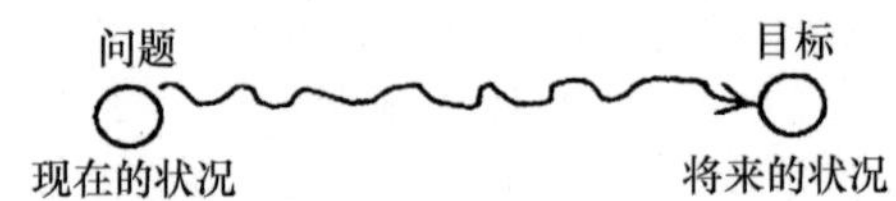

问题与目标的关系图

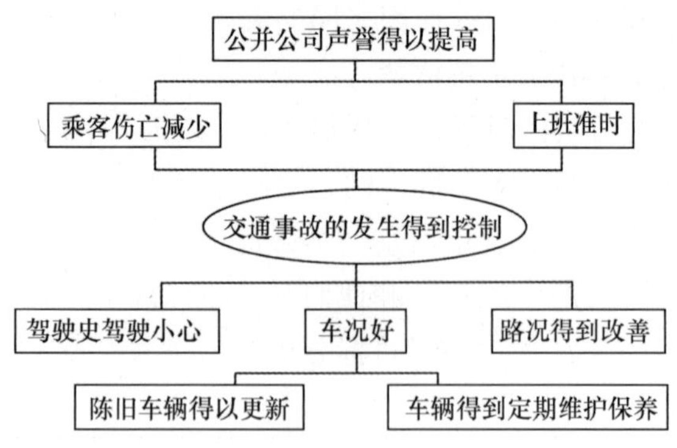

目标树举例

提示：

画目标树与画问题树的方式非常类似，其过程是：

问题陈述转化为正面的目标陈述；

按问题树的结构构建目标树；

检查“手段—结果”之间的关系。手段在树的下方，结果在树的上方。所有的下一层的目标都是上一层目标的手段。同样地，所有上一层的目标都是下一层目标的结果。

7. 优势—劣势—机遇—风险分析

目标：

- 参与者通过绘图的方式了解优势、劣势、机遇、风险之间的关系；
- 参与者学会更好地做决策。

材料：笔、大纸

时间：30 分钟

步骤：

1. 参与者（最好有当地人参加）分成 4—6 人小组。
2. 各组确定将要分析的问题。
3. 培训者介绍绘制矩阵表的要求和作用：包括优势、劣势、机会和风险 4 列内容（参见附图）。
4. 小组组员合作一起绘制矩阵表，对比优势和劣势，针对机会和潜力，分析使潜力成为可能性的现实因素和潜在因素、制约条件和阻力等。
5. 各组将矩阵表展览出来，全体观看，评议。

果园发展项目优势、劣势、机会和风险分析表

________县________乡________村

项目内容	优　势	劣　势	机　会	风　险
果园建设	村民有积极性；不和口粮田争地；部分村民已经有经营经验	缺乏建设资金；贫困户参与有困难	借助扶贫贷款；政府部门支持	市场波动导致投资不能回收
苗木	本县已有一苗圃	数量不能满足需要；品种落后；无法占领市场	直接引进新品种；县苗圃培植优质苗木	

续表

项目内容	优　势	劣　势	机　会	风　险
灌溉设施	水源充足；已修主干渠	引水渠建设工程量大	受益农户投入劳力	水渠因资金短缺不能维修
技术服务	县果品公司和推广站已有技术人员；具备初步服务网络	技术人员数量不够	通过项目培训技术人员；建立有偿服务机制	利益机制不清楚；影响农户与技术人员合作的积极性
市场销售	有较好的外围市场；本县已有批发市场	社区内没有销售组织	支持果树专业户组织销售；与县果品公司签订收购合同	市场波动；果农之间为销售而竞争

提示：本活动的最大好处是：

为参加者讨论比较复杂的问题提供了一个分析框架，有利于他们从不同的角度和层面分析问题。

具有很强的直观效果，参与者可以在同一平面内同时分析几个与同一领域相关的问题，便于系统地思考，对比、权衡不同的影响因素。

8. 学校变化图

目标：

- 参与者通过绘图回忆过去，期望未来，了解机构的变化状况；
- 小组成员合作绘制图画。

材料：纸、笔

时间：30 分钟

步骤：

1. 参与者分成 4—6 人小组，最好按地域（如村庄）为单位分组。如果可能，邀请一些当地人参加。

2. 各小组按照如下的问题，一起绘制三幅图画。

- 我奶奶小的时候，我们的村子是什么样的？
- 我爸爸小的时候，我们的村子是什么样的？
- 我老了的时候，我们的村子可能是什么样子？

3. 小组讨论：

- 这三幅图画相互之间有什么区别？
- 这些不同反映了什么变化？
- 变化是如何发生的？
- 这些变化说明了什么问题？

4. 小组将图贴在墙上，派代表介绍讨论结果，其他参与者提问，评议。

提示：

本活动通过一系列画图活动，促使参与者思考本地社会机构变化的趋势。通常，如果培训者要求参与者口头介绍本地机构近半年来发生的变化，参与者可能谈得比较空泛，很难给听的人留下印象，特别是那些对本机构不熟悉的人。而画图能够迅速地将参与者聚集在一起，非常直观地了解彼此心目中有关机构的变化情况。在画图的过程中，参与者还可以相互补充、相互纠正，提高绘图的准确性。

9. 历史演变图

目标：

- 参与者了解本社区曾经发生过的重大历史事件；
- 参与者吸取经验教训，理解过去事件对现在发展的影响。

材料：纸、笔

时间：40 分钟

步骤：

1. 寻找社区内记忆力较强的老年人作为主要参加者，其他参与者起辅导作用。

2. 所有人分成 4—6 人小组，每组内部都有老人作为主要参与者。

3. 请老年人将自己经历过的重大事件说出来或画在纸上，可按年代、内容和影响分类，也可以按照他们自己的思路呈现。如果他们回忆或表达的速度比较慢，或者对回忆某些事件有顾虑，其他参与者要尊重他们的选择，多用鼓励的语言帮助他们思考，不要轻易打断他们的思考，不要轻易打断他们的回忆和表述。其他参加者可以帮忙绘画和笔录。

4. 小组派代表汇报绘图过程和结果，最好请老人自己汇报。如果老人不愿意，或做不了，可以由其他参与者代替。

5. 全体讨论：

- 这些历史事件是如何发生和发展的？
- 对现实有什么指导意义？
- 如果我们要发展本社区，这些历史经验可以如何借鉴？

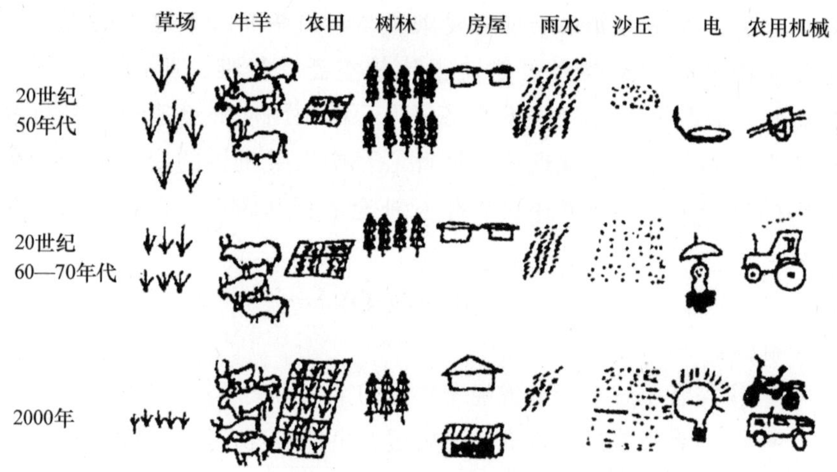

西海斯改嘎查历史演变图

提示：

运用制图的手段将社区发展的演变过程予以直观、形象的表达，能够加深参与者对社区自然生态、社会文化、社区制度、技术和经济变迁过程的了解，理解过去的经验教训对现在社区发展的影响，进而探讨社区未来发展的方向、途径和具体措施。

历史演变图通常包括如下的内容：

- 时间段：可以是一年、三年、五年或十年，可以以参与者的标准确定，也可以以大事件的发生顺序为准；

• 内容：如不同时期社区基础设施建设、社区领导人的更换、政治运动的冲击、新技术的引进和应用、经济上的重大变化等；

• 影响：上述重大事件对个人、家庭和社区产生的效应，包括正反两个方面；

• 表达方式：通常使用图示、文字和数据表达方式。

10. 排队游戏

目标：

• 参与者以一种愉快的方式学习排序规则；

• 参与者认识到，人们通常是基于多重标准而不是一种标准对事情做出判断。

材料：无

时间：15 分钟

步骤：

1. 将参与者分成两组，每组 10—12 人。如果人数很少，也可以由一个大组来做游戏。

2. 每组出一位自愿者，选择一个对所在组其余成员进行排队的标准。在游戏结束之前不要将标准透露给组内其他成员。

3. 自愿者按照自己选择的标准对其他组员进行排队，例如，如果选择身高作为排队的标准，那么最高的人排在一头，而最矮的人排在另一头。排队时，自愿者可以称呼其他参与者的名字，用手招呼他们，也可以用手拉他们入列。

4. 其他组员猜测本组排队的标准是什么，与被选出的代表核实。

5. 每组猜测其他组排队的标准，并判断对方是否按所选标准正确地进行了排队。

提示：

这个游戏为参与者讨论排序问题提供了一个有趣的起点，可以在学习其他排序方法之前进行。培训者应该鼓励参与者发挥自己的想象力，选择任何排队标准都可以，例如，从一些比较显著的标准（如身高、肚子的大小、头发的长短）到不太明显的标准（如参加者所在国家与赤道的距离、参与者所在地的面积大小等）。

本活动的主要学习要点是：一个单一的标准能够被用来排列一系列事物，但是这换个标准通常不容易被辨别，因为我们通常用多重标准来判断事物。因此，我们需要了解别人的标准是什么，不要将自己的一个简单的标准代替别人实际在使用的复杂标准。另一个重要的学习要点是：如果我们使用的标准与那些我们对其进行排队的人的标准不一样，那么我们的判断标准就会是错误的。因此，在做任何事情之前，我们需要了解别人使用的是什么标准，与自己的标准是否一致。

11. 集体打分排序

目标：

- 参与者学习小组合作打分和排序的方法；
- 参与者认识到，不同的人有不同的评分标准。

材料：大纸、笔

时间：30 分钟

步骤：

1. 参与者分成 5 人小组。

2. 小组成员运用头脑风暴法，提出目前自己工作中遇到的各种困难。记录员将大家的困难写在一张大纸上。

3. 小组成员讨论，挑选出最难以解决的 5 个困难。

4. 小组绘制一张大表格（见附图），贴在墙上，将 5 个困难填入表内。

5. 小组成员轮流在表上针对 5 个困难打分，按困难的难度打分，最困难的打 5 分，最不困难的打 1 分。小组成员每个人都要给出自己的分数。

6. 小组召集人将所有组员针对 5 个困难所打的分相加，除以小组人数，得出小组的平均分。得分最高的困难被认为是最难的（最难以解决的）困难，得分最低的困难被认为是最不难的（最容易解决的）困难。

7. 各组分享打分结果，全体总结评议。

8.

集体打分排序表

<table>
<tr><th rowspan="2">困难</th><th colspan="5">小组成员分别打分</th><th rowspan="2">小组总分</th><th rowspan="2">小组平均分</th><th rowspan="2">排序</th></tr>
<tr><th>A</th><th>B</th><th>C</th><th>D</th><th>E</th></tr>
<tr><td></td><td></td><td></td><td></td><td></td><td></td><td></td><td></td><td></td></tr>
<tr><td></td><td></td><td></td><td></td><td></td><td></td><td></td><td></td><td></td></tr>
<tr><td></td><td></td><td></td><td></td><td></td><td></td><td></td><td></td><td></td></tr>
<tr><td></td><td></td><td></td><td></td><td></td><td></td><td></td><td></td><td></td></tr>
<tr><td></td><td></td><td></td><td></td><td></td><td></td><td></td><td></td><td></td></tr>
</table>

提示：

本活动的目的是使小组成员完全“民主地”对一些问题进行重要性排序。将小组内每个人所给的分数相加，然后除以小组人数，得出的分数就是小组的平均分数。然而，应该注意的是，有时候个别人的偏激观点可能通过他们所给的极端分数表现出来，他们给出的分数可能特别高或特别低，结果对小组的平均分产生非常大的影响。解决这个问题的一个办法是：去除一个最高分和最低分，然后将其他人的分数相加，除以其他人的人数，得出小组的平均分。

12. 多项投票法

目标：

- 参与者了解自己对事情的重视程度；
- 参与者认识到不同人对不同事情的重视程度是不一样的。

材料：纸、笔

时间：30 分钟

步骤：

1. 参与者分成 4—6 人一组。

2. 组员讨论：自己在生活和工作中经常遇到哪些需要做选择的事情？

3. 小组选择一个大家都感兴趣的事情，做多项选择活动。

4. 记录员在大纸上画一个表（参见附图），每一位组员根据自己的需要分别在核实的地方画钩。

5. 小组成员一起统计出各项选择的总数，进行重要性排序。

6. 小组讨论：

- 我做的选择与别人有什么不同？我的选择标准是什么？
- 为什么不同的人所做的选择不一样？这些不同是如何产生的？
- 如果小组需要集体讨论，组员互相之间如何协调？

7. 小组汇报，全体讨论。

贷款用途排序

调查内容	打钩次数和要求	投票数					
如果你能够贷款10万元，你想做什么？	每人3次，每次选择一项活动	上大学	开商店	买房子	买汽车	办培训班	做生意

提示：

本活动的内容可以因参与者而异。例如，如果参与者是农民，可以将贷款额度减少，将活动内容改为买种子、买拖拉机、送孩子上学等。如果参加活动的大多数人是文盲，在排序内容上可以画图，而不是文字；同时可以发给他们一些玉米粒、石头、土豆等，让他们在自己选择的每一个格子里放一个。

13. 打靶图

目标：

- 参加者了解各个事情的执行情况与目标的距离；
- 参与者了解多个相关的事情之间的密切程度。

时间：25 分钟

材料：靶子图、彩笔或彩色圆点

步骤：

1. 将画有一靶子的活动挂图

（中央为一个圆点，外围为大圆圈套小圆圈，共 4 个圈）。

2. 假设靶子图的中心点为目标。越往外，离目标越远。如果设定中心点为100分，那么最外圈为0分。

3. 提问参加者考虑每个事情单独的执行结果，即就这件事情的执行现状与目标的距离，或在多大程度上现状与目标是吻合的。

4. 每人发一个彩色圆点，或每人手拿一支彩色粗笔。请所有参加者一起上来将自己对这件事情目前执行情况离目标的距离在图中贴出或标出。

5. 所有人贴完后，请所有人共同看看结果。分析各个点的分布趋势。

6. 讨论时出现这种趋势的原因是什么？

7. 重复3—6步的方法，讨论第二件事情的情况。

8. 直到把要讨论的几件事情的结果全部都展现在靶子图中以后，引导参加者分析这几件事情结果的分布趋势差异。再引导参加者分析这几件事情之间的关系。问为什么？同时请大家考虑这几个相关联的事情之间的关系密切程度。

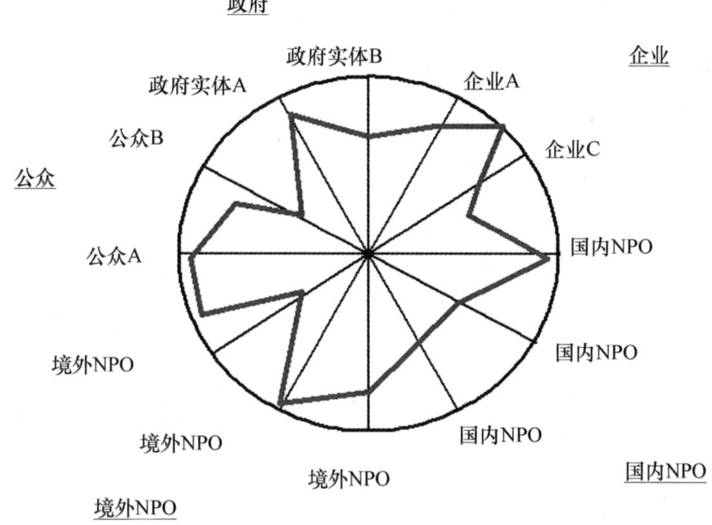

提示：

一定要确认所有人理解靶子图的中心点代表的是目标。

所有人一定要同时上前去贴点或画点。不要观看别人所贴点的位置。

9. 强调要表达个人的观点。

14. 脑力风暴图

目标：

- 在大范围内听到不同人的意见；
- 每个人有均等的意见表达的机会。

时间：25 分钟

材料：脑力风暴表，每人一张

步骤：

1. 提前制作好脑力风暴表。表中画有方格子，左侧第一栏内填有要讨论的话题。

2. 将脑力风暴表发给参与的所有人员，每人一张。

3. 请大家看看左侧第一栏中的内容，即为现在要分享观点的话题。

4. 告知规则：先将个人的观点填在第一行中，一个方格中填一个观点，可以是一个词、词组或短语。填完后，将纸翻过来，将自己手中的表格递给右侧的参加者，依次传递。当传过 5—6 个人后，主持人喊停，个人再将手中的纸正过来，开始填第二栏中的内容。

5. 依次完成所有话题的答案后，每人手中的纸再传一次，正过来。

6. 首先请大家分享第一个话题的所有答案，请不同位置的参加者大声念出自己手中那张纸上的答案，依次完成所有话题的分享。

7. 最后请大家总结一下各个话题下答案的主要观点或有多少类型的观点。

提示：

1. 各个话题填写答案和分享均要依次进行。

2. 要注意让平日不喜欢多说话的参加者首先发言。

15. 卡片排序

目标：

- 依事情的重要性或自己对事情的满意程度排序；

- 选择事情的优先程度。

时间：30 分钟

材料：2—3 套索引卡，依次写着：

以成功案例为基础进行项目设计；

找出明确的受益人群；

建立详细的项目实施计划；

进行全面的需求评估；

让受益人参与所有阶段的项目活动（解释一下：这包括项目设计、实施、监督和评估）；

制订可持续发展计划；

连续地监督计划的每一个步骤；

评估项目效果。

步骤：

1. 将参加者按 4—5 人一组分开，每组领一套卡片。

2. 告知参加者希望他们排序的要求，是按重要性，还是满意程度，或是需要优先采取行动解决等。

3. 请参加者先讨论在各项内容方面的现状，再排序。

4. 各组将排序结果向大组分享。解释这样排的原因。

5. 总结、归纳。

提示：

1. 各组一定要先讨论，这样参加者可以充分分享不同人的意见。

2. 注意不同小组的排序有什么相同点和不同点。

3. 讨论下一步该如何行动。

16. 色彩表决

目标：

- 在多项选择中，决定优先需要考虑的内容。

时间：20 分钟

材料：

- 彩色圆点（红色、黄色和绿色，每人拿每种颜色的 6 个圆点）
- 色彩表决图（提前做好）

需要表决项	贴点处
收集和分析信息	
用文字记录经验和项目	
我们组织内部的信息分享	
与其他 NPO 分享我们的信息	
团队协作	
向其他组织学习	

1. 红色、黄色和绿色的圆点发给参加的所有人员。

2. 解释各种颜色代表的含义（红色 = 尚需改进；黄色 = 满意；绿色 = 优秀）。

3. 问参加者：举出 1—2 个例子来说明大纸上所列出的各项内容？

4. 要求所有人“投票表决”，可将彩色圆点附于每一个项目旁边的空白格中（也可以准备一张有彩色点的大纸并挂起来）。也可以建议参加者从上往下贴点表决，不至于忘了哪项已投过票，哪项还没有投过。

5. 是否从中发现什么趋势？假如你想在某个方面做出改变会选择哪个方面？为什么？

提示：

这个活动要鼓励参加者找到趋势，而不是仅把这项练习作为一个超级数学练习来做。也就是说，辅导员还要问一些更具体的问题例如：小组讨论的结果和表决的结果比较起来有什么不同？为什么这个图上绿色的圆点这么少？等等。

17. 雷达图

目标：

- 适合比较与多种合作关系的密切程度、强弱程度等。

材料：

活动挂图，上面划分出不同的区域，罗列出不同的合作伙伴，如政府、企业、中国 NPO、境外 NPO 和公众

时间：35 分钟

步骤：

1. 过去的12个月中，你们与哪些新的政府机构进行合作（接受资助、开展项目/活动、紧密合作）？（在雷达图边上写下来）有哪些新的主要企业？哪些新的中国NPO？哪些新的境外NPO？如果是对公众中的成员，改变问题并问："在过去12个月中，你与公众中的哪些成员进行了特别的接触并拓展了公共关系？"（在雷达图边上写下来）

2. 考虑一下一个组织通过上述关系可能得到的所有益处：获得资金、增加联络渠道、得到专业技术帮助、提高信誉等。（这些内容都可以列在大纸的边上）你们与上述各类机构的关系的结果/成功性如何（对支持你们组织的使命和项目目标来说），（在图上标注出提到的每一种组织。离中心点近表示支持水平低，反之，远离中心点表示支持水平高。将所有的圆点都标到图上后，将各个圆点用线连接起来，然后让参加评估的人员对图进行思考。各个区域里的图形是否有显著差距？）

3. 对于公众，改变问题并问："你们与公众中各个群体公共关系的有效性如何？"

4. 在何种程度上，你们有合适的资源（正确的技能、充足的资金、足够的人员）向上述群体进行拓展工作？

提示：

1. 雷达图很容易做的活动，但是参加者可能发现中国企业和政府部分在图上总是薄弱环节，并认为对这种情况无能为力。如果这种情况发生，辅导员可以按下面的方法提供帮助：再评估可以集中在新的合作伙伴上。当经历/活动比较少时，辅导员可以问大家做出了什么样的努力来寻找新的伙伴。为什么这些努力不成功？我们通过什么样的途径与合作伙伴进行沟通？他们是否能够学以致用？或许关于该做什么的讨论可以放到结果/计划部分进行。

2. 注意如果他们没有建立新的合伙关系/关系，可以列出一直延续下来的关系。实际上，追踪一些"旧"关系有助于发现这些旧关系的性质/质量有没有变化。

第二节　实际操作性资料阅读

一　社会性别敏感项目周期指引

把社会性别纳入项目就是：

- 项目每个环节都具有社会性别视角；

－考虑到不同性别的 1）需求和权利；2）参与；3）项目对不同性别带来的影响

- 项目贯彻社会性别公平原则；

－资源和机会向性别弱势倾斜

- 项目推进社会性别平等；

－促进不同性别享有同样的权利、机会和责任

社会性别与发展项目的核心元素（内容）

- 挑战社会性别陈规定型；

角色、分工、责任、期待、

要求、行为、评价、机会

- 挑战社会性别权力关系；

资源获得与支配、权利、决定

项目周期

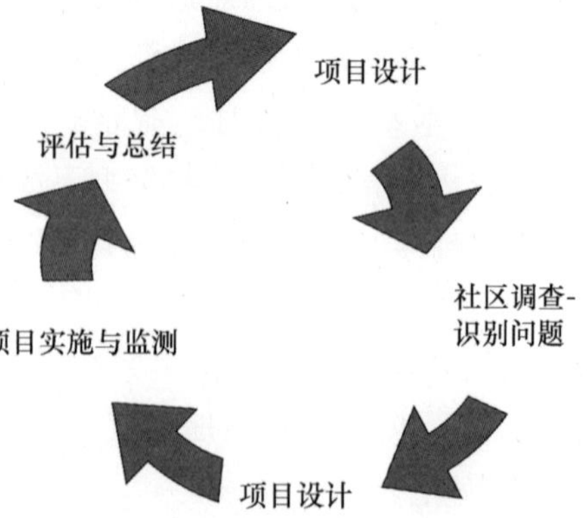

社区调查—识别问题

• 分性别调查与统计，范围包括基本信息（收入水平及来源、家庭、教育程度、健康情况、民族宗教等），社区管理架构及人员关系，资源拥有及使用；

• 社会性别状况如何？社会性别权力关系如何？发现并分析社会性别问题；

• 哪些因素巩固不平等的社会性别关系？哪些因素有利于建立平等的社会性别关系？

• 在需求评估及分析时，积极协作女人、女童、男人、男童参与，可透过分性别和人群的小组访谈，须注意入户访谈的人群分布（如单亲家庭）及协作者的性别组成。

项目设计

• 项目设计是否回应了社区的社会性别问题？是否挑战社会性别陈规定型？是否挑战社会性别权力关系？

• 确立项目推进社会性别平等的目标及措施；

• 确立妇女在项目活动中参与形式、程度及方法，并提供必要的条件与环境，包括时间、地点、人员组成、能力建设等；

• 项目预计的受益人群需分性别、人群；

• 项目预算是否有社会性别专项经费，例如，社会性别平等意识提升、专门的妇女活动、发动男性参与推动性别平等；

• 项目是否就对推动社会性别平等的影响进行评估？是否考虑到对不同性别带来的影响（包括正面的和负面的）？

• 衡量指标是否包含了测量社会性别平等和妇女充权的指标？是否包括相关的基线数据以作比较？

实施与监测

• 确定项目的管理形式与制度，保障妇女参与项目实施与监督（考虑妇女处境：时间、接受度、方式/方法），并确保男性理解和认同相关措施。

确保不同性别及人群都了解项目信息、得到相关的资源

• 男人与女人的工作是否得到公道的报酬与评价？

• 注意项目是否只增加妇女的劳动？有否改变社会性别分工？妇女的主观感受和评价如何？妇女能否参与到决策当中？社区对妇女的评价有否改变？

• 监测项目活动是否如计划进行？社会性别问题是否得到回应？相关的妇女及社会性别专项活动及资源是否落实？不同性别和群体是否满意？按具体情况进展进行适当调整；

• 资助方、合作伙伴在监测项目时要注意倾听不同人群，尤其是妇女的意见。

总结与评估

• 根据目标及衡量指标评估社会性别关系的变化，并考虑以下方面：

- 男女平等参与公私领域的决策

- 男女平等使用和控制资源及得到基本服务

- 妇女充权情况（自信心、自我价值、自我管理、领导能力、团结互助等）

- 家庭暴力或其他针对妇女暴力的发生

- 社区对不同性别评价和期望的改变，包括男性支持社会性别平等

• 注意评估小组的性别和人员组成，必须包括女性；

• 评估过程中不同受益人群参与，包括女性和其他弱势人群，并能影响决定；

• 合作伙伴的社会性别意识有否提升？组织内的社会性别关系有否改善；

• 总结妇女充权及推动社会性别平等的相关成功经验与教训；

• 如需要，发现下一阶段的干预切入点，并设定下一周期项目的妇女充权及社会性别平等的目标。

（资料来源：部分引用乐施会中国项目部《社会性别敏感的农村发展与灾后重建社区项目 - 项目周期实施指引》）

二　反思行动——农村发展工作新理念

反思行动是一种新型的认知社会、促进社会变革的工作方式。这

种方法结合了巴西著名教育家保罗·弗雷里首创的教育理论和参与式学习的方法，首先运用于成人学习过程中，把成人学习和农村发展结合起来，开创了扫盲工作新局面。并在世界各地得到了广泛的推广应用，因而获得了联合国教科文组织发的“国际扫盲奖”。反思行动方法不仅可以运用于成人扫盲，还可更广泛地运用到冲突管理、社区组织创建管理，社区发展计划制定，自然资源管理和农村综合发展诸方面，它更加关注的是社区群众的自我发展能力和自我组织能力的增强。

反思行动的内涵和特点

在反思行动方法中，全面贯穿了反思和交流手段的应用，并以形象化、视觉化的方式应用在社会发展工作中。在反思过去怎样？现在变得怎么样？从中思考我们应该干什么？根据现有条件，我们能干什么？重点要落实在计划和行动上。如在参与式农村评估、戏剧、舞蹈、讲故事及角色扮演等活动中，鼓励有观点的思考，并促成一种转变。这一过程使贫困者、社区边缘人群和社区群众准确分析他们的处境，从具体的行动开始，促进他们生活状况有计划地转变。

这种方法没有事先准备好的教科书、指南，而是让当地社区群众去分析他们的问题，并找到背后的原因，尤其是深层次的原因，如资源利用权被剥夺、管理因不民主而低效等，然后让他们制订自己的行动计划，并实施。

反思行动的重点是根据任务或项目，组织社区思考他们所在地区的各种生活状态。每个思考过程成了发现问题、开掘机会的社会论坛。反思行动帮助创立民主的气氛和文化，促进对贫困人群的权益进行深刻分析的进程。

反思行动的方法模式有效地鼓励每个思考过程，根据他们的集体分析，制定出社区的行动和实施计划，计划的内容可涉及教育、改善医疗卫生条件、社区发展、森林资源的管理使用以及政府或事业单位的改革等诸多范围。

反思行动的主要特点是实践者应用此模式致力于加强组织机构建设，确保人们的基本权利，并能帮助人们深入分析社会所赋予他们的权利，同时也能用来组织教育那些侵权的组织和群体，给那些权利受到削弱的群体赋权。

反思行动理念被国际行动援助中国办公室介绍到中国，国际行动援助中国办公室与联合国教科文北京办事处合作出版了《反思行动应用指南》（第一册）和《沟通与权力》（第二册），“反思行动”系列丛书的中文版本。让更多的中国人能够了解“反思行动”的新理念。

（资料来源：国际行动援助中国办公室）

三　社区考察框架及工具运用案例

在社区层面，村民自己分析本村问题和潜力是制定自然村发展规划的第一步。参与式工具是社区成员在本村组织和协助村民制定三年规划和项目开发之前，让村民积极参与分析社区问题和潜力，提高村民的自我发展能力，从而制定出有针对性地解决村民实际问题的三年规划和项目开发的工具。

直接观察：

通过实地观察，初步了解社区基本情况，拍照记录。

关键人物访谈：（村长、支书或者会计）

1. 介绍访谈目的，了解受访者个人基本信息。

2. 请受访者介绍村子基本情况。（人口数量，男、女、儿童、贫困人口大概人数，土地数量及农作物，经济来源，外出打工情况等）

3. 村委成员构成及工作情况。

4. 村子的风俗习惯、治安、基础设施。（路、水、卫生、医疗等）

5. 村子不同群体目前面临的问题有什么，怎么办？

6. 村子的发展面临的贫困问题是什么，为什么贫困？

7. 村委未来的发展规划，过去或者未来从外部获得的资源有什么？

8. 结束感谢，并看看他有什么问题？

入户访谈：（至少访问社区中的贫困，中等偏下，中等的农户家

庭各一户）收集案例和拍照贫困户多走几家

1. 介绍来访目的，征求其同意。了解受访者个人基本信息。

2. 介绍自己家里的基本人口情况，经济来源，土地及作物等。

3. 目前家庭的生活情况，面临的问题、可能的解决办法及未来的发展期望，可以结合收入支出图进行分析，可以画一天的活动图。

4. 对村子发展的看法，有哪些不好的？希望村子有什么变化？自己能做什么？

小组座谈：选择不同的村民代表 20 人左右（在一个村选择一个座谈即可）

1. 介绍来访目的，互相认识。

2. 讨论大家对村子问题和村庄发展的看法，可以利用画社区资源图进行分析，我们村子有什么？基本情况怎样？面临的困难有什么？希望有哪些变化？

3. 总结感谢大家，如有可能，进行个人的案例收集。（入户）

针对不同群体的座谈：分别召集妇女，儿童，老人，贫困等不同群体的代表 15 人左右进行

1. 介绍会议目的，互相认识。

2. 了解大家对自己这个群体面临困难的看法，比如妇女健康、农业生产、养老等，可以画农事季节历，男女活动分工图等进行分析。

3. 大家对村子的发展的想法。

4. 总结，感谢大家，如可能，可以跟进进行案例收集（入户）。

工具应用过程

1. 贫富排序。

2. 社会关系图。

3. 自然屯资源图。

4. 问题树分析：对村民讨论出来的需要改善的问题进行深入分析，发现关键原因，有针对性地制定解决问题的规划和项目。

5. 项目排序：对村民讨论出的三年规划中的项目进行排序，每屯选出一个硬件，一个软件，然后到行政村进行分别评选。

6. 小组讨论。

7. 性别劳动分工图。

协助员注意事项：社区协助员在本屯的作用主要是组织和协助村民利用这些参与式工具分析本屯的问题和潜力，综合利用各种资源制定三年规划和项目开发，而不是大包大揽一个人完成这些工具，否则就达不到这些参与式工具的真正作用。

1. 自然屯贫富排序

贫富排序是以一个自然屯为单位，选出具有代表性的人群评出各户的贫困程度，从而鉴别出不同群体，讨论不同群体的特征，在制定三年规划和项目开发时更有针对性。最终在项目监测和评估时能够保证：项目使大多数农户受益；弱势群体（最贫困农户）能够受益。

协助员组织村民开展贫富排序步骤：

1. 选择熟悉本屯的代表至少 10 名，其中条件较好的占 30%、条件较差的占 70%，妇女至少要占 1/3，最好是 1/2。

2. 为保证独立性，挨家挨户让代表打分，在 1—5 分打分，以 5 分为最高分（最贫困），1 分为最低分（最富裕）。在打分的过程中强调：贫富排序与项目给谁无关；实事求是，根据实际情况独立打分。

3. 找齐所有打分代表（也可以有其他村民在场）对打分进行汇总，在贫富排序表的最后一列“家庭情况简单描述”简单介绍每户的特殊情况，尤其是弱势群体。

4. 将所有农户分成不同的贫富等级（具体分成几等由村民讨论，3 等、10 等均可）。推荐方案：特贫户、贫困户、中等户、富裕户、最好户。

5. 大家讨论核实每个农户所属的等级是否正确，打分代表要在表格上签名。

6. 收集打分代表对每一等级的看法标准，如：特贫户、贫困户、中等户、富裕户、最好户。最好户各有什么特点？

7. 开村民大会的时候把结果拿出来给大家展示、讨论和修改。

打分表格填写如下表所示：

某某村某某屯贫富排序表

姓名	农户1	农户2	农户3	农户4	农户5	农户6	农户7	农户8	农户9	农户10	合计	家庭情况简单描述
张三	2	3	1	2	1	2	1	1	2	3	18	老板/家里有大货车
李四	4	5	3	4	4	4	5	4	5	4	42	有大病号/家里有三个大学生
张梅	3	3	2	2	2	3	3	4	2	3	27	开小卖部/打工钱多
李五	2	3	4	5	3	4	4	3	4	3	35	人多地少/有残疾人

2. 自然屯社会关系图

自然屯的社会关系包括两个部分：①本屯和外界机构、人员的关系；②本屯内部农户之间的关系。这两个社会关系是自然屯非常重要的社会资源。社会关系图是用图示来表示这两种关系，从而分析村里的社会资源，和村民讨论在制定三年规划和开发项目中如何利用好这些社会资源。

协助员组织村民绘制社会关系图步骤：

1. 选择熟悉本屯的代表10名左右作为一个小组，根据贫富排序的不同等级都要有代表，妇女至少要占1/3；

2. 小组参考以下几个方面进行讨论屯外部社会关系：

（1）农业（如技术培训、品种改良和推广、生产资料购买等）；（2）林业（如退耕还林、果木种植等）；（3）畜牧业和养殖业（如技术培训、品种改良和推广、防疫等）；（4）基础设施（如修路、水等）；（5）教育；（6）医疗卫生（如看病、常见病预防宣传等）；（7）信贷；（8）妇女；（9）宗教；（10）民间组织；（11）企业和市场（包括农产品、手工品销售市场、外出打工企业、南车集团这种捐资企业等）

3. 小组根据下图所示范例讨论本屯的社会关系，绘制社会关系图并签名：

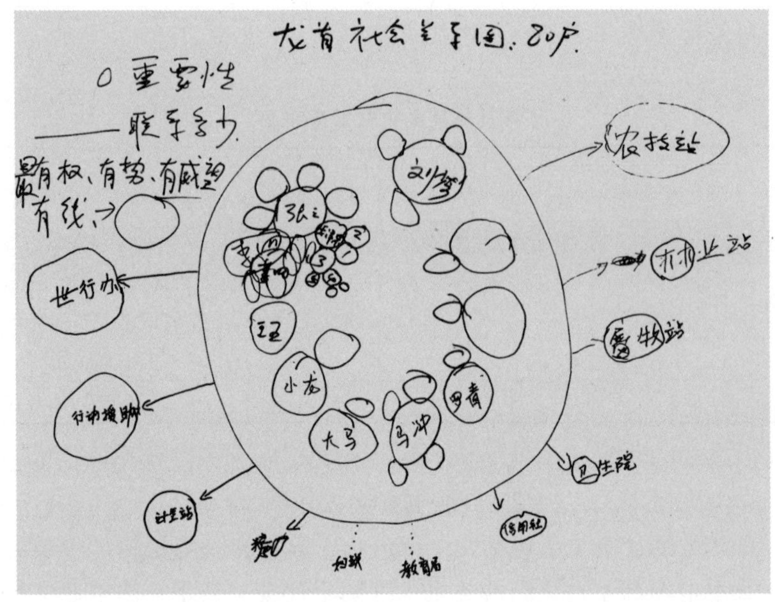

注意：

1）外界机构包括：各级政府部门、企业、民间组织（如行动援助）；

2）只要近几年与本屯有过联系的外界机构都可以作为外部的社会关系；

3）线的长短代表本屯与这个外部机构关系的密切程度；

4）圆圈的大小表示本屯与这个外部机构关系对本屯的重要性；

5）虚线表示村民非常需要与这个外界机构联系，但是目前还没有什么联系或者联系不畅通；

6）内部关系中，圈越大表示这个农户在本屯影响力越大（如有钱、有势、有权或者有威望等），相连的圈表示这两个农户之间有一定关系（如亲朋好友，或者经常在一起商量事情等），本屯所有农户都要在图上标出（可以用圆珠笔）。

4. 小组将讨论结果向村民展示和分享，在制定三年规划和项目开发时讨论如何加强这些社会关系，如何利用好这些社会资源发展本屯，可以综合利用各方面的资源申请项目。

3. 自然屯资源图

自然屯资源图是用绘制简单的图的方式来分析和表示自然屯基础设施的种类和分布以及自然资源种类和分布及其利用，在此分析基础上和村民讨论自然屯需要改善的问题和如何利用好这些资源，更全面更有针对性地制定自然屯三年规划和项目开发。

协助员组织村民绘制自然村资源图步骤：

1. 选择熟悉本屯的代表10名，男女各半，分为男女两组。首先告诉大家资源图是什么东西？有什么用？简单解释有关概念（资源、基础设施）。

2. 协助员把笔交给代表，让他们两组分别自己画图，可以一人拿笔来画，也可以大家轮流画，其他人补充。

注意：协助员要不断提示和启发参与者画出、标出更多的内容（参见后面资源图内容部分）

3. 在资源图上标明方向和图例。

4. 写上绘图人和参加讨论人的姓名、时间、地点。

5. 画好之后，在开展三年规划和项目开发时分享和讨论画的内容，讨论村民的实际问题和需求，制定更有针对性的三年规划。

自然屯资源图要绘制哪些内容？

1. 地貌：山，河，湖，（季节性）水池。

2. 基础设施：道路，房屋，水源，社区机构。（村委会，学校，卫生室，小卖部，农业生产资料销售点，企业或加工厂）

3. 土地利用情况：当地土地利用类型的划分（一等地、二等地等）、种植业用地（标明农作物种类、分布位置、面积）、牧业用地、林业用地（退耕还林、经济林）、工业用地。

4. 水资源：饮用水源，灌溉水源、地下水、河湖渠、水井。

5. 矿产资源：种类、分布和开采情况。

6. 天然资源：野生动植物，尤其是药材。

7. 可以用文字标出社区人力资源、物资资源及资源权属。

自然屯资源图范例：龙临镇龙显村内显社区资源图

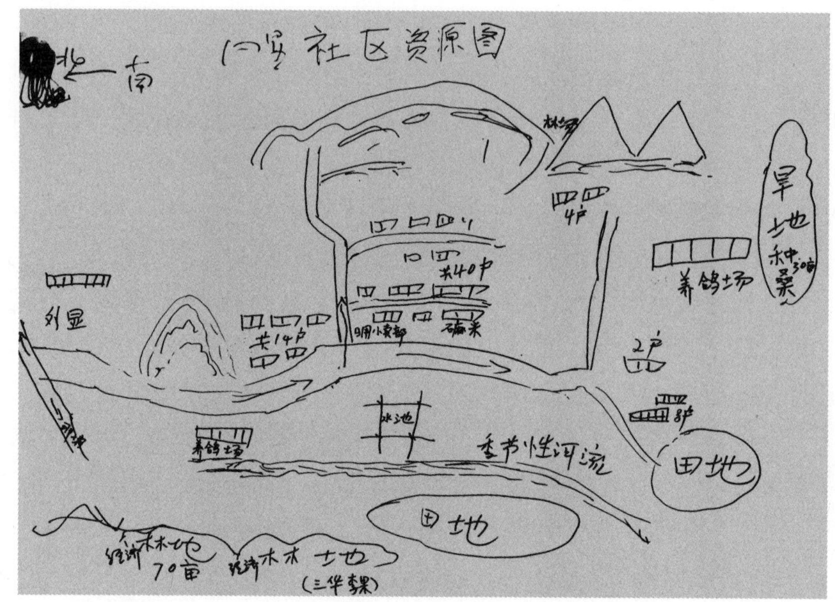

4. 问题树分析

问题树分析是对自然屯的关键问题分析原因和后果，用图表的形式来表示因果关系，以便全方位地观察问题，研究对策，制定三年规划和开发项目。

注意：

协助员的作用是组织村民代表，让他们自己用问题树的方法分析社区问题，而不是协助员自己画一个问题树。

5. 项目排序

项目排序是自然屯制定好本屯的三年规划后，所有农户对三年规划中提出的项目进行打钩排序选出一个硬件项目、一个软件项目参加行政村项目评选的方法。

项目排序方法

- 自然屯80%以上代表要参加打钩排序并签名，妇女至少要占1/3；
- 每个农户代表只能选择4个项目，不能少，也不能多，而且这4个项目必须在左边的硬件里选2个和右边的软件中打钩选2个；

（不能多也不能少）

• 项目排序打钩示意图如下：假设现场有 2 户，1 户是男代表，1 户是女代表。

硬件项目	女村民	男村民	软件项目	女村民	男村民
1 修机耕路	√		1 农村常见病防治宣传	√	√
2 建文化室		√	2 本屯医生技术培训		√
3 建垃圾池	√		3 本屯幼儿园老师培训	√	
4 买水管修自来水		√	4 种辣椒技术培训		

四　运用参与式的工作方法进行社区动员和需求评估来制定村级规划

社区动员是行动援助（AAIC）开展社区工作的重要基础，是实现社区自我发展目标的前提。对于行动援助来说，社区动员既是社区交流沟通、认识分析、参与行动的学习过程，也是社区自我赋权、寻求发展的过程。

社区动员强调我们要以学习的态度和行为，倾听社区不同群体的声音，和社区共同认识社区的现状及存在的问题，确定社区不同人群的迫切需求是什么、适合当地实际发展的工作有哪些，共同探讨如何建设我们自己的村庄，实现所有的村民享有同等质量的生活、政府的社会服务和民主权利。

我们希望通过采用参与式的工作方法，与村民一起分析和学习，加深我们和村民对社区现状和问题的认识和理解，达成共识，并在此基础上开发出村级三年规划。在这个学习过程中，我们的角色定位是协助者的角色。

具体的参与式工具可以包括：

1. 村级自然资源图：通过我们和村里群众共同探讨土地资源的分配和使用的情况，了解村民生计的需求和潜在的发展机会在哪些方面。

2. 村级农作物种植分配图：通过我们和村里群众共同回顾农作

物种植的变化历程，了解现在的生产模式以及生态环境的脆弱程度和问题，进一步了解农业生产相关的村民的需求在哪些方面。

3. 重要的农事季节历：通过我们和村里群众交流，了解村民生产生活、文化生活、政治生活以及风俗习惯和乡规民约等方方面面的情况，以及对我们开展工作的启示和应关注的方面，帮助我们能充分尊重村民，考虑到他们的实际困难。

4. 收入支出图：通过我们和村里不同农户（如好中差）的沟通和交流，了解农村农民的实际生活质量和困难，尤其是农产品的分配格式（用于家庭还是销售以及市场的可及性）以帮助我们在推动合作社等相关的工作中注意到农民实际面对的困难和需求等。

5. 社区图及村级贫富识别（福祉的界定）：通过我们和村里群众的交流，识别了解农村社会分层的状况及社区如何关注和帮助贫困人口。（识别出贫困户后，必须每家都要做入户访谈，并且在项目中考虑如何让他们受益）

6. 男女劳动分工图：通过我们和男性村民和女性村民分头的沟通和交流，男女两组在一起分享他们的讨论结果，帮助我们和村民共同理解双方在生产和再生产的过程中所承担的工作的不同，带来的不同影响在哪些方面以促进双方的相互理解，进而达到相互信任以支持女性参与公共事务。

7. 村级组织图：包括基层正式的和非正式的不同组织，如经济服务实体和社区现有的经济社会服务组织，村庄公共事务的决策机制，了解社区不同人群的权力关系和村务存在的问题和瓶颈。

8. 信息资源图：通过我们和村里不同农户（如好中差）的沟通和交流，了解村庄各种信息获得的渠道，识别最有效地获得信息的渠道是哪些，包括农业生产材料和农业技术、政府政策及外部的信息等，以帮助我们在开展相关的工作中能有效地利用已存在的信息渠道。

9. 社会资源图：通过了解村级可获得的相关服务，更好地了解本村所具有的社会资本有哪些。

具体的工作步骤如下：

• 筛选出有关工作人员参加参与式工作方法的理论和实践培训（以自然村为基础，或行政村为单位均可）；

• 运用参与式工作方法在所在的行政村或自然屯与社区群众一起完成社区基本情况和需求的调查以及村民提出的可能解决的方法和途径；

• 汇总与社区讨论了解的信息，在反馈验证的基础上，与社区分享以加强社区对自己现状的认识，开阔大家解决问题的思路；

• 在分享相关信息的基础上和村中不同人群开展相关的计划，尤其关注村中贫困人口最后汇总成村级三年规划。

五 参与式培训者技巧

讨论

请受训者讨论是鼓励受训者参与的一种最常用，同时也是非常有效的方式。与其他需要受训者肢体活动的形式比，讨论更加容易切入，并且有利于逐步增加受训者参与的信心和能力。如果讨论活动组织得有效，可以帮助受训者积极调动大脑思考培训主题，同时，还能提供大量信息供其他受训者和培训者进一步学习。为了实现这个目标，讨论活动的安排需要注意以下问题：

• 讨论的题目一定要有针对性，切忌题目太宽泛或者太简单，没有了讨论的价值；

• 讨论前一定要清楚需要讨论的问题，讨论后，培训者一定要点评并且能够进一步加深受训者对某一主题的理解程度或者提高某种认识；

• 讨论中，一定要确保希望表达观点的成员，都能够在友好的气氛中敢于表达。需要关注一些弱势群体因为缺乏信心而失去了发言机会。

• 讨论有多种形式：

➢ 头脑风暴：对于一些较为简单的问题，培训者希望能够通过受训者的回答了解受训者对某一知识、问题的理解程度，而不需要深入分析的时候，应该使用这种方式。

➢ 两人讨论：这类讨论一般两人一组进行。主要应用在两种情况下：一是当问题较为简单时，培训者希望受训者之间可以交流看法，但不需要全体交流时；二是当涉及较为个人私密的或者不愿意让第三人知道的，或者可能因为有第三人在场而使得受训者无法畅所欲言的时候。

➢ 小组讨论/活动：这种讨论一般都是与有明确目标的活动结合在一起。小组讨论一般至少需要 15 分钟以确保小组内成员之间的充分交流。小组讨论的问题更加深入，需要集中各个成员的智慧。由于小组讨论在参与式活动中使用最为频繁，对其有效的管理也就更加重要，因此下面专门列出关于小组讨论的管理技巧：

如何有效地管理小组讨论

- 考虑小组规模以及成员的构成。有的活动适合较多人组成一个小组，有的相反；同时，有些讨论适合同质性的小组成员讨论，有的则需要异质性的成员混合。

- 确保所有受训者对讨论问题非常清楚。在布置任务时，遵循 TTF 原则。第一个 T 是 Task，即任务/问题本身陈述清晰；第二个 T 是 Time，即时间，告诉受训者给他们多少时间讨论这个问题或完成这项任务；最后一个 F 是 Feedback，即反馈方式。明确地告诉受训者讨论完后，将以什么样的方式反馈。

- 多样的小组讨论方式：可以根据活动需要和人数选择多样的小组讨论方式，如：

➢ 利用“马格里斯轮”方法。在教室的中央摆一圈椅子，椅背朝里，间隔 1 米的距离在外圈再摆一圈椅子，外圈的椅子椅背朝外。如下图所示，这样里圈与外圈的椅子就相互对应起来。请参与者任选椅子入座——这应该是一个全员参与的活动而不是需要观察的活动。请参与者两两一组（位置相互对应的两个人）就某一事件或话题进行讨论（可以是大家都关注的话题）。3—5 分钟以后，请坐在外圈的人向右侧移动一个位置，那么现在是和另外的一个人继续讨论相同的话题，然后围绕着外圈继续移动。（只要时间允许的话）通过这个方法，那些消极的不适应的参与者们就能够被了解，同时其他人也可以从不同的视角来帮助他们。

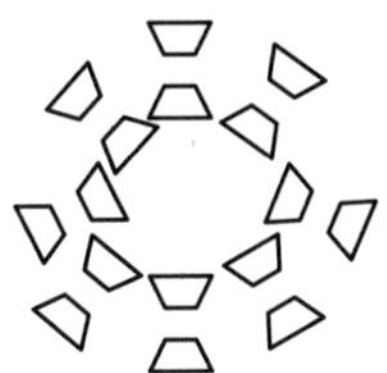

马格里斯轮

➢ 2—4—8 法：这种方法所有受训者之间都已经充分交流，所以不需要培训者再做点评或小组再向全体反馈。首先 2 人之间就某一问题进行讨论，限定讨论时间；然后这 2 人再去找另外 2 个人，4 人组成一个新的小组进行讨论，也限定时间；然后 4 个人再去找另外 4 个人，组成 8 人小组进行讨论……一般来说，不能再组成 16 人小组；可以让 8 人小组分开，再去寻找另外 4 个人。或者根据时间停止。在这个过程中，受训者应该充分地互相交流和吸纳新的意见。

● 反馈：

记住在小组讨论后的反馈中不需要每一个小组都做陈述和呈现，在做反馈呈现的时候也不需要把大白纸上所列出的所有讨论结果都陈述一遍。有些讨论结果是很重要也很有价值的，但是在有限的时间内对学习目标的达成却是不必要的。如果要是超过四个小组的话可能会花费更长的时间。有些时候讨论会相对更重要，那么反馈就可以省略了。如果反馈是必需的，培训者可以应用多种方式。下面就是一些方法：

➢ 每个小组只反馈两点。

➢ “画廊式”的方法：每个小组把大白纸都贴在墙上，然后所有的参与者都可以浏览各组的讨论成果。（如果你应用这个方式首先要确定所有的参与者都能够完全参与而且没有机会闲聊或者休息）

➢ “市场排摊”的方式：展现的方法和“画廊式”的方法相似，除了只留下一个小组成员站在小组讨论结果呈现的位置解释。

➢ 每个小组反馈一点并写在白板或者大白纸上，然后所有的成员进行浏览并反馈第二点，根据时间来继续第三点、第四点……

在反馈这一环节，鼓励不同的参与者来做陈述，不要每一次都是一个人。（即使在某种程度上他们的资格较老或者地位较高）对这一点不仅要严格遵守而且要相当敏感，不要强迫那些没有足够的信心的人来做陈述。同样地，当在大白纸上做记录时也要鼓励不同的人来做记录。（“拿笔的人掌握着权力”）

- 在小组讨论中，培训者需要鼓励受训者深入地讨论问题。不要让受训者记笔记，并且不要一开始就将大白纸发给受训者。一定要确保各个小组都真正在互相讨论之后，并留下较为充分的时间后再将白纸发下去。

- 认真地监测小组讨论。小组讨论时间不是培训者休息的时间！培训者一定要在各个小组间走动，观察，倾听，但同时，不要随意打断。在倾听和观察的时候要注意：受训者是否理解任务/问题？他们讨论中都提到了什么？他们是否遇到了什么问题？他们是否提到了对其他小组有启发的问题？等等。

游戏

有很多适合于成人的游戏。游戏能够为培训创设一种轻松的环境，同时又能强化某些知识和态度。一般来说使用游戏的目的在于：破冰（让彼此熟悉认识），提高精力和注意力（尤其在受训者感到疲乏的时候）以及和特定的学习目的。游戏包括合作式的和竞争式的两种。游戏也可以在全体成员中共同进行或者小组内进行。

教育公平中的游戏如：教师模块中单元 1 的赛跑游戏，以及前进与后退游戏等。培训者可以自己制定各种游戏。具体游戏举例，请参见附录 5。

角色扮演

角色扮演的目的就是通过参与者自身的角色扮演进而从他人的角度去感受事物。这里的“扮演”不是主要的目的，参与者不必担心您的演技！在教育官员或校长的培训中，他们大多情况下会扮演教室中的学生，处于不利地位的村民或是教师等，这样使得他们能够从他们的角度去考虑问题，同时更加富有同情心。以下是一些角色扮演的组织方式：

角色扮演可以在所有成员共同参加的情况下进行，也可以由培训者或者部分受训者一起展现一个情境。第一种情况，如培训者扮演领导，参训人员扮演下属。（例如，培训者扮演校长或者教育局长、教师，参训人员扮演老师或学生）假设在家长会上，培训者扮演校长，参会者扮演参加家长会的家长们。培训者先以传统的方式扮演校长发表演讲，然后让大家反馈并提出建议。培训者再以参与式的方式表现出校长非常友好，平易近人。第二种情况是设计一个情境，由一小部分成员来表演这个情境。表演完后，受训者要讨论或者解决情境中表现出来的问题。

全班活动

并不是只有小组活动才是参与式。在很多参与式的培训中，我们需要组织面向全部成员的活动。尤其在培训刚开始的时候，以及最后总结的时候。还有一些需要进行讲解的时候也需要面对全体。在面对全体时，需要保证培训者讲授内容的质量，并且留给受训者提问的时间。另外，前面提到的两人一组的讨论，头脑风暴等，也可以穿插在全班活动中。

培训计划、培训管理以及培训效果监测

精心准备一次参与式的培训要比准备讲座式的培训更加具有挑战性，但是却值得付出时间和努力。下面的指南将解释说明教育公平培训各个阶段需要准备的具体事项。

1. 培训日期，地点和参加人员的确认

培训者要对培训建议的时间、地点和参加人员有一个清晰的了解并对其适合性进行判断和确定。

2. 培训团队的组成和分工

首先是要确认培训人员（一般都是由那些已经接受过教育公平培训培训的人员来担任培训者）。这样所有的培训者从一开始就能够在一起进行培训的准备工作。理想的状态是每一次教育公平培训的培训至少要有三名培训者。如果只有一名或两名的话，工作量就相对太大了。而且一个培训者短时间内马上离开的话也是很冒险的事情。如果超过四名培训者，那么就有必要挑选一位来负责整体的协调工作，由她/他来总体负责并做最后的决定（四个以下仍然可以这样做，但是似乎并不必要）。

3. 研讨会的整体规划

培训者团队的第一项任务就是草拟此次研讨会的总体大纲。这一阶段最重要的事情是要回顾反思培训的整体目标而切忌急于在细节上做太多文章。一开始就要考虑到参训人员通过此次培训之后希望获得什么样的收获，如在态度、信心、知识和技能方面。然后要思考作为培训者本身通过此次培训的投入能够得到什么收获。每一位培训者的经验和培训风格是怎样的呢？

拟定一份培训大纲主要应包括以下几方面的内容：

- 总结培训的总体目标
- 培训单元各部分时间规划表。记住，教育公平培训教材是为了实现目标而遵循一定的规律而设计的，因此，我们的培训要严格按照教材中规定的章节顺序和内容进行。（这一阶段，我们要指出各环节的规定时间，包括介绍、午餐、休息以及其他的活动等，但是不做具体的计划）
- 培训者的角色和职责。如果培训者团队成员较少，那么就需要我们指定一位领导；如果团队成员较多，我们可以将大家分成若干组，根据培训者的经验和培训风格，然后确定各组将负责的章节以便他们继续进行具体的准备和备课。

4. 参训人员的培训需求分析

现在似乎可以直接进入到各个章节在细节上的具体准备了，但是，首先要看一下你事先对研讨会的参训人员了解多少，这将帮助你更好地针对参训者的具体情况进行准备。

首先要确定您可能获得什么样的信息以及如何收集。当你收集到这些信息后，在组内进行讨论将如何在你们的培训中有效地利用这些信息。例如：

- 如果很多参训人员都是非常有经验的，那么你可以使你的培训更加具有挑战性。相反，如果参训人员经验较少并且以前没有参加类似培训的机会，那么就相应地调整你的培训使其适合参训人员的基本要求。

- 您或许希望通过强调某些特殊议题而使培训更加适合参训者的地方特点。

5. 各部分的具体规划

这时您已经获得了尽可能多的培训需求信息并进行了相应的分析，现在可以开始在细节上进行培训计划了！负责同一部分的培训者应该共同来制订培训计划。应注意：

- 在培训前，保证对各个章节的目标和主要内容有清晰的了解；
- 按照教育公平培训培训内容组织培训；
- 对需求分析的结果给予反馈（例如，如果因为时间的关系你需要删减某些部分，这就需要培训者确保删减的内容与参训者希望优先获得的内容不冲突）；
- 切记投入—任务—产出的逻辑顺序；
- 阅读指南中方法的部分以帮助你能够更有针对性地设计活动；
- 使用单元附件中的培训单元计划表来帮助您。这一计划表帮助您去思考培训目标，参训者的感受，每一位培训者在各环节的任务以及如何评价学习的过程。它还包括培训者应事先准备好的资源清单（通过做标记便于您清晰地了解哪些材料已经准备妥当）。除此之外，还提醒培训者事先设想培训过程中可能出现的任何问题以便你能够采取措施及时避免或能够使你信心十足地去面对各种挑战。

6. 其他部分的准备，包括介绍和总结部分。

现在您已经对培训的各主要单元进行了精细的计划。但是记住仍然有其他的部分需要考虑，尤其应考虑：

介绍部分：

- 是否有官员参加培训呢？如果有的话，记住要给正式的讲话一定的时间，但应尽量使这类讲话言简意赅；
- 确定由哪一位培训者来“打头阵”，并做好充分的准备能够使开场介绍时的气氛激动、热烈；

• 设计好“破冰”活动和开场介绍，使培训者和参训者相互熟识并为开始培训做好准备；

• 在开始培训的时候确定你是否需要时间进一步进行需求分析以及如何开展；

• 设定“班规”，包括笔记本电脑的使用，时间限制，积极的反馈、倾听以及一些集中大家注意力的行为暗示等。

培训总结：

• 明确如何获得参训者的反馈。你可能需要为此设计一个专门的反馈表。

• 确定由谁来致结束辞。他们应该准备一个简短的总结并尽量确保研讨会能够顺利结束，使得每一个人离开时都带着激动兴奋的心情。

7. 合为整体

现在各个章节的具体计划已经齐备。针对每一单元，大家都已经知道各自的责任，如何开展以及不同活动的时间安排等。现在是时候把各个部分汇总并确保所有的单元能够作为一个统一的整体来进行。

需要考虑如下问题：

• 培训的各个环节都给予了充分的时间吗？包括内容部分，介绍活动以及一天两次的总结回顾（对前半天的培训的回顾以及该部分总结）。

• 活动计划表上还有剩余的时间来针对某些感兴趣的话题或未预料到的事件进行深入的探讨或增加额外的活动吗？应尽量避免将培训活动安排得过于紧密。

• 各个环节进行得是否顺畅？要根据实际情况随时调整各部分的介绍和总结部分。记住，要不断强调教育公平培训的主要思想和观点并使之相互联系，这样才能便于参训者了解开展教育公平培训的整个过程。

• 从整体来看，各类活动的安排是否均衡？需要指出的是在某一环节参训者表现出过于被动或过于积极主动时应尽量调整活动的安排和设计。

● 是否需要有专人来帮助你来计时并在需要时及时辅助你呢？如果需要的话，现在最好就确定下来由谁来负责每个半天的“辅助者”的工作。

● 大家对自己在培训各个阶段的职责和任务都清楚吗？

8. 同伴之间支持性的观察

如果培训团队的成员较多，一个很好的建议是请那些暂时没有培训任务的培训者对其他正在进行培训的同伴进行观察。这种方式能够使大家互相支持并不断地获得提高。应用培训教材中观察工具。

9. 最后的检验

如果可能的话尽量在培训开始的前一天大家都能聚在一起，再逐章预习一下整体的计划以确保每个人都信心十足、准备充分。检查每一环节保证材料已经齐备。如果可能的话事先到培训教室去检查一下设备是否运转正常。按照培训开始的第一个活动来事先布置教室。培训前好好休息保证能够与参训者有时间会面交流而不是在最后一分钟匆忙准备！

10. 实施

现在开始实施你的培训计划了！好好享受这一过程并记得应用你的单元计划表；充分利用教育公平培训培训教材中培训实施的技巧提示；讲究团队合作，从积极有效的记录开始检测学习的过程及参训者的情绪。确保在各单元、每一天以及整个培训结束时都进行很好的总结。校长和女教师们都感到被激励和充满信心！

11. 反思和评价

当进行培训总结的时候，要知道这并不是真正的结束！你可能需要稍事休息，但是还是要确保整个团队能够在培训之后有个简短的会面。目的是对整个培训进行反思，评估参训者的学习效果，进行下一步的计划并对培训团队进行自我评价。此时可以利用参训者反馈表和同伴观察时获得的信息。尽量先总结成功之处以及所取得的成就，不要因为一些负面的反馈而气馁，应总结经验并在下一次的培训中得以改进。

工具 A：培训者需求分析

培训前需要得到以下信息：

- 多少名参训人员？
- 女士和男士分别是多少？
- 参训人员的年龄大概在什么范围内？
- 他们来自什么样的学校？
- 他们自身的学历和经历大概是什么情况？
- 到目前为止，他们对项目了解和参与了多少？
- 他们过去经历过参与式的培训方法吗？
- 他们对教育公平培训的期待是什么？他们对这个议题了解多少？有什么想法？
- 第一天培训结束之后，他们的感受是什么？
- 加上您想到的其他方面！

需要明确：

- 到了培训现场你将会发现什么信息？以及怎样发现？
- 在培训刚开始你将会发现什么信息，以及如何发现？
- 怎样确保不断地加深对参训者的了解程度，并且在整个培训中都积极地对参训者的需求予以回应？

工具 B：培训单元计划表

一定要完整地阅读模块，然后才能做单元的计划。这个表格只是帮助您更好地计划培训活动，所以，可以根据您的需要增加其他内容。

单元题目______________________________

培训者姓名______________________________

培训人员能从本单元学到什么？（单元目标） 从态度、知识和技能三个角度思考。

参训者将在培训中做什么或者经历些什么？

本单元将使用哪些方法？考虑活动顺序及活动之间的衔接，以更好地鼓励参训者的有效学习。

培训者需要做些什么？

写下培训者之间在以下活动中是如何分工的：谁主导，谁支持，谁监测/观察等？

引入部分

主要活动部分

小结部分

需要什么资源？

您是否为培训准备好了所有需要的资源？考虑培训教室的安排、培训材料和相关设备。准备好一样在这里列出一样，直到完整地列出/准备好所有资源。

您能预见到什么困难以及您准备如何克服这些困难？ 例如：如果您使用的方法较有挑战性，考虑如何在确保参训者充分参与的情况下，能够不偏离主题。如果讨论的内容较为敏感，考虑如何提出相关问题，避免有些成员感到不舒服。

您如何监测参训者的学习效果？ 记住，这里包括观察参训者，倾听参训者的评论，评测参训者的活动成果，直接提问以及安排一些测试游戏等。

工具C：参训者反馈表

培训者		培训专题	
培训中的哪些内容或培训者的哪些观点您认为很有意义？			
对学校管理及教学的启示			

续表

<table>
<tr><td rowspan="2">培训中有待改进的地方</td><td>形式上</td><td colspan="3"></td></tr>
<tr><td>内容上</td><td colspan="3"></td></tr>
<tr><td colspan="2">其他</td><td colspan="3"></td></tr>
<tr><td colspan="2">填表人：</td><td></td><td>时间</td><td></td></tr>
</table>

工具 D：培训者观察指标

	记录
培训前	
1.1 书面培训计划是否清晰明确	
计划很容易让培训者理解	
培训目标设置清晰合理，能够实现	
有证据表明培训者与其他培训者之间相互合作	
计划中对本节培训的活动安排合理	
培训者能够理解并能对培训计划做出解释	
培训中发放的材料或答题纸是否恰当、是否清晰	

续表

	记录
培训过程中	
2.1 开展培训	
开始和结束培训课节	
培训者对培训计划的使用情况	
培训者显示出具备讲解本节培训内容的知识	
培训者对培训课节阶段清晰明了	
培训中安排的任务是否成功有效	
培训者对活动的示范	
培训者对培训时间、节奏和活动形式多样化的掌控	
利用资源和媒体的情况	
提问的技巧	
培训目标的实现	
2.2 小组活动管理 培训者的任务说明	
培训者在培训过程中的走动	
活动的监督工作	

续表

	记录
培训者对参与者的态度和注意力分配	
培训者的声音、眼神交流等肢体语言	
培训者对参与者发表的意见、提问以及其他表现的回应与反馈	
灵活处理培训	
2.3 参训者的学习效果	
参与和感兴趣的程度	
参训者之间的合作	
培训者的说话时间和参训者的说话时间	
参训者谈话和互动的数量与质量	
2.4 培训者的态度以及对公平的敏感性	
有信心和不感到拘束	
能够与参训者建立友好的关系	
对性别问题保持敏感	
对文化（包括语言）问题保持敏感	
备注	

（一）培训前——准备

1.1　书面培训计划是否清晰明确、培训者使用起来感到有用。

计划很容易让培训者理解，一看就知道如何操作

书面计划书写清晰，版面设计合理，培训者在培训过程中可以用它来当作行动指南。同时，资深培训者或者其他的培训者通过阅读书面计划，也能够很快地理解本节培训中将要发生哪些活动。

培训目标设置清晰合理，能够实现

书面培训计划应清楚呈现教师在本节培训过后应该掌握的技术或达到的能力。目标应该是教师在其相应的能力阶段通过努力能够实现的。

有证据表明培训者与其他培训者之间相互合作

有证据表明，该培训者将自己实施的培训课节与同一天中其他培训者实施的课节相互联系—— 参考自己实施的课节与前一个课节和下一个课节的关系。

计划中对本节培训的活动安排合理

培训计划中设计的活动能够在预计时间内完成。这表明培训者对培训实施中教师可能遇到的问题有事先的预计和准备。

培训者能够理解并能对培训计划做出解释

资深培训者应该在培训开始之前与培训者一起回顾培训内容以确保培训者理解培训计划。有的情况下，培训者会放弃培训计划，转而使用别的计划或者根本不使用计划。

培训中发放的材料或答题纸是否恰当、是否清晰。

培训中所发放的材料是否与培训目的、教师的能力水平相互切合，任务说明是否清楚，容易操作。

（二）培训过程中——教学和学习

2.1　开展培训

开始和结束培训课节

培训者按时开始和结束培训，并以有趣的方式开始或者结束，引起参与者注意和兴趣。例如，培训者不能在小组活动的过程中突然结束培训。

培训者对培训计划的使用情况

培训者依据计划实施培训。培训者在培训中的确运用计划来指导自己的行动。培训者也知道什么时候可以根据实际情况灵活处理计划好的活动，或偏离计划。

培训者显示出具备讲解本节培训内容的知识

培训者通过说明、解释或回答培训中教师提出的问题，显示出对本节培训话题或内容具备良好的理解和知识。

培训者对培训课节阶段清晰明了

培训者明了培训实施的各个阶段，也能够让受训教师在培训过程中，清晰地意识到从一个阶段过渡到另一个阶段。例如，分组活动结束，全班活动开始，培训者要求受训教师停止谈话，并面向全体受训者。

培训中安排的任务是否成功有效

培训者安排的任务是否切实有效，并与教师的背景相互切合：这些任务是否设计合理，是否有助于教师的学习；通过这些任务，让受训教师有机会参与并贡献自己的意见。

培训者对活动的示范

培训者能够有效示范。所示范的活动切合于培训课节的目标；时间控制合理；培训者在示范中，能够真正进入角色而不被受训者的提问打断；示范与接下来的培训活动紧密相关。

培训者对培训时间、节奏和活动形式多样化的掌控

培训者在每个活动上花费的时间相当，并合理安排活动的顺序，使得活动有效进行。

培训者有效掌控培训节奏：培训能够顺利开展，而不是大段时间都充满疑惑或沉默。

培训活动的安排呈现出阶段性、环环相扣，给予教师的任务动、静结合，动作与思考合理搭配。

利用资源和媒体的情况

培训者合理利用多种资源，做到有效并且经济节约。培训者合理利用整个培训环境，包括有效利用黑板、教师的笔记本、发放的材料、答题纸、大白纸以及整个培训房间。

提问的技巧

培训者运用多种提问策略来激发受训教师的兴趣，来引导他们把自身的经历和背景知识等与培训相联系，启发受训教师思考等。但是，培训者不应在启发、提问环节花费太多时间。

培训目标的实现

受训教师在接受培训后学会了培训计划中所列出的目标技能。在培训过程中，有证据能够表明教师的确实现了目标。

2.2　培训者对培训活动的安排以及与参与者的互动情况

培训者的任务说明

培训者向受训教师清楚交代活动任务，使用检测问题来确保受训者理解任务。

培训者在培训过程中的走动

在整个培训中，培训者不能总是站在全体受训教师面前。根据不同的目的，培训者需要在培训场地走动：如向受训者讲解任务，监督任务的执行，结对活动和小组活动时给予帮助。

活动的监督工作

在受训者开展活动的时候，培训者给予他们充分的关注。培训者倾听、观察受训者是否理解任务；观察受训者活动中产生的结果；决定何时将培训带入下一个环节；确保受训者注意集中，专心完成任务。

活动的监督工作

培训者对参与者的态度和注意力分配

培训者对受训者的态度是友好的、坚定的。培训者通过友好的方式，让受训者了解到培训者在掌控培训，并且知道受训者在做些什么。培训者积极主动参与，并且表现出对受训教师所说所做的兴趣。

培训者的声音、眼神交流等肢体语言

培训者的声音响亮清楚，与受训教师保持眼神交流。

培训者对参与者发表的意见、提问以及其他表现的回应与反馈

培训者对受训教师所说所做的给予鼓励和赞赏：回答他们提出的问题，鼓励、表扬，对教师表现出的疑惑和误解给予回应和纠正。

灵活处理培训

培训者在实施培训时需具备一定的灵活性，根据实际情况改编培训。解决培训中出现的问题，并能有效处理预料之外的事件。

2.3 参训者的学习和参与程度

参与和感兴趣的程度

受训教师积极参与，对培训中出现的所有东西都表现出兴趣。

参训者之间的合作

受训教师之间相互帮助，并能有效合作。

培训者的说话时间和参训者的说话时间

培训者给予受训教师更多的时间讲话和完成任务。活动中，教师说话时间不能由一两个教师占据主导。

参训者谈话和互动的数量与质量

在培训中，受训教师很多时候都在交谈和互动，这是指“数量”。交谈和互动的质量，意味着教师在表达自己的意见，交换观点并逐步共同形成新的有用的观点。

2.4 培训者的态度及公平敏感性

有信心和不感到拘束

培训者在培训过程中表现出信心并不感到拘束。

能够与参训者建立友好的关系

培训者与参训者之间能够建立起友好的互助关系。

对性别问题保持敏感

培训者给予所有受训教师平等的机会在培训中参与和表达自己。培训者在活动内容和活动组织形式方面表现出对性别问题的注意。

对文化（包括语言）问题保持敏感

培训者在培训中表现出文化多样性的意识和尊重，例如，向受训教师示范在多种文化的课堂中实用的教学策略。

（三）参与式培训游戏举例

以下的几个热身活动/游戏可供培训者在适当的时候选择使用，各地可以根据当地的实际创造出有自己当地特点的活动方式，穿插在培训过程中，调节活动的进程，营造有利于学习的自由轻松平等气氛，焕发校长的主体意识和参与意识。

- 破冰游戏

1. 纸飞机传讯

目标：自我介绍、相互认识，和悦气氛，拉近距离。

时间：10—15 分钟

材料：A4 纸、笔

分组规模：2 人/组

程序：

1. 用手折的方法自制一架纸飞机，飞机上写上简短的自我介绍（如姓名、来自哪里、爱好等）。

2. 放飞纸飞机。

3. 捡回一架别人的纸飞机。

4. 轮流介绍对方，被介绍到的人起立向大家示意。

说明：

此游戏适合小范围内进行，如果人多必须分组分地点进行。适用于培训班第一天上课前，彼此互相不认识的情况下。

此游戏也可用于培训班学员相互交流劳动成果。例如，把在 A4 纸上设计的某个活动或教案折成纸飞机后放飞。

可以在飞机的锋利尖角上涂点水，以免伤人。

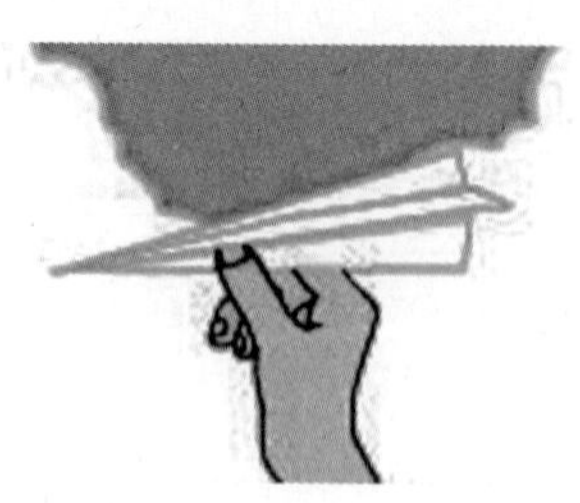

2. 这样记住我

目标：相互认识。

时间：10 分钟

分组规模：10—15 人/组

程序：

学员站或坐成一圈，按顺序或用传球、击鼓传花的方式依次介绍自己。在介绍自己时除简单的基本信息如姓名、来自哪里外，用一种最能表现自己特征的方式或一句话让别人很快牢牢记住你。

说明：

此游戏在培训班上使用时，可以在小组内进行，若培训班人数太多，但有场地也可两到三个小组为一个组。

3. 相互猜猜看

目标：1. 相互认识、沟通，培养不同的沟通技巧。

2. 活跃气氛，消除拘束感。

时间：5—8 分钟

分组规模：2 人/组

程序：

1. 请学员找一个自己不认识的人做自我介绍。在介绍过程中不能说话，只能通过图片、手势等非语言形式进行交流。

2. 口头交流刚才通过非语言形式了解到的对方的信息，并与对方希望表达的内容进行对照。

说明：

若时间允许，可以请一、两组学员在全体学员面前表演他们非语言交流的过程，并请其他人员猜测他们的信息。

4. 同心圆

目标：相互认识。

时间：5—10 分钟

分组规模：15—30 人/组

程序：

1. 所有的人围成两个大圆圈，构成一个同心圆。外圈的人数要比内圈人数多。

2. 内圈的人转过身来，面对外圈的人，迅速向自己正对面的人做自我介绍。

3. 介绍完后，内圈和外圈的人都向自己所在位置的右边移动。

持续右移，直到一个圈的每个人都对另一个圈的所有人做了自我介绍。

说明：

内圈和外圈之间的距离不要太小，也不要太大，要适合交流。

在培训班中使用时，可以两到三个小组为一个组。

5. 张冠李戴

目标：相互认识。

时间：5—10 分钟

材料：姓名卡

分组规模：2 人/组

程序：

1. 培训或参会人员进入培训场地时，在花名册上核对他的姓名，给他一个别人的姓名牌。

2. 要求迅速找出姓名牌的主人，并相互做自我介绍。

3. 向其他人介绍自己刚才认识的人。

- 学习游戏

1. 外星人

目标：1. 培养团队合作能力。2. 训练团队创新意识。

时间：8—10 分钟

分组规模：10 人/组或按学员人数确定

程序：

1. 全体小组成员充分发挥想象力连成一个整体，创造出一个外星人，这个外星人有 9 只脚和 2 只手在地上。

2. 在小组内迅速排练。

3. 小组展示造型。若时间不允许，可以挑选一两个小组展示。

说明：

外星人手和脚在地上的数字可以按小组成员人数做增减，也可减少脚的数字、增加手的数字来增加难度。

2. 长龙过江

目标：1. 培养合作精神。2. 增加课堂乐趣。

时间：10 分钟

材料：用废 A4 纸和杂志书页折成的圆筒，用来捆扎圆纸筒的线或橡圈

分组规模：10 人/组

程序：

1. 从学员中选出 3 组人员，每组 10 人。

2. 各小组站成一排，小组成员用自己的前额抵着圆纸筒的一端，另一端抵在前面成员的后脑勺上。

3. 主持人发出“开始”的指令后，小组成员走到指定地点，在走的过程中圆纸筒不能掉下来，也不能用手扶，先走到指定地点的小组为优胜组。

3. 我们是一个人

目标：1. 理解个体在小组中的作用。2. 加强学员的团队意识。

时间：5 分钟

分组规模：8—10 人/组或依学员人数定

程序：

1. 小组成员围成一圈，面向圆心，把手臂搭在自己左右两侧的学员肩上或是和他们手挽手。

2. 从小组长开始，按顺时针方向逐一下蹲，看看别人蹲下时，自己有什么感觉。

3. 全体人员听主持人的口令，集体下蹲、起立。下蹲时口里说：“我们是，”起立时说：“一个人，”感受相互配合的力量。

说明：

若场地有限，而小组成员的中间有课桌，不便把手臂搭在左右学员的肩上，可简化为手牵手。也可以让学员两人为一个小组，背靠背、手挽手进行。

4. 传递关爱

目标：1. 关爱小组成员。2. 提高小组协作能力。

时间：5 分钟

分组规模：6—10 人/组

程序：

1. 从小组中的一个成员开始，假装手里抱着一个很小的孩子，对着他/她说句关爱的话，并做一个关爱的动作，然后把孩子传给下一个成员。

2. 轮完一圈后，又从第一个成员开始，把刚才对着孩子说的话、做的动作对着下一个成员说或做，动作若做不了，也可以只说关爱的话。

5. 看谁反应快

目标：1. 培养观察能力。2. 提神、集中注意力。

时间：3 分钟

分组规模：全体参与

程序：

1. 主持人解释游戏规则并示范，提醒学员注意观察。

当主持人伸出一个手指时（边说边示范），学员不鼓掌；当主持人伸出两个手指，学员还是静静地坐着，当主持人伸出三个手指，学员就热烈地不停地鼓掌。手指一换，掌声立即停止。

2. 游戏开始，主持人迅速变换指头，学员集中注意力，观察并做出相应的反应。

说明：

此游戏可做些变化。例如，主持人在手中抛粉笔头或其他小物件。粉笔头在手中时，学员保持安静，抛出时，学员击掌。主持人可有意假抛，以测试学员的观察力和反应能力。

6. 抓你没商量

目标：1. 增强注意力、反应及身体协调能力。2. 活跃课堂气氛。

时间：5 分钟

分组规模：5—10 人/组

程序：

1. 小组成员围坐或围站在桌旁。每个学员都伸出左手食指，向上抵着左边学员的右手掌心，同时伸出右手掌，掌心向下。

2. 主持人发出指令“1、2、3”，当“3”字一出口，每位学员的左手食指都尽量逃脱不被抓住，而右手则尽量去抓旁边人的左手食指。活动时每人都是左手逃，右手抓。

3. 交换左右手，这次每个人都是左手抓，右手逃。

说明：

可以让被抓住的人出节目，或让小组成员刮他的鼻子。也可以这样的方式选出小组的汇报员、记录员等。

7. 魔术表演

目标：增强学员的观察能力，集中注意力。缓解疲劳，活跃课堂气氛。

时间：3—5 分钟

材料：依魔术的要求而定

分组规模：全体参与

程序：

1. 主持人自己准备小魔术或请学员中有这方面特长的人上台表演。

2. 学员对无须材料或能使用随手拿到材料的魔术进行练习。

3. 学员自己揭秘或主持人揭秘。

说明：

内圈和外圈之间的距离不要太小，也不要太大，要适合交流。在培训班中使用时，可以两到三个小组为一个组。

8. 雨点变节奏

目标：1. 提高学员的注意力和反应力。2. 活跃课堂气氛。

时间：3—5 分钟

分组规模：全体参与

程序：

1. 主持人解释游戏规则并示范，提醒学员注意观察。

主持人说“小雨”（两手食指互相敲击），“小雨渐变成中雨（两手轮流拍大腿）”，“中雨变成大雨（用力鼓掌）”，“大雨变成暴风雨（跺脚）”，然后又从暴雨—大雨—中雨—小雨—雨过天晴（停止动作）。

2. 主持人发出指令不示范，学员根据指令做动作，感受变化。

9. 连点成线

目标：1. 打破思维定式。2. 训练创新能力。

时间：5 分钟

分组规模：全体参与

程序：

1. 请学员用四条相连而不互相重叠的直线将下图的 9 个点连接起来。

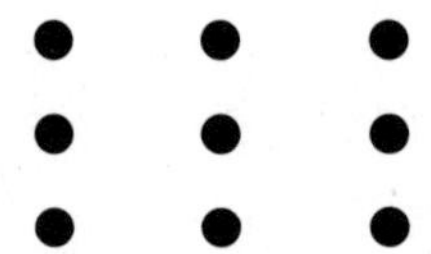

2. 给学员两分钟时间让他们尝试。

3. 请完成的 1 位或 2、3 位学员同时到黑板上演示。

4. 正确答案。

附：答案

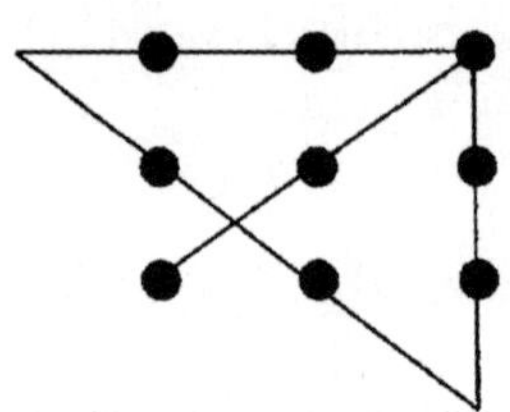

说明：

很多人做不出来的原因是头脑中 9 个点构成的一直是一个正方形，无法突破思维定式。

此游戏也可变化为 16 个点。

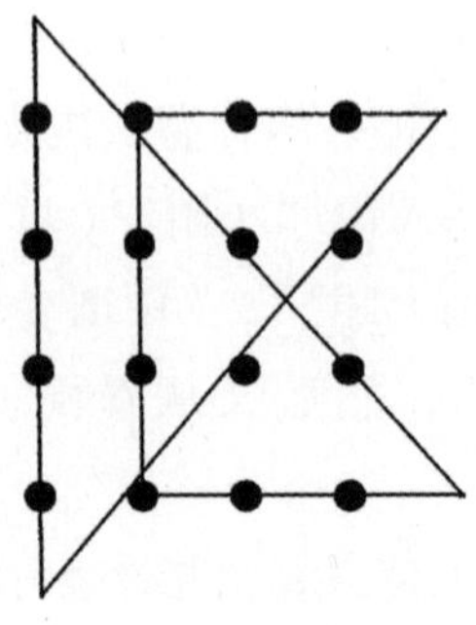

10. 换个方式做一做

目标：1. 参与者体验改变习惯所引起的感受。2. 训练创新思维。

时间：3—5 分钟

分组规模：全体参与

程序：

1. 请全体学员自然地将自己的双手交叉握在一起，观察自己是左手拇指还是右手拇指在上，看看身边的人是否和自己一样。

2. 双手松开再重新交叉握在一起，手指交叉的顺序要正好相反。原左手拇指在上的改为右手拇指在上。

3. 让学员说说这种小小的改变所引起的自己的感觉。

说明：

当采用一种与平时不同的方式，即使是很小的改变，很多人都会感觉不自在。对于大的变化，如思想意识方面的变化更会引起一些内在的抗拒心理。这时要采用积极的态度去对待和处理。

此游戏也可变为双臂在胸前交叉，看哪个手臂在上，然后重新换个姿势。

11. 听音辨人

目标：1. 让小组成员进一步熟悉。2. 训练听的能力。

时间：5—10 分钟

材料：用于蒙眼的眼罩或毛巾

分组规模：8—20 人/组

程序：

1. 组员围成一个圆圈，选出一人站在圈内蒙住双眼。

2. 圈内的人原地连续转几圈。这时围在圈上的一人用自己的变音或模仿其他人的声音说一句话，圈内人听到声音后，停止转圈，要猜出说话的是谁。1 分钟内可连续猜 3 次。猜不中，请他表演一个简短的小节目，再由他推选一人去猜。若猜中了，被猜中的人就要站在圆内去猜。

说明：

此游戏培训班上使用时，可在小组内进行或将 2—3 个小组分为一组。

12. 折纸

目标：1. 让学员明白指令清晰的重要性。2. 训练聆听能力

时间：5 分钟

材料：纸张

分组规模：全体参与

程序：

1. 每位学员持一张规格一致的纸，闭上眼睛不出声，听主持人的指令。

主持人：请将纸对折，撕掉一个角，再对折，又撕掉一个角，再对折，再撕掉一个角。

2. 睁开眼睛，打开纸，相互看一下有没有图案是否一样。

说明：

通过这个活动学员明白每个人对问题的看法各不相同，明白指令和聆听的重要性。只有清晰的指令和认真地聆听才能达到更有效的沟通。

13. 大风吹

目标：1. 参与成员体验迅速分组，加深相互理解。2. 活跃现场气氛。

时间：5—10 分钟

分组规模：8—30 人/组

程序：

1. 组员围成一个圆圈，选出一人站在圈内。

2. 站在圈内的人发出指令，如："大风吹，吹所有长头发的人!"学员听到指令后迅速向圈内人靠拢，成员就被分成了两个组。

3. 三次后，换一位发指令的人，以此类推。多少个人能轮流发指令依时间定。

说明：

玩这个游戏发指令时可以打开思路，从各种不同的方面分组，如："大风吹，吹所有爱唱歌的人!""大风吹，吹所有教文科的老

师!”等等。

此游戏可在培训小组工作的专题时使用。

14. 属相找同伴

目标：1. 加强学员间不同形式的沟通。2. 活跃现场气氛。

时间：5—8 分钟

分组规模：集体参与

程序：

1. 主持人给出指令，请学员在规定时间内如 3 分钟，尽可能多地找到和自己属相相同的人，找到最多人的那个属相组合为优胜组，评判时兼顾发不同属相的声音，以及做动作的难度。

2. 在整个找的过程中，学员可以发出属相的声音或做属相的动作但不能有任何带人类语言的表达形式。

15. 危险数

目标：1. 以特别的方式回顾培训内容。2. 活跃现场气氛。

时间：5—10 分钟

材料：写有数字 1—9 的纸条

分组规模：8—10 人/组或按学员人数定

程序：

1. 请各组学员从 1—9 中任选一个幸运数字写在纸上，并向其他人说说为什么这个数字是自己的幸运数。

2. 请一名学员到台前任抽 1—9 中的 2—3 个数字作为危险数，每念一个数字就让相应抽到该数字的人站立。

3. 让所有抽到危险数的人说一个有关培训专题的内容（也可提前准备好专题问题请他们回答或是请其他学员提问），回答后便可以坐下，若回答不出来，可求助于本组其他成员。

说明：

此游戏可在某专题或某期培训结束回顾专题内容时使用。

- 活力游戏

1. 三打白骨精

目标：训练反应能力，活跃现场气氛，消除倦意。

时间：5—8 分钟

分组规模：3 人/组

程序：

1. 学员先在自己组内 3 人为一个小组背靠背，边拍手边念：“孙悟空三打白骨精。”“三打白骨精”一出口，三人同时转身，并分别做出孙悟空、唐僧和白骨精的动作，看谁赢。三者的关系是悟空怕唐僧，唐僧怕白骨精，白骨精又怕悟空。

2. 不同组的三位胜出者又组成三人小组进行比赛，这样逐一淘汰，直到出现整个培训班的胜利者。

2. 秘密电文

目标：活跃气氛、调节学员的精神状态。

时间：5—10 分钟

材料：纸、笔

分组规模：将全部学员分成 3 个组，具体人数按学员人数定

程序：

1. 把全部学员分成 3 组并要求第一组学员写“谁”，第二组写在“什么地方”，第三组写“做什么”。可限定每大组写几个。

2. 先由第一大组说出一个人名，再由第二大组说出在什么地方，最后由第三大组接上做什么事，这样可依次进行几个回合，看 3 个组是否有默契，能搭配得经典、幽默。

3. 捶肩打背

目标：1. 舒活筋骨。2. 缓解疲劳。3. 提神。

时间：3—5 分钟

分组规模：8—10 人/组或按学员人数定

程序：

1. 全体起立，在桌旁围成一圈，每个学员都面向前面一个学员的背，稍微挪动凳子，空出一点活动空间。

2. 每一位学员都把双手放在前一个学员的肩上，根据主持人的指令做动作；主持人：“请按顺时针方向边走动边替前面一位学员按摩按摩肩膀一二三四五六七八……帮他捶捶背……现在按逆时针方

向……”

3. 学员松开手，边走动边按主持人口令提提腿，抖抖手腕……

4. 用身体部位写字

目标：1. 舒活筋骨。2. 缓解疲劳。3. 提神。

时间：3 分钟

分组规模：全体参与

程序：

1. 学员全体起立，跟随主持人用身体部位写字，主持人边示范边喊一二三四的口令。

2. 加快书写速度。

说明：

书写的字最好与当时的专题相联系。

5. 烦恼忧愁全抛开

目标：1. 帮助学员摆脱烦恼。2. 消除压抑感。3. 打开心扉。4. 投入培训。

时间：3—5 分钟

分组规模：全体参与

程序：

1. 学员全体起立，想象他的旁边有个隐形的垃圾筐，把困扰自己的所有烦恼、忧愁、压力，或其他任何想扔掉的东西紧紧握在拳头里，用力把它一件件扔进垃圾筐；

2. 一边扔时可大声说出要扔掉的东西，也可只是在心里说着，手用力扔。

说明：

此游戏可在培训班才开始时使用。注意扔的不能是实物。

6. 大树与松鼠

目标：1. 热身。2. 活跃氛围。

时间：3—5 分钟

分组规模：三人一组。二人扮大树，面对对方，伸出双手搭成一个圆圈；一人扮松鼠，并站在圆圈中间；其他没成对的学员担任临时人员。

程序：

1. 培训者喊“松鼠”，大树不动，扮演“松鼠”的人就必须离开原来的大树，重新选择其他的大树；临时人员就临时扮演松鼠并插到大树当中，落单的人应表演节目。

2. 培训者喊“大树”，松鼠不动，扮演“大树”的人就必须离开原先的同伴重新组合成一对大树，并圈住松鼠，临时人员就应临时扮演大树，落单的人应表演节目。

3. 培训者喊“地震”，扮演大树和松鼠的人全部打散并重新组合，扮演大树的人也可扮演松鼠，松鼠也可扮演大树，其他没成对的人亦插入队伍当中，落单的人表演节目。

说明：

此游戏可让学员兴奋、紧张起来，具有一定的娱乐性。

7. Seven Up

目标：帮助集中注意力。

时间：3 分钟

分组规模：全体参与

程序：

全体学员围成一个大圆圈，报数，但在轮到数字有 7（7、17、27……）或是数字为 7 的倍数（7、14、21、28……）时，该位学员只需拍手而不可说出此数字。

说明：

这是一项暖身活动，经由此活动增进学员的注意力与记忆力，帮助主要活动的进行。

8. 掷骰子

最好在空间较大的地方进行

为比赛划出起点和终点线

每个团队派一名成员作为比赛者

每个团队按顺序掷骰子。当掷出骰子时，培训者向其提与培训内容相关的有明确正误的问题。该小组成员之间可以互相商量，然后由代表团队的参赛者回答，如果回答正确，这名成员可以按照骰子上的数字前进几步。一次进行，直到有一个团队的成员率先走到终点线。

［资料来源：以上“游戏和活动举例”部分来自英国救助儿童会（Save the Children）《培训者培训手册》］

第三节 背景阅读资料

一 社会发展视角下的中国农村扶贫政策

贫困作为一种复杂而影响广泛的社会现象，一直是经济学、社会学、政治学、人类学等多种学科重点研究的课题之一；学者们提出了各种各样的理论，从不同的角度来阐释贫困及贫困发生的原因，其中包括收入贫困、素质贫困、资源贫困、文化贫困等各种观点。不过，学术上的争论并不是本文关注的焦点，这里将集中讨论社会发展对贫困的理解，以及应用社会发展的视角分析 1978—2000 年中国政府为解决农村贫困问题而制定和实施的扶贫政策。① 包括四节：第一节、社会发展对贫困的理解；第二节、社会发展视角下的第一阶段农村扶贫政策分析；第三节、社会发展视角下的第二阶段农村扶贫政策分析；第四节、社会发展视角下的第三阶段农村扶贫政策分析。

（一）社会发展对贫困的理解

1. 扶贫战略的简单回顾

对贫困及贫困原因的理解决定着扶贫战略的选择。在二十世纪五六十年代，国际发展界与新兴民族国家政府都把经济增长视作解决贫困问题的重要战略，其背后的理论假设就是将贫困问题简单地等同于经济收入不足的问题。如果贫困就是一个营养摄取标准不足和经济收入低下的问题，发展经济、提高收入水平自然也就成了扶贫政策的核心内容。经过近六十年的探索与实践，国际发展界已经逐渐认识到贫困不仅仅是一个单纯的经济收入问题，而是涉及健康、教育、社会资

---

① 根据国务院扶贫开发领导小组办公室 2001 年发布的《中国扶贫开发报告》，中国的扶贫工作大致分为三个阶段：体制改革推动扶贫阶段（1978—1985）；开发式扶贫阶段（1986—1993）；1994 年至 2000 年扶贫攻坚阶段（1994—2000）。

本、自然资源、基础设施、社会公正、参与权利、性别平等、个人尊严等多种复杂因素的社会问题。从20世纪80年代起，人们就已抛弃单纯依靠经济增长来解决发展中国家贫穷落后问题的思路，转而强调经济与社会两个方面的共同发展，并陆续提出了参与式发展、可持续发展、以人为中心的人类发展等新的发展理论。

伴随发展经验与理论的不断积累，国际发展界对贫困问题的认识也日益深入，参与式发展理论、可持续生计框架、社会性别理论、社会排斥与社会公正、社会分析、贫困与社会影响力分析等各种理论与工具被广泛地运用于国际发展援助项目的设计与实施过程之中，为制定更为成功的扶贫发展战略积累了宝贵的经验。20世纪90年代，上述着重从社会公正角度来研究发展问题的理论与工具被逐步整合为社会发展理论，英国国际发展部、世界银行等重要的国际发展机构也开始成立专门的部门以研究、实施和推广这些理论与工具。社会发展理论以实现更加公正的发展作为自己的核心目标，提出了公正优先的发展原则、权利为本的发展原则、优先关注弱势人群原则、参与的原则、包容性原则、社会责任原则等重要的发展原则。这也为全面而深入地认识贫困问题、设计更为有效的扶贫战略提供了新的分析框架。本文将运用上述原则对中国过去近三十年的农村扶贫政策进行分析，下面首先谈谈社会发展对贫困问题的理解。

国际、国内的扶贫经验证明，如果仅仅局限于从经济收入来认识贫困问题，不可能准确而全面地了解贫困人群的生活，也就难以设计和实施有效的扶贫策略。社会发展承认经济总量的不断扩大能够为解决贫困问题提供必要的经济基础，但如果没有相应的社会公平的同步发展，不能建立更为负责、包容的社会制度以及公正透明的社会资源分配与公共决策机制，贫困人群很难平等地分享经济增长所带来的好处。

2. 社会发展的分析框架

（1）缺少资源与收入

社会发展认为贫困是多种资源缺失所导致的物质福利剥夺。从经济收入和营养摄取标准来衡量贫困的狭隘思维，显然不足以反映贫困问题的复杂成因及多重后果。就后果而言，贫困不仅表现为饥饿和营养摄取不足，同时也表现为缺少安全的住房、卫生的饮用水以及方便可及的医疗与教育服务；就成因而言，单纯的经济收入低下并不足以解释贫困现象的发生，贫困常常是由于缺乏包括经济资源在内的人力资源、社会网络、基础设施和自然环境等多种资源而导致的结果。大量的研究发现，穷人更加看重资产而不是收入，认为人力、社会、物质及自然等多种资源的缺失才是迫使他们陷于生存困境的主要原因。值得特别指出的是，以经济收入衡量贫困的方法还会忽视妇女所做出的真实贡献，她们所从事的大量家庭劳动，尽管不能直接带来经济收益，但对维持家庭生计却具有极为重要的意义。

在20世纪90年代由农村可持续生计咨询委员会（Sustainable Rural Livelihoods Advisory Committee）所开发的可持续生计框架，为研究穷人的生计状况及影响他们生计的主要因素，以及分析他们抗风险能力和生计的可持续性提供了有益的理论框架。可持续生计框架认为，只有从人力资本、社会资本、自然资本、物质资本和金融资本五种生计资本的角度出发，才能完整而深刻地把握穷人的生计状况、识别导致贫困的原因和阻碍脱贫的因素。可持续生计框架彻底突破了单纯从经济收入看待贫困问题的狭隘视角，这样，营养状况、卫生饮水、住房条件、教育程度、健康保障以及自然资源、基础设施和社会网络等都成为衡量贫困的重要指标，这不仅有利于发展工作者分析导致贫困的复杂原因，同时也有助于认识贫困所可能引发的多重后果，从而为制定切实有效的扶贫措施奠定基础。

（2）脆弱性问题

缺少资源与收入必然会导致生计与生存的脆弱性（抗风险能力弱），这是贫困人群最关键的特征之一，是贫困评估必须考虑的重要因素。抗风险能力取决于一个人或家庭拥有的生计资源是否丰富而优质，一般说来，生计资源的种类越多、质量越好，抗风险能力就会越强，如强壮的身体、良好的教育、肥沃的土地、丰富的物产、稳定充裕的现金收入、团结协作的家族或社区邻里关系等。其中，单身母亲、孤寡老人、残疾人和孤儿常常是生计最为脆弱的人群。

仅仅从营养摄取标准和经济收入角度来看待贫困问题，就很容易忽略贫困人群的生计脆弱性，在设计扶贫政策时就难免会在促进经济发展、提高经济收入的同时却对穷人的抗风险能力造成破坏，如因矿产开发而破坏生态环境，使农民不能再利用自然资源来渡过难关等。事实上，穷人通常依靠家庭中的壮劳力、自家承包地的产出等一般也能勉强维持温饱，但由于所赖以为生的资源品种单一而品质低劣（贫瘠的土地和低素质劳力），他们的抗风险能力极为脆弱，一旦遭到疾病伤残、自然灾害、经济衰退、社会动荡、暴力犯罪等意外打击时，往往会重返贫困、甚至立即陷于绝境。

（3）社会公平的视角

社会发展认为社会和政治过程中存在的不公平现象是导致贫困发生的根本原因。一方面，种种不公平的制度性障碍将阻挠穷人平等参与社会资源和发展机会的分配，如不能平等地享有就业或获得耕地、贷款以及进入市场等从事生产性活动的机会与权利；另一方面，不公平的制度与政策还体现于经济发展成果的分配方面，处于弱势地位的穷人同样也没有机会平等地分享本国经济发展的成果，如不能参与各种社会保障体系、无法享受公共基础设施建设带来的方便与利益等。值得特别提出的是，妇女、少数民族、老人儿童、残疾人群等弱势人群常常是缺少公正与包容的社会制度最大的受害者，由于文化和制度的歧视所导致的弱势地位，他们更加难以平等地参与发展机会及成果分配。

以中国为例，虽然创造了近三十年经济高速成长的成绩，但以生态脆弱地区和边远地区的农村居民为主体的弱势人群却很难公平地分享因此产生的发展成果，这是现阶段中国农村贫困的主要原因。这主要表现在以下几个方面：其一，就获得发展机会的角度而言，城乡分隔的户籍制度及城市地区对农村居民采取的歧视性政策（如工资福利、资本信贷、子女教育等），严重阻碍了他们平等地分享这些地区出现的就业及商业机会；其二，从经济成果分配的角度说，公共财政资源长期以来主要投放于城市地区，造成农村地区基础设施、医疗服务、学校教育、社会保障等各方面发展的严重滞后，极大地影响农村居民的人口素质（他们的教育程度远低于城市人口）、经济发展能力、抗风险能力和其他参与市场经济竞争所必需的基本条件；其三，由于中国经济增长主要集中于东部沿海和城市地区，这对地理偏僻、道路通信落后的农村地区（特别是西部边远落后地区、边疆少数民族聚居区）来说，既无法直接融入其商业活动之中，也难以平等方便地得到其就业及商业机会。

（4）参与权利的缺失

参与的重要性不是一个单纯的表达自身意愿与需求的问题，更为重要的是，没有参与意味着贫困人群没有机会影响与自身利益息息相关的决策过程，无力阻止伤害、甚至剥夺自己利益的法律与政策的出台，当然也就根本不可能平等地参与分享社会资源和发展机会，这不仅是导致贫困的重要原因，同时也是阻碍脱贫的主要障碍。因此，是否有足够的机会与渠道参与直接影响自己生活的决策是衡量贫困状态的关键因素。

贫困人群参与权利的缺失表现于许多不同的层面：其一，没有足够的制度性渠道参与国家和本地的政治决策过程；其二，存在许多阻碍、甚至排斥他们获得发展机会及分享发展成果的政治、法律和社会制度（缺少包容性）；其三，政治、社会机构更为关注强势人群的利益，常常不能对穷人的需求与意愿做出及时有效的回应；其四，贫困人群难以形成共同的力量以表达自己的政治意愿。穷人的参与对扶贫政策具有重要意义，一方面，能帮助决策者准确把握穷人的需求以制定具体有效的政策，另一方面，在政策的执行与监督过程中更容易获得穷人的支持与合作。

（5）尊重穷人的主观感受

传统上人们主要通过包括收入及福利统计数据在内的定量指标来认识贫困现象，如基尼系数（The Gini coefficient）、人类发展指数（The Human Development index）、物质生活质量指数（The Physical Quality of Life index）等。但仅仅依靠此类定量指标，并不能完整地解释贫困现象，既不能充分反映不同国家和地区不同的贫困情况，更难以完全反映不同人群在不同时间的贫困处境；更重要的是，这些通常由专家们统计出来的标准化指标无法反映贫困人群的主观感受以及他们借以处理和摆脱生存困境的现实选择与行动。

社会发展认识到，必须依靠质性研究和参与式评估方法来收集贫困问题所包含的社会因素及穷人对自身处境的主观感受。通过参与式贫困评估方法（PPA/Participatory Poverty Assessment），可以了解穷人对贫困的理解与感受，如缺乏尊严、强烈的挫折感与无助感等，同时还可以通过穷人自身的视角来了解他们如何利用有限的资源来处理自己的生计，而这对设计合理的策略来帮助他们改善生活是十分重要的。国际发展界已经运用这一方法开展了大量的研究，例如，世界银行研究报告《谁来倾听我们的声音?》（World Bank，1999），获得许多极有价值的发现，对改善世界各地的发展政策和扶贫战略做出了巨大贡献。

（二）社会发展视角下的第一阶段农村扶贫政策分析

1. 体制改革推动扶贫阶段（1978—1985）

当时中国政府没有设立专门的扶贫组织，扶贫工作实际是由中央政府直接承担。这一阶段中国的扶贫工作主要表现在三个方面：一是对贫困地区实行的救济式扶贫；二是经济增长带来的减贫效应；三是组织实施了为期十年的“三西”扶贫开发计划。

（1）对贫困地区实行的救济式扶贫

救济式扶贫是当时国家为控制绝对贫困而采取的主要措施，该项政策从中华人民共和国成立以后开始执行，并一直延续到20世纪80年代前期。所谓救济式扶贫，就是中央政府通过向贫困地区调拨粮食、衣物等救济物品及财政补贴，以维持贫困地区人民最低程度的生活水准，也被称为“输血”式的扶贫政策。

（2）经济增长带来的减贫效应

由于此前“文化大革命”十年的破坏以及扭曲的制度安排和政策方针，中国国民经济已经处于崩溃边缘，全国范围内均存在大面积贫困现象（按中国贫困衡量标准统计的贫困人口超过2.5亿人，占农村总人口的33%）。这一阶段中国政府主要任务就是实施制度改革、调整经济发展战略、恢复并发展国民经济。成功的制度变革引发经济迅速成长，相应地带来了大规模减贫效果。特别是用家庭联产承包经营制度取代人民公社式的集体耕作制度，极大地激发了农民积极性、显著地提高了农村生产力，进而带动农村经济全面增长，大批长期不得温饱的农民因此而告别了贫困。绝对贫困人口从2.5亿人下降到1.25亿人，占农村总人口的比例从33%下降到17%。绝对贫困人口平均每年减少1786万人。贫困发生率从30.7%下降到14.8%（国务院扶贫开发领导小组办公室，2001年）。

（3）“三西”扶贫开发计划

“三西”扶贫开发可以说是这一时期中国唯一有针对性的扶贫计划。“三西”指的是甘肃省定西、河西地区和宁夏西海固地区，这些地区长年严重干旱、生态遭到严重破坏、农民赤贫如洗、生计难以为继。1982年12月10日，中国政府决定对上述地区实施为期10年的“三西”农业建设计划，每年专项拨款2亿元（总计20亿元）；并于1992年将该计划再次延长10年。到1999年，“三西”地区已经从整体上解决了温饱问题。“三西”扶贫开发计划实际上开创了中国贫困区域扶贫开发模式的先河。

2. 第一阶段扶贫政策分析

“输血”式的救济扶贫在缓解赤贫人口的生存困境发挥了一定的作用，但也出现了许多问题。一方面，国家调拨给贫困地区的救济物品和财政补贴，并没有转化为当地实现自主发展、自我“造血”的能力，反而助长了贫困地区和贫困人口“等靠要”的依赖心理与行为；另一方面，在计划经济体制下，中央政府在对贫困地区实行补贴救济的同时，又将当地的农产品和原材料以低价调配供应发达地区，使贫困地区逐渐演变为在经济上依附于工业发达地区的原材料产地和工业品销售市场。

（1）对社会公平的损害

“三级所有，队为基础”的人民公社农村集体经营管理制度和“平均主义”的分配制度，计划经济下农产品统购统销制度以及城乡分离的户籍管理制度（农民没有从事非农产业的自由），被认为是当时造成中国农村大面积贫困的主要原因，对上述三个方面的制度变革实质上也就成了这一阶段主要的反贫困战略。土地经营管理制度的变革，提高了土地产出率；农产品统购统销制度的改革使农产品市场体系得以重建；而开放工商业投资所引发的乡镇企业迅速崛起，为农民创造了在非农产业创业和就业的机会，使中国农村充裕的劳动力资源得到一定程度的开发利用。这样，土地产出率的增加、农产品价格的提高以及农村劳动力在非农领域的就业，为贫困农民创造了三个方面的增加经济收入的渠道，从而产生了巨大的减贫效应。

通过制度变革推动经济增长来解决贫困问题的思维，暗含着类似国际发展界二十世纪五六十年代“经济增长”理论的逻辑，认为充分的经济增长将会自动解决包括贫困在内的一切问题。仔细反思这一阶段的改革措施和改革方针，不难发现几乎所有的政策都是围绕如何推动经济成长而展开的。不仅政府缺少专门针对解决贫困问题而设计的配套系统的政策，同时理论界也缺少对贫困问题全面而深刻的认识。在全力推动经济增长的同时，未能采取相应的配套措施改革不公平的社会经济制度，如城乡分隔的户籍制度；当时有些改革甚至还损害了原有的社会公平，如农村原有基础教育和基本医疗体系就受到破坏。

改革开放前我国执行的是“大锅饭”式绝对平均主义的分配制度；政府和学界认为由此引发的普遍效率低下与严重资源浪费，是造成国民经济发展迟缓、停滞的主要原因。农村家庭联产承包责任制度的成功，不仅促进了在国营、集体所有制企业中推广以“承包制”为核心的企业改革，更重要的是，为中国后来一个时期内所奉行的“效率优先、兼顾公平”发展原则的确立奠定了基础。

需要指出的是，当时在理论研究和政策设计上，都有将“平均主义”和社会公平混为一谈的倾向，在改革“平均主义”制度的过程中，也有意无意地损害了社会公平。例如，为解放生产力而进行的农村改革同时也对农村公益事业造成了破坏。在原有体制之下，人民公社依托集体经济为广大农村居民提供了基础教育和基本的医疗服务（赤脚医生\农村合作医疗），但家庭联产承包责任制度的施行却彻底铲除了人民公社的经济基础；伴随人民公社制度的瓦解，原有的农村公益事业制度也不复存在。与此同时，新的农村社会公益事业制度又迟迟未能建立，农村居民被长期排斥于国家社会保障和义务教育体系之外。结果是，在国民经济高速增长的同时，中国农村教育、医疗之类人类发展所必需的基本资源却在不断减少（到1998年，农村居民的医疗保险覆盖率仅为9.5%），农民的经济收入虽然增加了，但在医疗和教育等其他方面的开支也越来越大。20世纪90年代以产业化为核心的教育和医疗体制改革引发高昂的教育和医疗费用，罔顾城乡之间的巨大差别和贫困人群的支付能力，最终演变为导致贫困和阻碍脱贫的重要原因。

（2）政治权利上的弱势

从权利的角度看，人民公社制度全面上收了农村基层社会的政治经济权利，而家庭联产承包制的施行则是将农业生产经营管理权重新下放给农民。但当时的农村改革并没有相应政治方面的配套措施，既没有同时下放政治权利，也没有考虑建立新的农村治理结构。以集体经济为基础的人民公社制度在农村改革之后不久就迅速瓦解，农村治理一度出现真空（直到1987年开始试行《中华人民共和国村民委员会组织法》），许多地方的农村治安、公益事业处于无人管理的状态。

家庭联产承包制实质上使中国农民重新成为分散独立的自耕农，形同散沙的小农无论面对市场、还是政府，都缺少对等的谈判地位与能力，经济上不得不继续遭受工农业产品价格“剪刀差”的剥夺，政治上也无力在税收、农业政策、土地征用及公共资源的分配等重大问题上表达自己的意愿。进入20世纪90年代以后，农村赋税之重、收费之乱以及强征农民耕地的问题成了许多地区农民的心头大患，其实就是农民政治权利弱势所必然引发的严重后果之一。

（3）体制改革不配套

当时的体制改革主要围绕如何更快地推动经济增长，没有同时考虑对各种不公平的政治经济制度进行改革。其中最为显著的是，经济上通过工农业产品价格“剪刀差”汲取农村资源的制度安排没有根本上的变化，政治上城乡分隔户籍制度对农村居民的歧视也没有实质上的改变。

- 工农业产品价格“剪刀差”依然存在

国家通过实行农产品统购统销制度，以工农业产品价格“剪刀差”来汲取农村资源，确保国家积累以迅速实现工业化。农产品统购统销制度的改革直接导致农产品市场的重建和价格的上扬，但并没有完全改变工农业产品价格“剪刀差”的基本格局。分散的小农在市场上根本不具备对等的谈判地位与能力，无论出售农畜产品，还是购买农资农具，甚至包括土地征用，都不可能为自己争取合理的市场价格以保护自己的利益。

- 城乡二元户籍制度的歧视

乡镇企业的发展为农民在非农产业中就业开创了新的路子，也为他们后来到大中城市和东部经济发达地区就业拉开了序幕，对有着大量剩余劳动力的农村来说可谓意义重大。但这并不意味着农村居民因此就获得了完整的迁徙自由，城乡分离的户籍制度在这个过程中并没有发生相应的变化。一方面，外出就业的农民在身份上没有任何变化，不能享受与城市居民相同的待遇；另一方面，国家和地方政府继续以城乡分离的户籍制度作为决策的基本前提，不仅在分配公共资源时向城市地区倾斜，同时在制定社会政策时也城乡区别对待，如我国最低生活保障制度就一直只适用于城市等。

没有与城市居民平等身份的务工农民，不仅在争取良好的工作条件和合理的工资待遇等问题上处于绝对弱势地位，在获取健康医疗和子女教育等各种基本服务方面也障碍重重。20 世纪中后期以来，由于工作条件恶劣、工资待遇过低以及反复大量出现的拖欠工资现象、子女教育和看病难等，农民工已逐渐演变为全社会关心的热点问题。

（三）社会发展视角下的第二阶段农村扶贫政策分析

1. 开发式扶贫阶段（1986—1993）

从 1986 年起中国的扶贫开发工作领域出现了两个重大变化，一是成立了国务院贫困地区经济开发领导小组（1993 年更名为国务院扶贫开发领导小组），负责组织、领导、协调、监督、检查贫困地区的经济开发工作；并在县以上政府建立了相应的专门机构，在全国范围内形成了负责扶贫开发工作的行政系统。二是针对贫困地区和贫困人口制定了专门的扶贫开发政策措施，其中最为重要的就是确定开发扶贫和区域扶贫的基本方针。这两个重大决策标志着中国政府开始在全国范围开展有计划、有组织、大规模的扶贫开发工作。

（1）开发式扶贫

1986年前，我国采取的是救济式扶贫方式，将扶贫资金、物资无偿地直接地发放到穷人手中，被称为“输血式”扶贫。虽然在帮贫解困方面发挥了一定的作用，但同时也使一些贫困人群养成了“等、靠、要”的依赖思想，难以实现自我发展、彻底脱贫的根本目标。基于“输血”养贫不如“造血”脱贫的认识，中国政府对救济式扶贫进行了彻底改革，确定了开发式扶贫的方针，即为贫困地区提供必要的支持，通过利用当地自然资源进行开展生产性项目和基础设施建设，逐步培育贫困地区和贫困人群自我积累、自我发展的能力，依靠自身力量最终实现从根本上摆脱贫困的目标。

依据这一方针，国家有针对性地采取了一系列政策，如扶贫资金从按贫困人口平均分配向按项目效益分配方面转变，扶持能为贫困农户提供参与经济发展机会的生产开发项目，动员政府机构与社会各界广泛参与扶贫开发工作等；不过，其中最重要的则是确定了以县级区域为实施扶贫开发工作的基础，国家主要通过财政扶贫资金、以工代赈资金和扶贫贴息贷款三种方式对贫困县加以扶持。

（2）区域性扶贫

在农村改革之后，全国多数农村地区在20世纪80年代中期实现了经济的快速增长，大量农村人口基本达到了解决温饱、摆脱贫困的生活水平。但这一制度变革引发的经济增长很快显示出鲜明的地区差异，由于社会、自然条件等多种因素的制约，一些偏远落后地区与全国其他地区，特别是沿海发达地区在经济、社会等方面的发展差距日渐扩大。这些地区多数位于经济发展相对落后的中部和西部的山区，主要包括东部的沂蒙山区，闽西南、闽东北地区，中部的努鲁尔虎山区，太行山区、吕梁山区、秦岭大巴山区、武陵山区，大别山区、井冈山区和赣南地区，西部定西干旱山区、西海固地区等18个集中连片的贫困地区；而全国农村的绝大多数贫困人口也大部分分布于上述贫困地区。

基于这一判断，中国政府明确了区域扶贫的基本方针，将之列入国民经济“七五”（1986—1990）发展计划，力图集中力量解决十几个连片贫困地区的问题，以增强当地自我积累、自我发展的能力；并进而将贫困县作为区域扶贫的基本单位，分中央政府和省（自治区）两级重点扶持（参见信息框）。

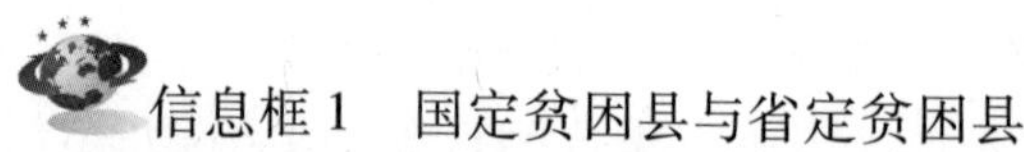

信息框 1　国定贫困县与省定贫困县

1986 年，国务院扶贫开发领导小组办公室使用农业部县级农村收入数据，制定了 331 国家重点扶持贫困县的名单。考虑到不同的区域和政治因素，确定贫困县的标准分别为 1985 年农民人均收入低于 300 元、200 元或 150 元人民币。人均产粮低于 200 公斤是确定贫困县的第二个关键指标。除了国定贫困县，各省还依据自己的标准，确定了 368 个省定贫困县，享受省级财政补贴。省定贫困县标准有很大差异，从云南的人均 150 元到江苏的 400 元不等。另外，除了贫困县名单以外，大部分省区还在比较富裕的县确定了贫困乡名单并给予特殊扶持。

资料来源：《中国农村扶贫联合调查报告》

2. 第二阶段扶贫政策分析

第二阶段扶贫政策的核心就是贫困区域开发战略，其理论依据就是认为中国的贫困人群大多数集中生活于十几个连片贫困地区；这些贫困地区由于偏远的地理位置、贫瘠的自然资源、恶劣的气候条件以及落后的社会文化等原因，经济发展严重滞后于全国的发展水平。因此，根据这一判断，只要增加对贫困地区的扶持力度、改善当地的基础设施、促进以当地资源为基础的经济发展，便可以逐步解决当地的贫困问题。

对比第一阶段依靠国家制度变革作为反贫困战略，区域扶贫开发的政策显然具有更为具体、也更为直接的反贫困含义，对促进贫困地区的发展、缓解或消除当地的贫困也发挥了一定的作用。但区域开发反贫困战略依然是以“经济增长”能自动解决贫困问题的理论作为假设前提的，贫困的成因被解释为缺少“经济增长”所必需的自然、社会条件，并没有触及导致贫困和阻碍脱贫不公正的社会政治制度与政策。扶贫战略的核心自然因此集中于为贫困地区提供各种优惠政策，以帮助其改善发展条件，以此来刺激当地的经济增长，从而实现缓解贫困的目标。

值得注意的是，中国的扶贫资源需经中央、省（市、自治区）、地（州市）、县、乡、村多个层次向贫困农户传递，而区域开发式扶贫必须经由包括贫困地区的基层政府在内的各级各地政府来具体操作，政府治理结构、制度设计及扶贫资金管理方面的问题在这个阶段也就逐渐暴露出来。这个阶段的扶贫实践证明了一个道理：如果没有建立更为公正、更为负责、更为包容和更为透明的政府治理结构，国家财政扶贫资金不可能有效到达贫困人群、扶贫政策也不可能充分发挥帮贫解困的作用。

（1）扶贫治理结构不完善

对公共决策影响甚微：专门的扶贫系统的建立对更好地开展扶贫工作意义重大，但由于只有负责实现扶贫目标的责任，而没有管理扶贫资源的权力以及所必需的工作人员，各级扶贫机构对本级政府决策、各部门之间的协作行动以及公共资源的分配等的影响甚微。

同时，由于自上而下的管理方式，扶贫系统也不能及时、充分地表达贫困人群的利益与意愿。结果是，作为各级政府中负责扶贫工作的专门机构，扶贫系统既无法为扶贫工作争取更多的财政投入，也无力阻止可能会对扶贫工作造成负面影响的政府决策的出台。扶贫政策则存在着为扶贫而扶贫的问题，未能从经济、政治、社会、制度等各个方面来制定全面、配套的综合扶贫政策；各级政府在制定各项政策时，也缺少对贫困问题的影响进行深入全面的分析，常常会出台一些可能会阻碍脱贫、甚至导致贫困的政策措施。

难以自主决定扶贫资金的使用：国家扶贫资金主要通过三个渠道

发放，其中贴息贷款由中国农业银行管理，以工代赈由国家发展计划委员会管理，财政资金由财政部管理；到了地方，大多数扶贫资金和项目都由当地政府相关部门（县财政局和县计划委员会）负责管理和实施，扶贫系统直接参与较少。由于很难自主地决定财政扶贫资金的分配与使用，根本没有足够的权力以保证财政扶贫资金的合理使用，这也是导致扶贫工作效果不佳、财政扶贫资金被大量挪用的重要原因之一。

（2）扶贫资金分配不公正

"国贫县"的确定存在偏差①：由于国家级贫困县能得到中央财政扶贫资金的支持并享受各种优惠政策，还有中央国家机关、大中型企业定点帮扶以及发达地区对贫困地区的对口帮扶，因此，如何确定国家重点扶持贫困县实际上就是如何分配国家公共资源的问题，是宝贵的扶贫资源能否真正用于帮助贫困地区与贫困人口的问题。由于缺乏严格、规范、透明的制度与程序以及政治因素的考虑，一些达不到标准的地方被确定为贫困县，而许多真正的贫困县却被排除在外。比如，一些具有政治资源的县、特别是属于革命老区的县，尽管人均收入超过绝对贫困线的两倍，依然被确定为国家级贫困县；与此同时，云南为本省减少国家级贫困县的数量，却不得不将贫困县标准降低到120元（国家标准是150元）。

有些穷人无法享受国家扶贫资金：以贫困县为基础来分配财政扶贫资金本身也存在着问题，生活在国家级贫困县内的贫困人口仅占全部贫困人口的70%（中国扶贫开发报告），还有相当数量的贫困人口生活于贫困县以外的地区，他们不能平等地受益于国家财政扶贫资金的扶持。

扶贫资金的渗漏：国家扶贫资金主要通过三个渠道发放，其中，财政扶贫资金需经中央、省（市、自治区）、地（州市）、县、乡、村多个层次向贫困农户传递。由于资金管理制度的不完善，对财政扶贫资金下拨、使用的监管和约束不力，扶贫资金在层层下拨和管理的

① "国贫县"：指国家重点扶持贫困县。

过程中，出现挪用现象，造成扶贫资金的严重渗漏，真正能投入贫困地区的常常会大打折扣。

（3）穷人难以享受扶贫资源

扶贫资金平均分配：用于国家级贫困县的中央财政扶贫资金也并不是由当地的贫困人群独享，由于贫困县并没有针对本县具体的贫困户或贫困乡来制订更为细致的扶贫资金使用方案，实际造成扶贫资金被国定贫困县的所有农村居民平均使用的局面。考虑到国定贫困县中的绝对贫困人口仅占其总人口的十分之一，中央财政扶贫资金能分配给真正的贫困人口不会超过十分之一，换句话说，近百分之九十的扶贫资金实际上是由非贫困人口在享受。

扶贫资金被挪用：一方面，贫困县通常都存在财政困难，扶贫资金常常被挪用以支付政府工作人员工资和日常办公费用；另一方面，为增加地方财政收入，贫困县政府更愿意将扶贫资金用于创办县办企业和乡镇企业，例如，在 1992 年、1993 年，近一半的扶贫贷款被投入到工业企业之中。结果“促进区域经济增长带动扶贫”的项目开发式反贫困战略往往演变为“贫困地区工业化项目”的开发式战略，贫困人群很少能从中得到就业机会或其他利益。

扶贫资金很少投入贫困乡村：即使用于农业和基础设施建设的扶贫资金，也会更多地投入非贫困乡镇与村庄，因为比起投入贫困乡镇和村庄，这样做操作上会更为容易、效率更高、也更有利于创造新的税收增长点。

盲目低效的扶贫开发项目：政府主导的扶贫开发项目，常常缺乏科学的可行性论证，为开发而开发，很少对产品的市场前景和销售渠道进行深入的调研，盲目上马了许多项目。从 20 世纪 90 年代中期开始，贫困地区许多用扶贫资金支持的乡镇企业连年亏损，很少或根本没有扶贫效应。

（四）社会发展视角下的第三阶段农村扶贫政策分析

1. 扶贫攻坚阶段（1994—2000）

进入 20 世纪 90 年代后，中国贫困形势最显著的变化就是东部和西部经济发展的差距在不断扩大，贫困人口越来越多地集中于中西部地区；截至1994年，生活于中西部地区的贫困人口数占全国总数的80.3%。针对这一新的贫困形势，并在总结第二阶段扶贫工作经验教训的基础上，1994年中央政府制定并实施的《国家八七扶贫攻坚计划》；该计划是中国历史上第一个有明确目标、明确对象、明确措施、明确期限的扶贫纲领性文件，提出到2000年年底基本解决全国农村8000万贫困人口温饱问题的战略目标。《国家八七扶贫攻坚计划》核心措施依然是区域扶贫开发，但同时非常重视扶贫工作管理和贫困农户难以从财政扶贫资金和各地开展的扶贫开发项目中获益的问题，制定并实施了一系列的有针对性的政策措施。

（1）扶贫到村到户和解决贫困人口温饱问题

提出了扶贫开发到村到户的工作方针，强调以贫困村为基本单位，以贫困户为工作对象，以改善基本生产生活条件和发展种养业为重点，坚持多渠道增加扶贫投入，坚持动员和组织社会各界参与扶贫攻坚。并明确指出，扶贫开发到村到户的核心，是扶贫资金、干部帮扶和扶贫项目等各项措施真正落实到贫困村、贫困户。

提出了扶贫的主要对象和工作重点是贫困农户，制定了以解决贫困人口温饱问题为核心的战略目标，并明确规定把有助于直接解决群众温饱问题的种植业、养殖业和以当地农副产品为原料的加工业作为扶贫开发重点，以防止重蹈过去区域扶贫开发演变为“贫困地区工业化项目”开发式战略的覆辙。

（2）重新确定国家重点扶持贫困县

计划根据当时贫困人口分布状况的变化，重新确定了592个国家重点扶持贫困县，覆盖了全国72%以上农村贫困人口；中央政府随后采取的一系列扶贫政策措施都主要围绕这592个国家重点扶持贫困县贫困群众解决温饱而制定。

（3）加大扶贫投入

中央政府同时还出台了一系列政策措施以动员各方面的社会力量、加大扶贫投入，如在集中连片的重点贫困地区安排大型开发项目，组织沿海发达省、直辖市对口帮扶西部贫困省、区等。同时，为保证国家各项扶贫政策的落实、如期实现《国家八七扶贫攻坚计划》，强调通过建立以省为主的扶贫工作责任制，要求扶贫资金、权利、任务和责任“四个到省”。

2. 第三阶段扶贫政策分析

在国务院扶贫开发领导小组办公室发布的《中国扶贫开发报告》中，对制定第三阶段扶贫政策的依据做了如下阐释：

“随着农村改革的深入，随着经济发展的带动，贫困人口的逐渐减少，贫困类型和成因也在发生着极大的变化。这种变化主要体现在：第一，农村制度引致的贫困人口逐渐减少了；第二，贫困人口逐渐集中到西南大石山区（缺土）、西北黄土高原区（严重缺水），秦巴贫困山区（土地落差大、耕地少、交通恶劣、水土流失严重）以及青藏高寒山区（积温严重不足）等几类地区，这些贫困人口体现出越来越明显的地缘性特征，即贫困主要是由于恶劣的自然条件、薄弱的基础设施以及社会发育落后等造成的；第三，正因为发生了这种变化，使扶贫的方式逐渐从体制改革带动、经济增长带动和项目开发三种方式并重的局面转变为只能靠项目开发一种方式扶贫的局面。因为这些地区的农民在土地分配上不存在不均的制度问题，也不存在农产品市场制度和就业的行政性障碍，而是因为自然条件过于恶劣，常规的投入使他们无法达到温饱产生剩余，不管怎么改进制度和推动区域经济增长，都无法带动他们超越生存线而进入发展阶段。因此，在地缘型贫困为主的地区中，只有通过具体的、有针对性的项目开发来带动扶贫。也就是说，在没有解决区域性经济不发达的问题以前，当务之急是先缓解贫困人口的吃饭、穿衣这一温饱问题，解决贫困人口的基本生存权问题。”

报告中对中国农村贫困发生原因有两个重要的判断：一是认为不存在制度不公导致贫困的问题，“因为这些地区的农民在土地分配上不存在不均的制度问题，也不存在农产品市场制度和就业的行政性障碍”；二是认为“贫困主要是由于恶劣的自然条件、薄弱的基础设施以及社会发育落后等造成的”。也正是以上述判断为基础，通过项目开发驱动区域经济发展成为我国反贫困的基本战略。尽管报告中提出了“体制改革带动、经济增长带动和项目开发”三种扶贫方式，但无论体制改革，还是项目开发，实质上都是要推动经济增长，其背后的理论假设就是认为“经济增长”能自动地解决贫困问题。

总体上来看，第三阶段与第二阶段扶贫政策在对贫困发生原因的认识和反贫困战略的选择上并无本质上的不同，没有摆脱就经济谈贫困、就贫困谈贫困的狭隘观点。不过，从具体措施来看，国家显然注意到了第二阶段扶贫工作中出现的贫困人群很难从贫困区域开发过程中受益的问题，提出了解决贫困人口温饱问题的战略目标，以及重点改善基本生产生活条件和发展种养业和扶贫开发到村到户的工作方针，同时还通过资金封闭运行等严格的管理措施大大减少了扶贫资金在传递过程中的渗漏，在扶贫工作瞄准贫困人群方面向前迈进了一步。

（1）扶贫政策的单一经济视角

从总体来看，中国的扶贫工作一直未能超越于经济贫困论的窠臼，始终将发展经济、提高收入水平作为扶贫政策的核心内容。集中于如何通过优惠政策、资金项目的投入来拉动贫困地区经济发展是中国主流的扶贫政策，虽然对缓解当地的贫困问题也发挥了一定的作用，但由于对贫困的理解过于狭隘，其中也存在着一些严重的问题，概括起来主要包括以下几个方面：

- 扶贫政策不能及时反映穷人需求：由于缺少贫困人群的参与、健全完善的政府治理和公正透明的扶贫管理机制，我国的区域扶贫政策始终未能真正地与贫困人群的需求结合起来。

- 缺乏增强穷人抗风险能力的政策：由于缺少健康、生产生活等各个方面的基本保障，勉强解决温饱的穷人生计是极为脆弱的，意外的灾难与风险（如自然灾害、疾病）就会让他们立即重返贫困。贫困人群生计的脆弱，可以从他们恶劣的健康和营养状况上可以清楚地得到证明。（参见信息框 3）

- 未能解决穷人的可持续发展问题：对贫困人群来说，解决温饱、增加收入仅仅是解决了眼前的问题，从长远的角度看，通过教育来大幅度地改善他们的人力资本水平才是彻底脱贫的关键。国家非但没有为穷人和他们的子女提供更多更好的教育机会，还通过所谓“产业化”的教育改革大幅减少对农村地区的教育投入来剥夺他们原有的教育资源；而迅速提高的教育开支则让贫困农户不堪重负，甚至让一些脱贫不久的农民因此而重返贫困。

• 缺少对公共政策通盘考量：囿于就贫困谈贫困的狭隘观点，各地、各级政府在制定公共政策时，很少研究对贫困问题可能造成的影响，出台了许多对穷人极不公正的社会政策，最明显的莫过于以“产业化”为导向的医疗、教育体制改革，以及有些地方政府以极为低廉的价格强征农民土地。其结果是，国家一方面在大力开展扶贫工作，但同时却又通过不公正的政策在大量地制造贫困。

• 贫困人群无法参与公共决策：从中央到基层，甚至在以村民自治为核心的农村基层治理结构中，普通农民、特别是贫困农民都缺少制度化的、透明公正的参与渠道，他们基本被排除在公共决策的制定和公共利益的分配之外，这也就是各种对他们极不公正的政策得以出台的根本原因。就扶贫工作而言，没有穷人的参与，国家扶贫政策无法反映并满足他们的真正需求；就社会公正而言，没有穷人的参与，国家公共决策无法为他们的彻底脱贫和长期发展创造公正的制度与政策环境。

• 没有解决穷人在市场竞争中的弱势地位：限于就经济谈贫困的狭隘思维，以开发式扶贫为核心的政策过分专注于贫困地区的经济发展，未能对贫困人口的人力资本（教育、健康）和社会资本（组织、合作）给予足够的重视与投入，贫困地区的人口素质和协作程度一直没有根本的改善，这实质上就使他们在现代市场经济中始终处于弱势地位。

（2）贫困人群日益的边缘化

• 穷人难以获得非农收入机会：中国高速的工业化过程为更多的农民创造了在非农产业中就业和从事商业活动的机会，导致来自农业的收入占农民收入的比重急剧下降。但并不是每个农户都能平等地得到这些机会，由于中国经济发展主要集中在东部地区和城市地区，居住在上述地区的农户自然会更容易地得到此类机会，从而大幅增加自己的经济收入。

• 穷人更难从扶贫开发中获益：虽然提出了扶贫到村到户的工作方针，但由于贫困农户在农村基层治理结构依然处于弱势地位，甚至对村级决策过程的影响都十分有限，这样也就很难保证扶贫资金最终到达贫困农户；事实上，多数地区到村的财政扶贫资金是由全体村民（不分贫困）共同平均分享的，有些地区本村的强势人群（村干部、富人等）从中受益的程度甚至远大于贫困人群，这显然背离了这些专项资金原本设计的政策目标。

• 农村贫富差距日益扩大：中国农村扶贫政策过于偏重经济因素的后果之一，就是在开展大规模农村扶贫工作十年之后，农村的贫富差距非但没有缩小反而扩大了。据统计，1988 年至 1995 年，中国农村的基尼系数从 0.34 上升到 0.42。这其中重要的原因之一是，农村扶贫政策没有能为贫困农户创造更为平等地获得发展资源的机会与权利。

（3）低效的扶贫资金

•“嫌贫爱富”的扶贫信贷资金：金融资产是提高贫困农户抗拒风险和自我发展能力最重要的资源，但也恰恰是他们最难以获得的宝贵资源。由于贫困农户数量众多、居住分散、缺少可用于风险抵押的财产，造成对农户放贷不仅管理成本高昂、有贷无还的风险也很大，加之扶贫贷款利率低，银行获利甚微，中国农业银行并无意愿向贫困农户直接发放扶贫贷款；而专门针对穷人借贷而设计的小额信贷，则由于负责运作的中国农业银行体制和利益方面的原因，已经异化为传统农业信贷，丧失了为穷人提供帮助的功能；同时，扶贫贷款执行的低利率政策也吸引强势人群来参与争夺，最终的结果是，扶贫信贷资金大多数流入了能够提供有效抵押、管理成本低、还贷风险小的工商企业和富裕农民手中，贫困农户极少从中获益。

• 以工代赈等提供的就业岗位有限：以工代赈是财政扶贫投入的重要方式之一，其中在小型人畜饮水、农田基本建设与农田灌溉、乡村道路、电力等工程项目上的投入，对于满足人畜饮水需要、改善生产与生活条件发挥了很大作用。但以工代赈还有一个重要的政策设计目标，即为当地贫困地区的贫困农户提供就业机会、增加现金收人。考虑到上述基础设施建设成果是由贫困地区所有农户共同分享的现实，甚至可以说后一个政策目标才是以工代赈政策真正体现帮助穷人的地方。

但实际情况是，由于工程发包制度不健全和穷人缺乏工程技术能力等多方面的原因，国家财政安排的以工代赈工程项目，当地贫困农民极少参与，大多数都被外地包工队采用各种手段承包，这显然偏离了原有的政策设计目标。另外，调查显示，得到以工代赈项目最多的是那些经济条件较好、人口较多的村，最为穷困的村庄则极少能得到项目。从经济效益看，为偏僻而人口稀少的贫困村庄建设道路或提供电力显然并不合算。

- 开发式扶贫潜含的问题：由于开发式扶贫政策的成功必须建立在贫困农户（家庭和个人）具备起码的劳动能力和生产要素的基础之上，这就无可避免地使那些因年龄、疾病或残疾等原因丧失劳动能力或缺少其他生产要素（适于耕种的土地、水利设施完善、交通方便等）的贫困农户，难以从开发式扶贫政策中得到好处。另外，穷人高度集中的村庄一般都处于偏远落后的地区，生产、生活条件更为恶劣；贫困农户的青壮劳力通常都较少，且素质偏低，所承包的土地也多属远离水源、村庄的贫瘠土地，普遍不具备足以从开发式扶贫项目中直接获益所需要的基本条件。与条件更为优越的农户相比，贫困农户常常要花更多的劳力和时间从事耕种、挑水等日常劳作以维持家庭的基本生存，也很难有富余的时间去获取开发式扶贫项目所创造的就业机会。

信息框2　贫困人群恶劣的健康和营养状况

在一些很落后的县里，新生婴儿和产妇的死亡率分别超过了10%和0.3%（至少比全国平均水平高50%到一倍），这个比例在最贫穷的乡镇和村里还要高。几种传染病和地方病，如肺结核和碘缺乏症等，都集中发生在贫穷和边远地区。在稍高于绝对贫困线和绝对贫困线以下的农户中，大概有一半的儿童营养状况不良

（个子低矮），铁、维生素 A 和其他微量营养元素的缺乏对贫困人口来说依然是一个严重问题。高达 90% 的贫困儿童患有慢性蛔虫病。

资料来源：《中国农村扶贫联合调查报告》

（4）制度安排对贫困的影响

制度安排上的不公平的情况依然十分严重，其中主要包括城乡分离户籍制度对农民的歧视、一直存在的工农业产品价格“剪刀差”、公共资源分配向城市和东部发达地区的严重倾斜、松散小农面对政府与市场的绝对弱势、农村居民缺少参与各个层次政治决策的机会与渠道、缺乏合理可行的农村信贷制度、政府运作机制的不透明、国家财政对农村教育、健康、基础设施、扶贫工作等社会公益事业的投入严重不足，从而大大加重了农村居民、特别是贫困农户的生存压力（参见信息框 4），等等。

这些对农村极不公平的制度和政策，或者直接、间接地剥夺农民的现有利益，或者将他们排斥于社会发展进程之外，或者造成他们无法表达自己的意愿与需求，或者加剧了他们的生计脆弱与风险等，是阻碍贫困人口摆脱贫困，甚至导致许多农户重返贫困的重要原因。另外，在西部的一些贫困地区有着极为丰富的矿产资源，但由于制度与政策安排中存在的问题，矿产资源的开发和收益往往被国家和企业主所垄断，当地农民、特别是贫困农户极少从中获益，还常常不得不承担因矿产开发所引起的环境恶化的代价。

信息框 3　城乡之间严重失衡的财政资源分配

（贫困县财政赤字严重）结果，穷人为基础教育和卫生服务支付的费用占用了他们现金收入的很大一部分。例如在贫困的乡村，私人用于教育的费用占了农户纯收入的五分之一和许多农户可支配收入的一半。用于支持农村卫生医疗系统的资金比用于教育的

还要少得多（仅占县平均预算的4%，用于教育的则占30%）。1993年官方确定的贫困县中用于支持卫生医疗的人均费用不到全国平均水平的一半，在贫困县中80%是现款支付，而就全国来说是40%（世界银行，1997d），农村卫生医疗系统的另一个问题是医务人员的工资与他们开出的药量挂钩，这样造成贫困农户常常多花不必要的钱。

（《中国农村扶贫联合调查报告》）

（5）政府治理的问题

良好的政府治理被认为是减少贫困的关键因素之一。公正透明、包容负责和民主参与的政府治理，将能有效鼓励私人投资和减少腐败以促进经济可持续的健康发展，同时也有助于法治精神与法制社会的建立、保证公共资源分配的效率与公正，策动并实施有利于贫困人群的政策。尽管中央政府在第三阶段稳定了各级政府扶贫机构、建立了以省为主的扶贫工作负责制，并采取加强了对扶贫资金使用的审计管理，但由于各级政府的治理结构基本没有发生实质性的变化，在扶贫政策的执行和扶贫工作的开展过程中存在的问题也一直存在。如各地各级政府都存在着挪用扶贫资金的问题，贫困地区政府更愿意将扶贫资金投入易于产生利税的工商业项目，更有因本级财政困难而无力配套扶贫资金、甚或不顾国家税收优惠政策乱收农业税加重农民负担的问题等。

一个有利于更好地开展扶贫工作的良好政府治理应包括以下内容：其一，应建立各级政府首长负责制，以促使他们加强对扶贫工作的领导和监督；其二，应加强扶贫系统的机构建设，在让他们拥有更大的权力以控制和监督扶贫资源和扶贫项目的同时，还要为之配备足够的工作人员和操作经费；其三，应加强对扶贫资金使用的监督与管理，确保扶贫资金的合理使用和扶贫项目的实施质量；其四，聘请独立的审计机构对政府相关部门扶贫资金使用情况及扶贫效果进行及时有效的监测，以强化他们的责任意识；其五，应广泛引入参与式工作方法，让贫困人群有机会全程参与扶贫项目的规划、实施和监督，这也是建立良性治理的结构不可或缺的组成部分；其六，应通过必要的财政体制改革，通过扩展税基、加大转移支付等措施从根本上解决贫困地区政府财政困难的窘境，以消除其滥用扶贫资金的动机，并进而促使其对扶贫活动做出更多的投入。

二　国际发展组织的发展策略演变——以英国国际发展部为例

白皮书 1　1997 年，英国国际发展部（DFID）发布了记载政府与海外发展相关的政策的两本白皮书中的第一本。它强调了反映在如下各项的 DFID 更广泛的转变：

- DFID 从提供援助到在全球政策水平上发挥作用的转变；
- 采用国际发展目标（IDT）；
- 更注重发展伙伴关系；
- 政策更加连续；
- 培养对发展的支持。

“我们应该重新关注我们消除贫困和鼓励有利于穷人的经济增长的国际发展工作。我们将通过支持国际可持续发展目标和能够为穷人创造持续的生计，促进人类发展并保护环境的政策来做到这一点。”

资料来源：DFID 第一本白皮书，消除世界贫困：一个 21 世纪的挑战，1997 年

白皮书 2　2000 年 12 月，DFID 发布了第二份白皮书，它是白皮书 1 的补充（不是替代）。它提出了优先考虑的事项：

- 重视影响而不是投入；
- 设法影响其他国际机构和政府——“影响议程”；
- “参与”政府——保持政策一致；
- 开放英国的援助；

- 在全世界为消除全球贫困工作。

DFID 如何部署它的援助计划

- 多边：大约46%，例如，欧盟、联合国机构、世界银行；
- 双边：大约51%，例如，对受援国政府的直接援助；
- 管理费用：3%。

到 2015 年，DFID 和国际机构的新千年发展目标

1. 根除极度贫穷和饥饿。
2. 实现普遍的基础教育。
3. 促进性别平等和妇女权利。
4. 降低儿童死亡率。
5. 改善母亲健康。
6. 与艾滋病病毒/艾滋病、疟疾和其他疾病做斗争。
7. 确保环境的可持续性。
8. 促进全球性发展伙伴关系。

实现新千年发展目标的战略。

在一系列的政策报告中，DFID 分析了实现国际发展目标/新千年发展目标的挑战和需要完成的工作，包括 DFID 的作用。通过广泛的咨询过程，这些报告为国际间和英国的决策者制定了议事日程。这些议事日程被称为目标战略报告：

1. 使世界贫困减半：经济发展、平等和安全。
2. 消除贫困和保证妇女权利。
3. 使穷人获得人权。
4. 实现可持续性、消除贫穷和保护环境。
5. 改善穷人健康水平。
6. 普通基础教育的挑战。
7. 解决水危机——使穷人过上更健康和更富裕的生活。
8. 使政府为穷人服务——培养国家能力。
9. 迎接城市地区贫困的挑战。

机构战略报告

机构战略报告（ISP）是为 DFID 和与之合作的主要多边发展机构

准备的。这些报告阐明了 DFID 在与相关的机构进行协作时，如何实现白皮书的目标。目前有 26 份 ISP，还有更多的在准备中。

国家战略报告

国家战略报告是为那些有 DFID 发展援助计划的国家准备的。中国的国家战略报告覆盖了 2002 年到 2005 年的时期。国家战略报告将逐步停止采用，为国家援助计划所取代，国家援助计划更关注对国家贫困消除计划提供支持。

DFID 在中国的社会发展主题

主题	从项目中获得的经验	方案活动
有效的亲穷人政府政策与活动	通过削减成本和成本共享的方式，实现公平参与	在财政改革过程中与世界银行合作 支持世界银行政策研究
穷人参与决策	使用定性研究 以社区为基础的做法	参与研究 开展中国社会评估
解决社会掩护、促进性别平等	性别分析 性别培训 数据收集和分析 提高对种族划分、年龄和残疾—贫穷联系的重视	DFID 中国性别评估 可能对开发计划署评估中国的国家公约的支持，特别是消除对妇女歧视委员会 对移民的研究

三　行动援助 alps（诚信、学习、计划系统）战略规划核查清单

符合 ALPS 原则和要求的战略规划。注意，如果还没有战略规划，在开发的时候，请利用这个工具作为核查单！
规划达到了以下 Alps 原则吗？
透明 Transparency：英文摘要上传到 Alps tracker，并且有用当地/社区能懂语言完成的完整版本。当地与项目相关的人比较清楚地知道项目目标，期望的产出和资金来源/要求。
诚信 Accountability：Local 当地权益拥有者尤其是妇女，作为主要参与者对分析和计划产生影响，并且清楚地知道与 AA 和 AA 合作方一起工作的目标和期望产出。AA 和合作伙伴有协议并清晰地陈列彼此的角色和责任以及互相反馈沟通渠道，还要包括资金要求和计划如给资助者的信和报告。
妇女权益 Women's Rights：在计划和报告的时候进行性别预算分析，清楚地显示项目是如何解决/实现妇女权益。如果合作伙伴和社区目前不支持和应对妇女的权益，有能力建设计划来建立这种支持。

续表

规划达到了以下 Alps 原则吗?
学习 Learning：有证据显示年度计划和战略规划是伴随着定期的回顾、反思和学习的，这些证据可以包括但不局限于，权益拥有者知道这些计划，学习反思相关的文档记录，计划的持续更新和调整等。
权力 Power：战略规划包括简洁的背景分析，权力权益分析，制定性原因分析以及性别分析。规划制定依据开点评估的发现，规划的结果和目标源于这些分析。
精确、严密：战略计划要清楚地包括经过分析和咨询过程制定的目的、目标、结果和指标，并且是实事求是、因地制宜的。
资金计划 Funding Plans：战略规划包括财务预测、资金计划和策略以显示整个战略资金的来源以及如何达到资助者的要求。
退出战略 Phase-out Strategy：退出战略适合在退出 2—3 年前详细制定退出活动，应该在开始就确定然后根据实际情况来调整退出时间。
项目概要 Programme Summary：每个项目都要有项目概要并上传，它简洁地说明项目和主要干预策略要实现的主要变化。这是 M&E 的一个新要求，要求到 2012 年年底成。
M&E 框架和计划：
An M&E 框架和计划要提供清晰的结果和指标，并且要详细地说明怎么、谁、在哪里、什么时候收集、汇总和分析 M&E 信息，要有权益拥有者的参与。
有一个系统可方便识别和收集变化故事和变化证据。
有一个系统可以方便收集项目直接和间接触及的人数和类别，并尽可能地避免重复计算。
有利于这 3 个不同层面的学习反思，即分析我们监测计划的产出、每个 GMF 花瓣变化的结果，分析我们的战略是否正确及评估我们对变化的贡献。
基线 Baseline：有一个为战略规划的起始状态确定的参与式基线，来评估战略周期所发生的变化和影响。(2012 年完成，但是行动计划要包括如何开发基线)
HRBA 最低标准
战略规划符合 HRBA 最低标准
项目包括赋权、联盟和倡导方面的结果，要达到下面的 HRBA 5 个最低标准：
1. 培养贫困人群作为权益拥有者的意识 基层项目活动和战略能够持续的分析和反思： - 贫困的状况和原因。 - 贫困人群得不到满足。 - 权益拥有者和其他角色。(如责任承担者、联盟/盟友之间不平等的权力关系) - 男人、女人，男孩、女孩之间不平等的权力关系。 - 不平等、被剥削和边缘化等权益问题的原因。 - 责任承担者尤其是国家的责任和使他们履行责任的因素/机会。

续表

HRBA 最低标准
战略规划符合 HRBA 最低标准
项目包括赋权、联盟和倡导方面的结果，要达到下面的 HRBA 5 个最低标准：
2. 穷人和边缘人群的组织　基层项目活动和战略： - 组织和发动权益拥有者。 - 培养权益拥有者表达他们的需求、采取行动争取权益的技巧和领导力。 - 通过赋权权益拥有者或通过影响国家的策略以解决权益拥有者的基本需求。 - 建立 AAI、合作伙伴和权益拥有着之间尊重和互信的关系。
3. 妇女权益　基层项目活动和战略： - 确保妇女识别和质疑她们的从属地位以及对它们不同形式的剥削，包括在性、文化、政治和经济上的。 - 加强贫穷和边远妇女及她们组织的能力。 - 质疑男人和女人之间不平等的权力关系。
4. 贫困和边缘人群推动和参与责任承担者的活动 当地的项目活动和战略是否： -让贫困和被排除的人群及其组织与责任承担者尤其是政府相联系，向其争取权益，或者发出自己的声音。 -让贫困人群监督公共预算和地方公共政策的实施。 -通过政府实现，保护和推进权益落实而让基层获得直接的利益。
5. 规则/制度的改变 当地项目和战略是否： -致力于基层持续的获益，并且致力于改变结构性的贫困和权益得不到满足的原因。(比如，改变法律、政策、程序或者预算的配置使其惠及贫困和被排斥的人群) -将本地权益得不到满足与国家和国际的有关因素联系起来，将本地的行动与国家和国际的运动联系起来，将本地的问题和国家的公民社会进程或国家发展战略联系起来。

参考文献

[1] 任晓冬、黄明杰等：《发展项目管理》，贵州科技出版社 2010 年版。

[2] 郑宝华、张兰英等：《中国农村反贫困词汇释义》，中国发展出版社 2004 年版。

[3] 卢有杰、吴之明等：《项目管理词汇精选》，清华大学出版社 2001 年版。

[4] 社会性别资源小组：社会性别分析框架指南，香港乐施会 2000 年版。

[5] 李小云：《普通发展学》，社会科学文献出版社 2005 年版。

[6] 中国 21 世纪议程管理中心可持续发展战略研究组：《发展的实现方式》，社会科学文献出版社 2006 年版。

[7] 世界银行：《寻求发展之路》，北京工业大学出版社 1994 年版。

[8] 联合国开发计划署：《人类发展报告》，中国财政经济出版社 2002 年版。

[9] 韩伟：《农村发展项目管理》，四川大学出版社 2006 年版。

[10] 凉山州金沙江流域生态环境保护综合开发示范项目组：《参与式项目评估实践指南》，四川人民出版社 2013 年版。

[11] 高鸿宾：《扶贫开发规划研究》，中国财政经济出版社 2001 年版。

[12] 国务院：《中国农村扶贫开发纲要（2011—2020）》，2011 年。

[13] 韩嘉玲、张云娟等：《社会发展与艾滋病防治读本》，人民卫生

出版社 2006 年版。
[14] 左停、李小云等：《从生计的视角看中国农村农民权利与发展的关系》，国际农村发展研究中心 2004 年版。
[15] 白澄宇、左停：《参与式农村扶贫与发展的新探索》，中国农业大学出版社 2006 年版。
[16] 叶敬忠：《发展的故事》，社会科学文献出版社 2015 年版。
[17] [英] 安东尼·吉登斯：《现代性的后果》，田禾译，译林出版社 2011 年版。
[18] [英] 卡尔·波兰尼：《大转型：我们时代的政治与经济起源》，冯刚、刘阳译，浙江人民出版社 2007 年版。
[19] [日] 速水佑次郎：《发展经济学：从贫困到富裕》，李周译，社会科学文献出版社 2009 年版。
[20] 沈红：《中国贫困研究的社会学评述》，《社会学研究》2000 年第 2 期。
[21] 李小云、张雪梅、唐丽霞：《我国中央财政扶贫资金的瞄准分析》，《中国农业大学学报（社会科学版）》2005 年第 3 期。
[22] 赵俊臣：《西部大开发与西部扶贫的新思路——兼论由开发式扶贫向制度性扶贫的战略转变》，《三农中国》2005 年第 7 期。
[22] 韩嘉玲、孙若梅、普红雁、邱爱军：《社会发展视角下的中国农村扶贫政策改革 30 年》，《贵州社会科学》2009 年第 2 期。
[23] 韩嘉玲、Mary Surridge：《社会发展视角下的艾滋病防治及中国实践》，《中国预防医学杂志》2011 年第 1 期。
[24] 国务院扶贫开发领导小组办公室：《中国扶贫开发报告》，2001 年 10 月。
[25] 国务院扶贫办、世界银行、联合国开发计划署：《中国农村扶贫联合调查报告》，http：//www. cnsp. org. cn/ztbd/fpzlyt/cnncfp0. htm，2002.
[26] DFID，Sustainable Livelihoods Guidance sheets，2000. http：//www. livelihoods. org/info/ info_ guidancesheets. html.
[27] World Bank，Attacking Poverty World Development Report 2000/01.

[28] World Bank, Voices of the Poor, 2000.

[29] Deepa. Narayan, Can Anyone Hear us? —Voices from 47 countries, World Bank, 1999.

[30] Department for International Development, Poverty Bridging the Gap, 2000.